Ellen Gunderson Traylor
DER PROPHET UND SEIN FELDHERR

Ellen Gunderson Traylor

Der Prophet und sein Feldherr

Leuchter-Verlag eG · D-6106 Erzhausen

Titel der Originalausgabe: JOSHUA — GOD'S WARRIOR
Übersetzung: KH. Neumann
Umschlaggestaltung: Dieter Illgen, Hannover

1. Auflage: Mai 1992

ISBN 3-87482-157-9

Gesamtherstellung:
Schönbach-Druck GmbH, 6106 Erzhausen

INHALT

AN DEN LESER

Es ist nicht leicht, in Moses Schatten zu stehen, nicht zum Propheten berufen zu sein, sondern eine andere Aufgabe ausführen zu müssen, die scheinbar weniger geistlich ist. Doch Josua mußte lernen, daß alle Aufgaben, zu denen Gott ruft und die Er einem Menschen überträgt, gleichermaßen wichtig und heilig sind, und daß es viele Möglichkeiten gibt, Gott zu dienen.

Wie schon im ersten Band „*Vom Findelkind zum Volksbefreier*" erwähnt, erzählt nun dieses Buch „*Der Prophet und sein Feldherr*" die weitere Geschichte von Mose und damit auch die der Wanderung des Volkes Israel vom Roten Meer bis in das verheißene Land Kanaan. Immer noch wird in diesem Buch von Mose berichtet, diesem großen Mann Gottes, dem ein einziges Buch nicht Genüge tun kann. Doch neben ihm nimmt die Gestalt eines zweiten Mannes immer deutlichere Züge an, nämlich Josua, den Gott an Moses Seite stellt, erst als seinen Diener, dann Helfer und Feldherr des israelitischen Heeres und endlich, nach Moses Tod als dessen Nachfolger, der das Volk Israel nach Kanaan hineinführt.

Wir sehen in diesem Buch, wie Gott nicht nur durch Propheten, sondern auch durch andere Männer wirkt, die Er ruft und denen Er Aufgaben überträgt. Wir erkennen den heiligen Charakter Gottes ebenso wie die väterliche Seite in Seinem Wesen, während Er das Volk Israel auf ihr verheißenes Land vorbereitet. In diesem Buch liegt das Schwert neben dem Hirtenstab, und beide waren nötig.

Doch hier wird uns auch gezeigt, daß Gott zu einem erfüllten Leben führt, das aber auch voller Mühsal und Kämpfe sein kann, aber trotzdem nicht der irdischen Erfüllung entbehren muß. Mose hatte bei aller Hingabe an Gott auch ein reiches Familienleben, und von Josua sagt die jüdische Überlieferung, daß er in dem verheißenen Land auch eine Frau aus den Heiden fand, die er liebgewann und mit der er einen eigenen Hausstand gründete.

Mag Gott jeden Leser segnen, der auf die Suche geht nach seinem eigenen Land der Verheißung.

Ellen Gunderson Traylor

Der Herr, euer Gott,
kämpft selbst für euch!

Josua 23,10

PROLOG

Josua wußte, wo Mose sein Zelt aufgeschlagen hatte. Er war diesen dritten Tag nach dem großen Auszug des Volkes Israel nicht von Moses Seite gewichen. Doch nun, als das Volk unter dem Schein der wundersamen Feuersäule, die über ihnen hing, das Lager für die Nacht aufgeschlagen hatte, ließ der jüngere Mann den Propheten allein, denn er spürte, daß Mose, der Mann Gottes und Führer des Volkes, allein sein wollte. Es war die erste Nacht unmittelbar am Rand der Wüste; und Josua hatte gespürt, wie sich eine Last immer schwerer auf Mose zu legen schien, je näher sie diesem lebensfeindlichen Land kamen.

Josua war immer in der Nähe ihres großen Führers gewesen, seit sie Ra-Amses verlassen hatten. Erst vor wenigen Tagen hatte Mose ihm gesagt, er könne, wenn er es wolle, sein Diener und Helfer sein, seine rechte Hand bei allen Aufgaben, der zweite Mann nächst zu ihm nach Aaron, Moses Bruder. Und mit großem Eifer und Hingabe hatte Josua sich dem großen Mann Gottes zur Verfügung gestellt.

Nur sein Vater Nun und sein Großvater Elischama hatten sich noch nicht ganz mit Josuas neuer Aufgabe angefreundet, sie meinten, er werde doch während der Wanderung des Volkes dringend in ihrer Familie gebraucht. Anders war das mit Kaleb, dem engsten Freund Josuas seit ihrer Kindheit. Der junge Mann aus dem Stamm Juda hatte auch zu Mose und Josua gehalten, als sie in jenen dramatischen Stunden vor Pharao, dem Herrscher Ägyptens, gestanden hatten. Gemeinsam mit Aaron und Josua war er Mose in den königlichen Palast gefolgt.

Und es war sein Freund Kaleb, den Josua an diesem Abend suchte, als er durch das riesige Lager Israels wanderte. Viele trübe Gedanken gingen ihm durch den Kopf, und er suchte jemand, mit dem er darüber reden konnte. Er wußte, Kaleb würde ihm zuhören.

Während er durch die langen Reihen der Zelte ging, war er froh, daß er selbst noch keine Frau und Kinder hatte. Zwar wünschte auch er sich manchmal die Wärme einer eigenen Familie. Doch als er die vielen Familien an den Lagerfeuern jetzt beobachtete, kamen ihm Zweifel, ob er im Augenblick beiden Aufgaben zugleich, für eine Familie zu sorgen und Mose zur Seite zu stehen, gewachsen wäre.

Als er das Volk, und vor allem die vielen Kinder so sah, fragte Josua sich, wie es weitergehen sollte. Zwar hatten die Israeliten jahrhundertelang hart arbeiten müssen und unter den Peitschen der ägyptischen Aufseher gelitten, und das hatte sie körperlich und geistig hart und widerstandsfähig gemacht. Doch andererseits hatten sie immer im Deltagebiet des Nils, im milden Klima des Landes Gosen, leben können. Wie würden sie jetzt die verzehrende Hitze der Wüstentage und die Kälte der Wüstennächte überstehen?

Dieser ganze Zug war etwas bisher noch nie Dagewesenes. Noch nie in der Geschichte der Menschheit war ein Volk von drei Millionen aufgebrochen, um durch unbekannte Gebiete in ein unbekanntes Land zu ziehen und einem Führer zu folgen, der höchste Anforderungen an sie stellte. Sie hatten kaum mehr Kleidung bei sich als jene, die sie ihren früheren ägyptischen Herren beim Auszug aus dem Land der Sklaverei weggenommen hatten. Gewiß, sie schleppten reiche Schätze an Gold- und Silberschmuck und ebensolchen Gefäßen mit sich, die sie ebenfalls von den Ägyptern hatten, und Schachteln und Kästen voller kostbaren Münzen. Aber wieviel waren diese Schätze wert und was konnten sie damit anstellen, wenn sie nun in die lebensfeindliche Wüste zogen, die vor ihnen lag?

Natürlich hatten sie von den Ägyptern auch reichlich Vorräte an Nahrung erhalten, nur damit sie Ägypten schnell verließen. Aber wie lange würden diese Vorräte für drei Millionen Menschen reichen? Noch war Nahrung genug vorhanden, und noch waren die Israeliten beeindruckt von den gewaltigen Wundertaten Gottes, mit denen Er sie aus der Sklaverei Ägyptens befreit hatte. Aber wie lange würde ihr Glaube anhalten, wenn vielleicht der Hunger zu nagen begann? fragte sich Josua.

Unter diesen Umständen war er doch froh, daß er noch nicht für Frau und Kinder zu sorgen hatte, obwohl die Aufgaben für seinen Vater und den alten Großvater und die umfangreiche Sippe ihn doch nie ganz losließen.

Josua war für die damalige Zeit noch ein junger Mann, eben erst 45 Jahre alt, und hatte im Volk noch nicht den Status eines Ältesten erreicht. Doch er wurde von allen Seiten achtungsvoll gegrüßt, wenn man ihn erkannte.

Endlich, während er durch die Zeltreihen des Stammes Juda ging, sah er Kaleb an einem Feuer sitzen. Freudig begrüßten sich die beiden, und Josua fragte: „Freund, willst du noch ein Stück mit mir gehen?"

Gern schloß sich Kaleb seinem Freund, der ja der enge Vertraute ihres Führers war, an. Josua hatte es sich in den letzten Tagen zur Gewohnheit gemacht, jeden Abend eine Runde durch das Lager zu machen, um zu sehen, ob irgendwo Hilfe gebraucht wurde. Und Kaleb wollte ihn dabei gern unterstützen.

Als sie an diesem Abend gemeinsam durch das Lager gingen, lag ein seltsamer Ausdruck auf Josuas Gesicht. Kaleb, der ihn besser kannte als selbst die meisten seiner Angehörigen, sah, daß seinen Freund Dinge bewegten, über die er reden wollte. Josua begann auch bald. „Schau", sagte er seufzend und beschrieb mit ausgestrecktem Arm einen Bogen über das Lager, „es ist keine Ordnung und nichts Einheitliches unter diesen vielen Menschen".

Kaleb betrachtete die unordentlichen Zeltreihen, die sich in der Dunkelheit verloren. Zwar gab es Versuche der einzelnen Familien, Sippen und Stämme, ein wenig zusammenzuhalten. Doch bei dem Durcheinander des schnellen Aufbruchs, der fast einer Flucht geglichen hatte, war Ordnung noch gar nicht recht möglich gewesen. Und sie hatte sich in den wenigen Tagen auch noch nicht eingestellt, weil noch kaum jemand den Versuch dazu machte.

„Gut, so nach und nach wachsen hier und da einige Führerpersönlichkeiten heran, und einzelne Gruppen formieren sich", räumte Josua ein. „Doch es gibt noch so gut wie keine Organisation. Und hier und da bricht auch schon Streit aus unter einzelnen Sippen. Wenn Mose hofft, mit dieser Herde von Menschen fertigzuwerden, braucht er eine Kette von Vorstehern und Helfern, und er muß Männer einsetzen, die mit der nötigen Autorität Ordnung schaffen."

Kaleb blickte über das riesige Lager hinweg, betrachtete die unzähligen Zelte und zuckte wie ratlos mit den Achseln. „Hast du mit Mose darüber gesprochen?" fragte er. „Er sieht dieses Problem doch sicherlich auch."

„Sicher sieht er es", antwortete Josua. „Doch er muß an so viele Dinge auf einmal denken und ist bis jetzt hauptsächlich noch mit unserer Flucht vor dem Pharao beschäftigt, so daß er sich mit noch nichts anderem näher befassen kann. Sieh", seufzte er, „auch heute nacht wird er uns nur wenige Stunden Ruhe erlauben und wird uns dann auffordern, weiterzuziehen."

Kaleb brauchte nicht daran erinnert zu werden, daß sie im Grunde drei Millionen Flüchtlinge waren. Die Möglichkeit bestand immer noch, daß der Pharao seine Meinung wieder änderte und versuchte, sie mit seiner Armee wieder einzufangen. Besorgt blickte er nach Norden. Er hätte sich nicht gewundert, wenn am fernen Horizont viele brennende Fackeln aufgetaucht wären, die das Nahen der ägyptischen Armee anzeigten.

Mose hatte zwar angeordnet, daß die Israeliten bei ihrem Auszug aus Ägypten so viele Waffen wie möglich von ihren ehemaligen ägyptischen Herren mitnehmen sollten, doch trotzdem waren die Israeliten bisher Sklaven gewesen und keine Soldaten.

Zwar hatten die Israeliten die Anordnung Moses befolgt und hatten viele Schwerter, Schilde, Speere und Bogen, ja teilweise sogar ganze Rüstungen aus Ägypten mitgebracht, und hier und da konnte man sogar einzelne Streitwagen sehen, doch kaum einer von ihnen wußte richtig mit den Waffen umzugehen. Die Ägypter hatten stets sorgfältig darauf geachtet, daß ihre Sklaven nicht in den Besitz von Waffen kamen. Sollte es tatsächlich zum Kampf kommen, würde es den Israeliten zwar nicht an Mut und an Waffen fehlen, aber sie würden der gut ausgebildeten ägyptischen Armee gegenüber nur ein unordentlicher Haufen von Kämpfern sein, die keinerlei Chance besaßen.

Schweigend gingen die beiden Freunde weiter und hingen ihren Gedanken nach. Und obwohl sie es nicht beabsichtigt hatten, bemerkten sie plötzlich, daß sie nun ganz in der Nähe vom Zelt des Propheten waren. Überrascht blieben sie einen Augenblick stehen. „Warum gehen wir nicht zu ihm und sprechen mit ihm über unsere Sorgen?" schlug Kaleb vor.

„Nicht heute", antwortete Josua kopfschüttelnd. „Wir werden noch genug Zeit dafür bekommen."

Sie schlugen einen Bogen um Moses Zelt und kamen dabei an dem Ort vorbei, den das ganze Volk mit besonderer Verehrung betrachtete. Hier stand auf einem besonders stabil gebauten Wagen der Sarg ihres Patriarchen Joseph, den sie aus Ägypten mitgenommen hatten. Joseph selbst hatte noch vor seinem Tod den Wunsch ausgesprochen, die Israeliten sollten seine sterblichen Überreste mit zurücknehmen in das verheißene Land, wenn sie dereinst heimkehren würden. Dieser Wunsch war von Generation zu Generation weitergegeben worden und wurde nun erfüllt.

Mose hatte den Sarg aus der großen Pyramide von Zaphenath-Panea in Avaris holen lassen, wo der Sarg des mächtigen Wesirs von Ägypten bisher neben dem seiner Frau gestanden hatte. Hätte Gott diesen Mann nicht zu seiner Zeit vor etwa 400 Jahren als mächtiges Werkzeug der Errettung aus großer Hungersnot gebraucht, würde das Volk Israel vielleicht nicht überlebt haben.

Der Wagen mit dem mächtigen Sarkophag wurde Tag und Nacht von zwölf bewaffneten Männern bewacht. Aus jedem Stamm war einer dabei.

Ehrfürchtig blieben die beiden Freunde vor dem Sarkophag stehen. „Fast vierhundert Jahre ist es nun schon her, seit Joseph gestorben ist und seine segensreiche Herrschaft über Ägypten zu Ende ging. Doch wir würden heute noch unser Leben dafür einsetzen, seine sterblichen Überreste mit in das Land der Verheißung zu nehmen“, sagte Josua.

Kaleb zog den Umhang enger um sich, als ob ihm kalt würde. Langsam mit dem Kopf nickend meinte er: „Wir wollen hoffen, daß es nicht nötig sein wird, denn wir sind keine Krieger, Josua.“

Schweigend standen die beiden Freunde noch einige Augenblicke beieinander. Dann verabschiedeten sie sich kopfnickend, und jeder ging zu seinem eigenen Zelt zurück.

TEIL I

ENDGÜLTIG FREI

1. KAPITEL

Die Ärzte des Pharaos Thutmoses standen, in rote Fischgewänder gekleidet, rund um das Bett des Königs und flüsterten aufgeregt miteinander, während sie ihn aufmerksam betrachteten. Der Fisch war in Ägypten das Symbol für Gesundheit und Wohlbefinden, deshalb schien sie den Ärzten eine standesgemäße Kleidung zu sein. Vor allem, wenn sie Mitglieder der königlichen Familie zu behandeln hatten, versäumten sie nie, diese Kleider zu tragen.

Doch heute schienen all ihre Künste nicht zu helfen, obwohl sie dabei laufend den Flußgott mit ihren Gebeten anriefen und Fischöl auf die Stirn des Königs tropfen ließen. Er schien nicht aus seiner Bewußtlosigkeit erwachen zu wollen. Auch das Massieren seiner Gelenke zur Unterstützung der Blutzirkulation hatte nicht geholfen, und das Baden seiner Glieder in heiligem Nilwasser schien auch nicht zu bewirken, daß er dem Land der Lehte noch würde entfliehen können.

Thutmoses war in der Nacht, in der die Israeliten Ägypten verlassen hatten und alle Erstgeburt der Ägypter getötet worden war, in dieses verzehrende Fieber gefallen. Schon in den Wochen vorher war er nur noch ein Schatten seiner selbst gewesen. Doch in jener Nacht war er durch das Fieber in Bewußtlosigkeit gefallen, und daraus war er bis jetzt noch nicht wieder aufgewacht.

Mit erstaunlicher Zähigkeit hatte er vorher den Strafgerichten Gottes widerstanden, die Schlag um Schlag sein Land trafen. Zwar hatte er zwischendurch immer wieder nachgegeben, wenn eine der Plagen das Land besonders hart traf. Doch anschließend hatte er sich stets wieder aufgerafft und sich geweigert, die israelitischen Sklaven ziehen zu lassen.

Nur der Tod seines über alles geliebten Sohnes und Thronfolgers hatte ihn zum Schluß endgültig zu Boden geworfen. Als Frösche, Insekten, eiternde und schmerzende Beulen, Hagel und Heuschrecken die Ägypter quälten, war stets er es gewesen, der sein Volk wieder inspiriert und ermutigt hatte und der zäh an dem Glauben festhielt, daß am Ende die Götter Ägyptens siegen würden. Doch als mit dem Tod aller männlichen Erstgeborenen in Ägypten auch der Sohn des Königs starb, schien es, als sei nun auch der Pharao selbst schon dem Tod verfallen.

Vielleicht war es gut für ihn gewesen, daß er den Auszug der israelitischen Sklaven selbst nicht bewußt miterlebt hatte. Zusammengerollt wie ein kleines Kind hatte er die vergangenen Tage im Bett gelegen und war nicht aus seiner Ohnmacht erwacht. Er hatte deshalb nicht gesehen, wie die Israeliten durch die Straßen seiner Städte und seines Landes zogen und sich sammelten. Er hatte die verzweifelten Bitten der Ägypter nicht gehört, die darum gefleht hatten, die Israeliten sollten endlich gehen. Er hatte nicht mitbekommen, wie die ehemaligen Sklaven aus den Häusern der Ägypter Schmuck, Waffen, Hausrat und anderes, was wertvoll war, holten und mitnahmen. Vielleicht war es barmherzig dem Pharao gegenüber gewesen, daß er dies alles nicht hatte sehen müssen. Aber jetzt wurde er von seinem Volk und seinem Land gebraucht.

Der alte Oberpriester Jannes war an jedem Abend am Bett des Königs erschienen, nachdem die Ärzte getan hatten, was sie konnten, und hatte zu den Göttern gefleht. Doch all seine Bitten waren bisher fruchtlos geblieben. Und auch an diesem Abend erwartete er wieder einen Fehlschlag.

Tief in seinem Herzen wußte der alte Priester, daß sein Vertrauen zu den Göttern Ägyptens gebrochen war. Moses gegenüber und vor der Macht des israelitischen Gottes Jahwe, die durch Moses so eindrucksvoll demonstriert wurde, hatte er sich zwar stets bemüht, nach außen hin seine Zuversicht aufrechtzuerhalten. Doch jede Plage, die auf Moses Worte hin über Ägypten hereingebrochen war, hatte sein Vertrauen in die Weisheit und Lehre der ägyptischen Religion, mit der er alt geworden war, ein Stück mehr zerstört.

Doch trotzdem hatte er jeden Abend alle Zeremonien, die von der Religion gefordert wurden, gewissenhaft erfüllt. Er hatte die richtigen Worte gesagt und die richtigen Gesten gemacht, die richtigen Gebete gesprochen und die vorgeschriebenen Mixturen zusammengemischt, mit denen der König eingerieben wurde; und dabei hatte er sich die größte Mühe gegeben, nicht an Jahwe, den Gott Israels, denken zu müssen.

Nun stand er wieder, wie schon an den vergangenen Abenden, am Bett des Königs und betete zu den Göttern Ägyptens, obwohl er keine Besserung im Befinden des Patienten mehr erwartete. Um so größer war sein Erstaunen, als Thutmoses die Augen öffnete. Es waren trübe Augen, und sie waren geschwollen und gerötet. Seit vier Tagen hatten sie das Licht nicht erblickt. Als die Lider nun zu flattern begannen und sich mühsam öffneten, atmete Jannes überrascht scharf ein.

Der alte Priester hatte Thutmoses nie geliebt. Sein Herz hing immer noch an dem verlorenen Prinzen Moses. Doch er liebte Ägypten. Und da er noch immer überzeugt war, daß das Schicksal des Landes sehr eng von dem Schicksal des Pharaos abhing, war er dankbar für dieses erste Zeichen neu erwachenden Lebens.

Er nahm Thutmoses Hand in seine altersschwachen Finger, drückte sie und flüsterte: „Kehre zu uns zurück, Sohn des Lichts, und bringe deinem Volk die Hoffnung wieder."

Als der König nun mühsam die ersten Worte seit Tagen stammelte, drängten sich die noch anwesenden Ärzte am Bett zusammen. „Finsternis — nichts als Finsternis", seufzte der Kranke schwer atmend. Obwohl seine Augen offen waren, schien er die Lichter der brennenden Öllampen nicht wahrzunehmen.

„Er träumt immer noch von der Finsternis-Plage“, meinte einer der anwesenden Ärzte und erinnerte damit an die drei Tage, in denen es so dunkel gewesen war, daß man die Finsternis förmlich hatte mit Händen greifen können und in denen sich im Land Ägypten kein Leben hatte rühren können.

Draußen, das wußte der alte Priester Jannes, stand die Sonne noch am Himmel, obwohl sie sich schon sehr dem westlichen Horizont zuneigte. Doch da die schweren Vorhänge zugezogen waren, ahnte man nicht einmal etwas vom Tageslicht in dem Raum. Er beugte sich nahe an das Ohr des Königs und flehte: „Finde den Weg durch die Nacht, und kehre zu deinen Kindern zurück!“

Mit einer Handbewegung befahl er den Dienern, die Vorhänge zu öffnen, und das Licht der Abendsonne flutete in den Raum. „Sieh, Majestät, es ist die Sonne!“ drängte er den König. „Füge dem Licht des Gottes Ra wieder dein strahlendes Licht hinzu, o Sohn der Götter!“

Nun schien der König völlig zu erwachen. Er hob eine Hand und fuhr sich damit über die Augen, als wolle er etwas beiseite wischen.

„Kehre zurück zu uns, o König!“ rief Jannes nun laut und bemühte sich, Thutmoses in eine sitzende Stellung aufzurichten. Die Ärzte forderte er auf, Kissen unter den Rücken des Kranken zu legen, damit er sich daranlehnen konnte.

Als jetzt ein Sonnenstrahl auf das Gesicht des Königs fiel, schien er davon neue Kraft zu empfangen. Er blickte sich verwirrt um und stöhnte: „Mein Sohn! Wo ist mein Sohn?“

Als Jannes nicht gleich antwortete, erschienen Zornesfalten auf der Stirn des Herrschers. Er ergriff den Ärmel des priesterlichen Gewands und zog daran mit erstaunlicher Kraft. Doch während er noch versuchte, den alten Mann zu sich herunterzuziehen, kehrte auch sein Gedächtnis wieder zurück, und sein Gesicht nahm einen entsetzten Ausdruck an. Ein gurgelnder Laut entrang sich seiner Kehle. Er ließ den Priester los und fiel in die Kissen zurück.

„Es geht dem König langsam besser", flüsterte Jannes den Ärzten zu, die jetzt nach ihm griffen und sich um ihn bemühen wollten. „Laßt ihn in Ruhe!"

Es dauerte noch einige Augenblicke, dann richtete sich der Monarch mit einem Ruck auf und blickte aufmerksam um sich. Am Ausdruck seiner Augen und des Gesichts war zu erkennen, daß er nun sein volles Bewußtsein wiedererlangt hatte. Es fiel ihm wieder ein, daß er zuletzt den Befehl gegeben hatte, Moses und Aaron sollten mit den Israeliten das Land verlassen dürfen.

O ihr Götter, laßt es nicht wahr sein! dachte Thutmoses. Wieder ergriff er den alten Priester beim Arm. „Wo ist Moses?" schrie er.

Auch jetzt zögerte Jannes mit der Antwort, weil er nicht wußte, wieviel von der Wahrheit der König schon ertragen konnte. Doch sein Zögern machte den König wütend: „Laßt Moses rufen!" rief er. „Er soll sofort hier erscheinen!"

Endlich raffte Jannes sich auf. „Du kannst natürlich nicht wissen, Majestät", stammelte er und versuchte dabei seinen Arm aus des Königs Griff zu befreien. „Du bist die letzten Tage nicht bewußt bei uns gewesen", begann er nochmals, „und deshalb kannst du nicht wissen . . . "

„Was kann ich nicht wissen?" fuhr der Pharao auf. Seine Stimme nahm den schrillen Ton an, über den sich der alte Priester immer so sehr ärgerte. „Was bringt Jannes nicht heraus?" wandte Thutmoses sich jetzt an die Ärzte. „Heraus damit! Ich will es wissen!"

„Majestät, überanstrenge dich nicht", mahnte einer von ihnen. Doch als er dem Patienten ein feuchtes kaltes Tuch auf die Stirn legen wollte, wischte der König es ärgerlich beiseite.

Der König kämpfte mit sich selbst und versuchte, sich zu beruhigen. Als ihm das endlich gelang, fragte er grollend: „Was also ist es, das ich nicht weiß? So antwortet mir doch endlich!"

Auch der Priester hatte seine Fassung wiedergefunden und antwortete nun: „Moses ist nicht mehr im Lande, Majestät. Er hat uns schon vor vier Tagen verlassen."

Wieder runzelte der König ärgerlich die Stirn. „Muß ich eigentlich jedes Wort erst aus dir herauspressen, Jannes?" fuhr er ihn an. „Sag jetzt sofort: Wo ist Moses? Wo ist Aaron?"

Der Priester schluckte den Kloß hinunter, der sich in seinem Hals bilden wollte. „Mit allem Respekt, Majestät", antwortete er. „Ich muß dir leider sagen, daß sie Ägypten verlassen haben — sie und ihr ganzes Volk!"

2. KAPITEL

Josua fuhr aus dem Schlaf auf. Nun hörte er, wie ein Stimme leise, aber drängend seinen Namen rief. Als er sich schnell erhob und nach draußen blickte, sah er einen Mann im Mondlicht vor seinem Zelt stehen. „Komm", drängte der andere, in dem Josua nun Aaron erkannte, „Mose braucht dich sehr dringend!"

„Aaron", wunderte sich Josua, „bist du das?"

„Beeile dich, und komme zum Zelt meines Bruders", erwiderte Aaron und ging schnell davon.

Josua zog schnell sein Gewand über, öffnete den nur leicht verschnürten Zelteingang und trat ins Freie. Dabei fragte er sich, was geschehen sein könnte, weil Aaron es so sehr eilig hatte.

Schnell band er noch seine Sandalen fest und blickte dann zum Himmel empor. Am Stand des Mondes erkannte er, daß es noch tiefe Nacht war. Was der Prophet und sein Bruder zu dieser nächtlichen Stunde von ihm wünschten, konnte er sich kaum vorstellen.

Es war eine mondhelle Nacht, deshalb fiel es Josua auch nicht schwer, seinen Weg zwischen den Zelten hindurch zu dem Zelt Moses zu finden. Als er zögernd am Eingang stehenblieb, trat Aaron heraus und ergriff ihn am Arm. „Komm!" sagte er und zog ihn in das Zeltinnere.

Aus Achtung vor Mose blieb Josua stehen, bis Aaron mit der Hand auf ein Sitzkissen wies. Für eine Weile sagte keiner ein Wort.

Mose schien die ganze Nacht nicht geschlafen zu haben.

Er saß neben einer kleinen brennenden Öllampe, und seinem angespannten Gesicht konnte man die Anstrengung ansehen. Doch seine Hände lagen ruhig in seinem Schoß. Als er endlich sprach, wären die beiden anderen vor Überraschung über das, was er sagte, fast aufgesprungen.

„Wir müssen dem Volk sagen, daß wir wieder umkehren", erklärte er.

Verwundert blickten die beiden anderen auf Mose, um sich dann erstaunte Blicke zuzuwerfen. Josua bemerkte, daß Aaron bedenklich die Stirn runzelte.

„Umkehren?" murmelte Aaron, „Das kann doch nicht dein Ernst sein?"

„Zurück?" fügte Josua hinzu. „Geradewegs in den Rachen des Löwen?"

Mose hatte offensichtlich mit einer solchen Reaktion gerechnet, denn er nickte nur. Doch Aaron protestierte laut: „Hast du den Verstand verloren, Bruder? Gegen alle Widerstände sind wir nun so weit gekommen, und jetzt sollen wir umkehren?"

„Wenn unsere Nahrungsvorräte knapp werden, dann sollten wir darauf vertrauen, daß Jahwe uns versorgen wird", gab Josua mutig zu bedenken.

„Gewiß, so ist es!" stimmte Aaron zu. „Gott hat uns doch nicht durch so viele Wunder aus der Sklaverei errettet, um uns jetzt umkommen zu lassen. Wir brauchen doch nicht umzukehren, wenn die Verpflegung knapp wird."

Seufzend blickte Mose erst den einen und dann den anderen seiner vertrautesten Freunde an. „Die Verpflegung ist nicht der Grund, daß wir wieder nordwärts ziehen. Wir gehen auch nicht wieder nach Ägypten zurück, sondern nur bis Jam Suph."

„Bis zum Roten Meer?" echote Aaron kopfschüttelnd. Man konnte seiner Stimme die Ablehnung dieser Idee anhören. „Wir sind doch dort schon vorbeigezogen, und es gibt dort nichts als Schilf und Binsen. Was könnten wir sonst dort finden?"

„Eine Falle für den Pharao“, antwortete Mose ruhig.

Die beiden Helfer Moses dachten über diese Worte nach. Wollte der Prophet damit sagen, daß der König Ägyptens seine Meinung wieder einmal geändert hatte? Würde er etwa die fliehenden Israeliten verfolgen, um sie zurückzuholen?

Josua war mit seinen Überlegungen so weit gekommen, daß er dieserhalb gerade eine Frage stellen wollte, da sprach Mose wieder. Er hatte das Gesicht zum Himmel emporgerichtet, und seine Stimme nahm den Klang an, den sie hatte, wenn er die Befehle Gottes weitergab:

„Sage den Israeliten, sie sollen umkehren und vor Pi-Hahirot zwischen Migdol und dem Meer ihr Lager aufschlagen. Gegenüber von Baal-Zefon sollt ihr am Meer das Lager aufschlagen. Dann denkt der Pharao: Die Israeliten haben sich im Land verlaufen, die Wüste hat sie eingeschlossen. Ich will das Herz des Pharao verhärten, so daß er euch nachjagt. Dann will Ich am Pharao und an seiner ganzen Streitmacht Meine Herrlichkeit erweisen, und die Ägypter sollen erkennen, daß Ich der Herr bin.“

Also stimmte es doch! Der Pharao würde sie verfolgen. Besorgt dachten Aaron und Josua über das, was sie soeben gehört hatten, nach.

Josua kannte Mose noch nicht lange. Es war erst einige Wochen her, seit der Prophet in Ägypten erschienen war und den Israeliten ihre Befreiung verkündigt hatte. Ihm war aber völlig klar, daß er ein Mann Gottes war; und zwar nicht nur der Wunder wegen, die durch seine Worte geschahen, sondern auch des Geistes der Autorität wegen, mit welchem er sprach.

Er schluckte den Kloß hinunter, der sich in seinem Hals bilden wollte, und wagte zu fragen: „Herr, wir sind zwar an Zahl viele mehr als die Armee Pharaos, aber sollte es zum Kampf kommen, dann sind wir nichts als Kinder. Sollte Jahwe uns wirklich in eine Schlacht mit den Ägyptern schicken wollen?“

Mose schaute seinen jungen Freund ermutigend an. Doch seine Antwort war unbefriedigend. „Ich wünschte mir, ich wüßte es", seufzte er. „Doch darüber hat Jahwe mir nichts gesagt."

Josua wurde verlegen. „Also gut", begann er endlich wieder. „Aber wenn wir uns vielleicht doch Pharao entgegenstellen sollen, wäre es dann nicht besser, wir hätten die offene Wüste in unserem Rücken? Hinter uns das unpassierbare Meer zu wissen, ist doch so gut wie Selbstmord."

Bei diesen Worten nickte Aaron heftig mit dem Kopf, um so seine Zustimmung kundzutun. Josua, der dies sah, wurde etwas mutiger. Doch als Mose ihm nun ebenfalls zustimmte, wußte er wieder nicht, was er sagen sollte.

„Du hast recht, so sieht es wirklich aus", sagte Mose.

War das alles, was man dazu noch sagen konnte? fragte sich Josua. Er gab sich große Mühe, seine Enttäuschung zu verbergen.

„Doch es ist der Herr, der uns den Auftrag gibt, an das Rote Meer zurückzukehren", erklärte Mose. „Und manchmal ist Sein Wille für uns Menschen nicht gleich zu verstehen", schloß er.

Schweigen breitete sich im Zelt aus, während die beiden Gehilfen des Propheten diese Wahrheit zu verdauen suchten.

Josua wischte sich den Schweiß von der Stirn und fragte leise: „Also werden wir morgen früh wieder umkehren?"

„Morgen früh!" bestätigte Mose.

3. KAPITEL

Pharao Thutmoses hatte seine frühere Kraft noch nicht wieder völlig zurückgewonnen. Er fühlte sich noch schwach von der hinter ihm liegenden Krankheit. Deshalb klammerte er sich mehr als sonst an den Haltegriffen des zweirädrigen Streitwagens fest, während er aufmerksam nach vorn in die Weite der Wüste spähte.

Sein Wagenlenker, der in voller Rüstung fuhr, wußte, daß der König noch schwach war, und versuchte deshalb vorsichtig zu fahren und die schlimmsten Unebenheiten zu vermeiden. Thutmoses, der das bemerkte, fuhr ihn an: „Bin ich denn ein Baby oder eine alte Frau, die du zum Vergnügen herumfährst? Laß die Pferde laufen, du Narr!"

Eingeschüchtert befolgte der Wagenlenker den Befehl und gab den Pferden die Zügel frei, so daß der Wagen davonschoß wie ein von der Sehne gesprungener Pfeil. Hinter ihm schlossen sich die Streitwagen seiner Garde dem gleichen Tempo an. Es war die Elite-Streitwagentruppe der Ägypter. Sechshundert Streitwagen, jeweils besetzt mit drei der besten Kämpfer der ägyptischen Armee. Ihnen folgte das Gros der Streitwagen, die ägyptische Reiterei und eine große Zahl von Fußtruppen. Es war ein riesiges Herr, das der Pharao in aller Eile aufgeboten hatte, um die Israeliten wieder in die Sklaverei zurückzuholen.

Thutmoses wunderte sich nun schon selbst über sich, warum er so töricht gewesen war und hatte die Sklaven ziehen lassen. Gewiß, die schrecklichen Plagen hatten ihm und seinem Volk sehr zugesetzt. Dieser kleine Gott der Israeliten hatte es irgendwie fertiggebracht, ihm, dem „Größten der Pharaonen", Angst einzujagen. Aber war denn er, Thutmoses, nicht die Inkarnation des Höchsten aller Götter, des Sonnengottes Ra? War er nicht selbst Gott? Was hatte er sich nur dabei gedacht, als er die israelitischen Sklaven, und damit das Fundament der ägyptischen Wirtschaft und ihres Reichtums, ziehen ließ? Sicher wären die Götter Ägyptens am Ende über den ärmlichen Gott Israels Sieger geblieben, wenn er nur durchgehalten hätte.

Sicher hatte ihn die Vernunft für eine Weile verlassen, dachte der Pharao, daß er den Israeliten ihren Willen gelassen hatte. Irgendein böser Dämon hatte ihn verwirrt.

Doch das sollte nun nicht mehr länger so weitergehen. Thutmoses hatte mit der Hilfe des Gottes Ra wieder zu sich selbst gefunden. Er war aus der geistigen Umnachtung, die wie ein Grab gewesen war, wieder heraufgestiegen wie die siegreiche Morgensonne, und sein Licht strahlte nun wieder über das ganze Land am heiligen Nil.

Der König war mit seiner gewaltigen Armee ostwärts durch Gosen gezogen. Das Hirtenland, die alte Heimat der fliehenden Israeliten, war nun ziemlich entvölkert. Keine Sklaven sah man mehr auf den grünen Hügeln, keine Schafe und Ziegen füllten mehr die saftigen Weiden, denn die waren fast alle von den Israeliten mitgenommen worden. Doch es würde nicht mehr lange dauern, dachte Thutmoses, dann würde alles wieder seine alte Ordnung haben.

Als der König in die vor ihnen liegende Wüste hineinblickte, fragte er sich, wie weit die fliehenden Israeliten wohl schon gekommen waren? Vier Tage hatte er ohnmächtig gelegen, und zwei weitere Tage hatte er gebraucht, um eine Streitmacht zusammenzubringen, die groß genug war, um die Israeliten zur Rückkehr zu zwingen. Sicher hatten die Fliehenden noch keine zu große Strecke zurückgelegt. Sie mußten ja auch die Viehherden treiben und auf die Kinder und Alten Rücksicht nehmen.

Während sie auf dem Streitwagen so dahinjagten, erinnerte der Pharao sich an seine jüngeren Tage. Er war früher selbst ein gewaltiger Kämpfer und Feldherr gewesen. Oft hatte er sein Heer in den Kampf geführt und zahllose Feinde besiegt. Unter der Herrschaft dieses Pharaos war Ägypten zu seiner größten militärischen Machtfülle emporgestiegen.

Er bezweifelte allerdings, daß es diesmal nötig werden würde zu kämpfen. Das große Heer hinter ihm sollte den Feind mehr erschrecken als kämpfen. Allein der Aufmarsch der kampferprobten Streitwagen und Soldaten würde die armseligen Sklaven in die Knie zwingen. Man hatte ihm zwar berichtet, daß die Hebräer in guter Ordnung und kampfbereit ausgezogen waren und alle Waffen und Rüstungen mitgenommen hatten, deren sie habhaft werden konnten. Doch der Pharao mußte lachen, als er sich den Anblick der militärisch nicht geübten Sklaven in den Waffen und Rüstungen der Ägypter vorstellte. Sie hatten sicher wie kleine Kinder ausgesehen, die einmal die Kleidung der Erwachsenen ausprobierten.

Als er sich jetzt einmal umdrehte und das Heer der Streitwagen betrachtete, die ihm in guter Ordnung folgten, durchzog Stolz seine Brust. Ja, er war stolz auf die Macht seines Heeres, auf die Macht Ägyptens, über die er allein zu befehlen hatte und der nichts und niemand widerstehen konnte — auch dieser israelitische Gott Jahwe nicht. Die Helme, Waffen und Rüstungen der Soldaten sowie die Beschläge und tödlichen Sicheln der Streitwagen blitzten hell im Sonnenlicht. Allein der Anblick dieser furchterregenden Truppe würde Mose und seine törichten Nachfolger dazu bringen, auf die Knie zu fallen und um Gnade zu winseln.

Doch wer würde ihr Geschrei schon hören und sich ihrer erbarmen? Jahwe hatte diesen erbärmlichen Haufen dem Verderben ausgeliefert, als Er sie dazu verführt hatte, den Schutz Ägyptens zu verlassen. Nun würde das Unheil über sie kommen.

Wieder blickte er aufmerksam über die vor ihm liegende Wüste hinweg. Die drei Millionen waren gewiß noch nicht weit gekommen. In ein oder zwei Tagen würde er sie eingeholt haben. Und wenn er dann über sie kam, würden sie mit dem Gesicht nach unten im Sand liegen, ihm als ihrem Herrn huldigen und ihn um Vergebung bitten.

4. KAPITEL

Pharao wußte natürlich nicht, daß die Hebräer nicht nur bei Tage, sondern oft auch nachts weitergezogen waren, weil Mose ihnen nur wenige Stunden Rast zugestand. Doch außerdem war da auch noch die feurige Säule, die oft bis weit in die Nacht hinein vor ihnen herzog, und solange diese nicht stillstand, zogen sie eben weiter.

Als drei Tage vergangen waren und immer noch keine Anzeichen dafür auftauchten, daß die geflohenen Sklaven nun nahe waren, begann Pharao unruhig zu werden. Dieselbe geistige Belastung, die sich bei Einbruch jeder der Plagen auf ihn gelegt hatte, fing nun wieder an, ihn zu bedrängen.

Vielleicht wäre er mit seiner Armee wieder umgekehrt in der Überzeugung, dieser Zauberer Mose habe das ganze Volk Israel irgendwie durch die Luft davonschweben lassen, so daß es für ihn nun unerreichbar war, hätten sie nicht am dritten Abend nach Einbruch der Dunkelheit ganz weit in der Ferne, in Richtung des Roten Meeres, einen feurigen Schein entdeckt, der sie annehmen ließ, daß die geflohenen Sklaven dort lagerten. Der Pharao beschloß also, am nächsten Morgen doch noch weiterzuziehen, um zu sehen, was es mit diesem Feuerschein auf sich hatte.

Von seinem Streitwagen aus hatte er seinem Wagenlenker in die Seite gestoßen und mit dem ausgestreckten Arm nach vorn gewiesen. „Ja, Majestät, ich sehe es auch“, hatte dieser bestätigt. „Ich denke, wir werden sie morgen bald eingeholt haben.“

Befriedigt hatte sich Thutmoses an diesem Abend in seinem Prunkzelt zur Ruhe gelegt. Morgen würde man ja sehen, wie diese wildgewordene Herde von Sklaven reagierte, wenn ihr Herr mit der Peitsche über sie kam.

Am nächsten Morgen machten sich die beiden Heere etwa zur gleichen Zeit auf den Weg. Pharao und seine Soldaten wußten vom vergangenen Abend schon, in welcher Richtung sie die Israeliten suchen mußten, und erkannten bald die aufsteigenden Staubwolken, die eine so große Zahl von Menschen und Tieren begleiteten. Doch irgend etwas an dieser Wolke schien seltsam zu sein, denn sie schien sich vor den Augen der immer näher kommenden Ägypter viel höher in den Himmel hinauf zu erstrecken, als sie es jemals gesehen hatten.

Es dauerte allerdings auch nicht lange, da erblickten die wandernden Hebräer hinter sich die Staubwolke des ägyptischen Heeres, die sich ihnen sehr schnell näherte. Mose wurde benachrichtigt und erkannte nun ebenfalls, daß die Ägypter ihnen nahe waren.

Das wandernde Volk war mittlerweile am Ufer des Roten Meeres angekommen. Hier bestieg Mose einen großen herumliegenden Felsblock und versuchte von hier aus, die verängstigten Menschen zu beruhigen.

Josua stand unmittelbar neben dem Felsen und kämpfte mit seiner eigenen Furcht. Hatte Jahwe nicht bisher durch Mose zu ihnen gesprochen und sie richtig und sicher geführt? Sicher hatte der Prophet Gottes sie nicht in die Irre geleitet. Doch Josua konnte auch die erregten Menschenmassen verstehen, die sich nun um den Felsblock drängten, denn schon war aus der Ferne, über die Wüste hinweg, das furchterregende Getöse der ägyptischen Kriegspauken zu hören.

„Was hast du getan?“ schrien die Israeliten auf ihren Führer ein. „Hätte es nicht auch ausgereicht, wenn wir in Ägypten umgekommen wären? Warum muß nun diese Wüste unser Grab werden?“

„Was ist dir nur eingefallen, wenn du nun keinen Rat mehr weist?“ schrien andere. „Warum hast du uns dann erst aus Ägypten herausgeführt?“

Frauen weinten, Kinder schrien, und die Männer schimpften voller Zorn und Verzweiflung. Zwar hatten viele von ihnen ihre Waffen in den Händen, doch ihnen war klar, daß sie gegen das gut gerüstete und ausgebildete ägyptische Heer überhaupt nichts ausrichten konnten. Allein schon die Streitwagen, die jetzt in der Ferne schon sichtbar wurden, waren für sie ein unbesiegbarer Feind.

„Haben wir nicht immer gesagt, du sollst uns in Ruhe lassen“, beschuldigten sie Mose. „Jedenfalls wäre es besser, in Ägypten Sklavendienst zu tun, als in dieser Wüste zu sterben.“

Nur Aaron und Josua standen noch zwischen dem Prophet und den vor Zorn rasenden Israeliten. Immer wieder forderten die beiden die tobende Menge auf, endlich einmal still zu sein und auf das zu hören, was Mose zu sagen hatte.

Doch ihre Bemühungen schienen erfolglos zu bleiben. Schon hoben hier und da einige Männer Steine auf, um sie nach Mose zu werfen. Einige machten Anstalt, auf den Felsblock zu klettern, um den Mann Gottes von dort herunterzuholen.

Mose hatte seine Arme weit ausgebreitet und schrie immer wieder mit lauter Stimme, in die er seine ganze Autorität legte, über die Köpfe der erregten Menge hinweg. Endlich schien er langsam Erfolg zu haben, denn die am nächsten Stehenden wurden ruhiger.

„Fürchtet euch nicht!“ schrie er laut. *„Steht still und seht, wie der Herr euch heute erretten wird!“*

Immer und immer wieder rief er diese Worte; und langsam drangen sie in die Köpfe und Herzen der aufgeregten Menge ein. Immer weiter breitete sich die Ruhe aus, so daß Mose endlich reden konnte. *„Fürchtet euch nicht“*, wiederholte er. *„Steht nur still und seht, wie der Herr euch erretten wird. Wie ihr die Ägypter heute seht, so werdet ihr sie niemals wieder sehen.“*

„Aber Mose", wandten die Männer ein, „wir können gegen eine so große Armee, wie da heranzieht, niemals kämpfen. Wir sind für einen Krieg gar nicht ausgebildet."

Josua biß seine Zähne zusammen und mußte sich Mühe geben, bei diesem Einwand nicht zustimmend zu nicken. Das waren ja auch seine eigenen Befürchtungen gewesen. Warum, o warum hatte Mose sie nicht weiter nach Süden geführt? Wären sie nicht wieder umgekehrt, dann hätte der Pharao sie vielleicht nie gefunden.

Doch als er jetzt sein großes Vorbild beobachtete, wie dieser unerschütterlich vor der aufgebrachten Menge stand, wurde er an jenen ersten Tag erinnert, als er ihn auf dem Marktplatz in Ra-Amses gesehen hatte. Er dachte daran, wie Mose und Aaron auf das behelfsmäßig errichtete Podium gestiegen waren und wie furchtlos Mose unter den Augen der bewaffneten Soldaten den Spöttern und Zweiflern entgegengetreten war.

Und auch jetzt wieder bewies der Prophet, daß er seiner Berufung würdig war. Ihm war es gleich, wer sich ihm entgegenstellte, ob es spottende Ägypter waren oder zweifelnde Israeliten, er verkündigte die Befehle, die er von Jahwe empfangen hatte, und stand zu ihnen, was immer da auch kommen mochte.

„Der Herr kennt eure Schwächen", rief Mose. *„Doch der Herr wird für euch kämpfen, und ihr könnt ruhig abwarten."*

Was hätte man wohl gegen diese zuversichtlich ausgerufenen Worte sagen können? Es war, als ginge ein leichtes Aufatmen durch die erregte Menge, als die Israeliten nun an die vielen Wunder dachten, die Gott schon durch Mose für sie getan hatte. Und es war auch schon ein Wunder, daß das aufgeregte Volk angesichts der immer näher kommenden Ägypter endlich ruhiger wurde.

Doch als sie so nahe waren, daß man schon die einzelnen Streitwagen unterscheiden konnte, schien die Furcht sie doch wieder zu überwältigen. „Gott mag uns erretten!" schrien sie und machten Anstalt, den Weg wieder zurückzugehen, den sie gekommen waren.

Doch Mose wollte das unter keinen Umständen zulassen. Mit ausgestrecktem Arm befahl er: „Dorthin ziehen wir!“ Und dabei deutete er direkt auf die Wasserfläche des Roten Meeres.

Hatte Mose jetzt etwa vor dieser großen Herausforderung seinen Verstand verloren? Wußte er nicht mehr, was er tat? Erwartete er von ihnen, daß sie direkt in die schlammigen Wasser des Roten Meeres marschierten? Ja, so schien es zu sein. Denn er streckte jetzt den Stab Gottes dem Wasser entgegen und schrie: „Geht vorwärts!“

Es war wie ein Augenblick aus der Ewigkeit! Hinter ihnen die im Kriegsmarsch heranrückenden Truppen des Pharaos, die schon so nahe waren, daß man das Getöse der Streitwagenräder und das Stampfen der Pferdehufe vernehmen konnte. Vor ihnen das morastige Ufer des Roten Meeres und die Wellen, die immer und immer wieder heranrollten. Und in diesem Augenblick trafen die drei Millionen von Gottes auserwähltem Volk eine Entscheidung. Sie wußten, daß sie in den Wassern des Meeres ertrinken konnten und daß es eigentlich keine Aussicht auf Überleben gab — und doch setzten sie sich auf den Befehl Moses hin in Bewegung.

Doch in dem Augenblick, als sie die ersten zögernden Schritte machten, begannen die Kräfte der Natur mit Urgewalt zu toben. Ihnen war, als würde unter ihnen die Erde beben, einen so gewaltigen Sturm ließ Jahwe von der Wüste im Osten her über das Rote Meer dahintoben. Und dieser Sturm, der sich nur auf einen schmalen Streifen des Meeres zu beschränken schien, trieb die Wellen nach rechts und links auseinander, so daß sie sich zu teilen begannen, als würde mit einem riesigen Messer hineingeschnitten.

Vor den staunenden Augen der Israeliten schien sich ein Weg mitten durch die Wassermassen des Meeres aufzutun, und nach einiger Zeit sahen sie vor sich den Meeresgrund, wo seit vielen tausend Jahren nur Wasser gestanden hatte. Voller Verwunderung sahen sie, daß der Meeresboden sogar trocken war.

Noch etwas anderes war zur gleichen Zeit geschehen. Als die Israeliten die ersten zaghaften Schritte zum Meer hin machten, erhob sich die Wolke Gottes vor ihnen und zog über das ganze Volk hinweg in Richtung der anrückenden ägyptischen Armee.

Dort, zwischen dem Volk Israels und Thutmoses Truppen, senkte sie sich wieder herab und blockierte den Weg der Ägypter. Ihnen kam es vor, als würden sie plötzlich in eine dunkle und neblige Nacht hineinfahren, in der sie die Orientierung verloren, so daß die einzelnen Heeresteile sich ineinander verkeilten und das gesamte Heer in große Unordnung geriet und zum Halt kam.

Nun waren es die Ägypter, die von Angst ergriffen wurden, denn sie erinnerten sich daran, wie es ihnen während der Plagen in ihrem eigenen Land ergangen war. Voller Schrecken schrien sie: *„Jahwe kämpft auf der Seite der Israeliten gegen Ägypten!“*

Die Israeliten sahen vor sich nun einen trockenen Weg durch das Rote Meer, an dem zu beiden Seiten die Wassermassen wie Mauern standen. Auf Moses Befehl hin zogen sie nun durch die sich türmenden Wassermauern hindurch. Es war ihnen, als müßten sie durch eine tiefe Schlucht ziehen, die jeden Augenblick über ihnen zusammenbrechen konnte.

Doch Gottes gewaltiger Arm hielt die Wassermassen fest, und das ganze Volk, bis zum letzten Mann, und jedes Stück Vieh erreichte sicher das jenseitige Ufer des Roten Meeres.

5. KAPITEL

Am nächsten Morgen fand ein großes Fest am Ostufer des Roten Meeres statt. Noch nie in ihrer ganzen Geschichte hatten die Israeliten so sehr gefeiert. Es hatte wohl auch noch nie einen gewichtigeren und größeren Anlaß dazu gegeben, denn der Pharao und seine ganze Armee waren umgekommen.

Der ganze noch verbliebene Tag und fast die ganze Nacht waren vergangen, ehe die drei Millionen mit all ihrem Besitz und allem Vieh durch die schmale trockene Straße im Roten Meer gezogen waren und sicher das östliche Ufer erreicht hatten. Während dieser ganzen Zeit hatte die Wolkensäule mit Rauch und Feuer die Ägypter daran gehindert, sie weiter zu verfolgen.

Als die Morgendämmerung heraufzog, hatte sich die feurige Wolkensäule erhoben und war über das Rote Meer nach Osten geschwebt, wohin die Israeliten mittlerweile durch die Wassermassen gezogen waren.

Der Pharao hatte, als er nun den trockenen Weg durch das Meer bemerkte, seine Männer sofort angetrieben, die Verfolgung wieder aufzunehmen, und an der Spitze seines Heeres war er mit seinem Streitwagen in vollem Tempo zwischen die immer noch stehenden Wasserwände hineingefahren, während an der östlichen Seite des Roten Meeres noch die letzten Israeliten dem Ufer zustrebten.

Doch Furcht, die bei einigen der Flüchtlinge wieder aufkommen wollte, wurde sehr schnell wieder vertrieben. Denn als Mose als einer der Letzten das östliche Ufer erreichte, wandte er sich um und streckte seinen Stab wieder über die noch immer wie Mauern stehenden Wassermassen aus.

Als hätten die Fluten nur auf diesen Befehl gewartet, begannen sie sich augenblicklich zu regen. Zuerst war es ein leichter Wellengang auf der Wasseroberfläche, der die ersten Tropfen von rechts und links auf die bis dahin völlig trockene Straße auf dem Meeresgrund herabfallen ließ, doch innerhalb von Minuten wurden es schon ansehnliche Rinnsale, und dann war zu bemerken, wie die Wassermauern langsam ins Wanken gerieten.

Die Ägypter, die ihrem König nur zögernd in die sich türmenden Wassermassen gefolgt waren, bemerkten die Veränderung sofort und stoppten bei den ersten herabfallenden Tropfen ihre Wagen und Pferde. Ein wildes Durcheinander entstand, das begleitet wurde von den Schreien der Angst.

Manche suchten ihr Heil in der schnellen Flucht nach vorn, die anderen wollten umkehren, um so schnell wie möglich wieder das rettende westliche Ufer zu erreichen. Die Wagen, Pferde und Gespanne verrannten sich dabei ineinander. „Zurück!" schrien sie sich gegenseitig zu. „Wir haben keine Chance, die Israeliten zu erreichen. Ihr Gott kämpft wieder für sie!"

Die Männer der Nachhut der ägyptischen Armee, die noch nicht in das Rote Meer einmarschiert waren, wichen erschrocken zurück und beobachteten voller Schrecken, wie ihre Kameraden sich umwandten und um ihr Leben liefen, denn nun strömte nicht nur mehr Wasser von oben herab, sondern die Wassermauern selbst begannen zu wanken, um dann mit gewaltigem Getöse zusammenzustürzen.

Auch die Israeliten schauten voller Erstaunen und Ehrfurcht zu, wie die gewaltigen Wassermassen über der unbesiegbaren ägyptischen Armee und ihrem Herrscher zusammenbrachen. Innerhalb kurzer Zeit war nichts mehr von dem gewaltigen Heer zu sehen, das sie so in Angst und Schrecken versetzt hatte. Menschen und Pferde und die gesamte Ausrüstung waren von den Wassermassen verschlungen worden.

Während am westlichen Ufer des Roten Meeres die Reste der ägyptischen Armee, vor Schrecken noch immer wie gelähmt, den Untergang ihres Herrschers und ihrer Kameraden miterleben mußten und sich völlig demoralisiert und überwältigt von der Macht des Gottes Israels auf den Rückweg machten, begann nun am östlichen Ufer das große Freiheitsfest. Denn jetzt konnte niemand mehr das Volk, das Jahrhunderte versklavt worden war, auf seinem Weg in die Freiheit aufhalten, das war auch dem letzten Israeliten klar.

Ganz spontan begannen hier und da einzelne Loblieder zu singen und brachen in Dankeschöre aus. Schnell hielten Frauen kleine Zymbeln und Handtrommeln in den Händen, und zum Takt dieser Instrumente begannen sie zu tanzen und faßten sich an den Händen und formten Reihen, die fröhlich singend durcheinanderwogten.

Wie von selbst, als wäre es selbstverständlich, hatte sich Miriam, Moses Schwester, an den Anfang der Reihe fröhlich tanzender und singender Frauen und Mädchen gesetzt, die jetzt im großen Kreis um Mose, Aaron, Josua und eine Gruppe Älteste, die bei ihnen standen, herumschwenkten.

Immer größer wurde die Schar, die sich um sie versammelte, und alle stimmten lachend, tanzend und singend mit ein, sich die einzelnen Zeilen oder Verse gegenseitig im Wechsel zusingend, wie sie es von den Jahrhunderten der Sklavenarbeit her gewöhnt waren, als sie sich mit den Liedern, die sie bei der Arbeit sangen, immer wieder neuen Mut machten.

Dabei waren oft ganz spontan auch neue Lieder entstanden, und so geschah es jetzt wieder. Es war Mose selbst, der nach einiger Zeit die Führung im Gesang übernahm. Inspiriert durch die Führungen und die wunderbare Errettung durch Gott sang er:

„Ich singe dem Herrn ein Lied,
denn er ist hoch erhaben!
Rosse und Reiter warf Er ins Meer!

Meine Stärke und mein Lied ist der Herr,
Er ist für mich zum Retter geworden!
Er ist mein Gott, Ihn will ich preisen;
den Gott meines Vaters will ich rühmen!
Der Herr ist ein Krieger; Jahwe ist Sein Name!"

Die anderen nahmen das so spontan entstandene Lied auf, und viele Male wurde es im Wechselgesang wiederholt. Josua tanzte, lachte und sang mit den anderen, genauso wie sein Freund Kaleb neben ihm und all die vielen Millionen Israels.

Josua hatte sich noch nie so frei gefühlt wie jetzt. Er hatte die großen Wunder gesehen, die Gott durch Mose in den Plagen über Ägypten und während des Auszugs getan hatte. Auch er selbst war von den Ketten der Sklaverei befreit worden, war der Wolken- und Feuersäule gefolgt und hatte mit den anderen das Land der Gefangenschaft verlassen.

Doch das allein hatte seiner Seele noch nicht die Flügel gegeben, die ihn jetzt so frei fühlen ließen. Während der ganzen Zeit hatte er sich im stillen davor gefürchtet, gegen ihre ehemaligen Herren kämpfen zu müssen. Doch der Herr hatte sie davor bewahrt; und der Untergang des Pharaos und seines Heeres machte ihre Freiheit endgültig. Es war, als sei die letzte Last von seiner Seele gefallen.

Genau wie das Lied es sagte, das Mose sang und in das sie alle mit einstimmten, war es: Der Herr war der große Kriegsheld gewesen, und Israel hatte nicht zu streiten brauchen!

TEIL II

DER ZÖGERNDE KRIEGER

6. KAPITEL

Das Volk zog südlich des Golfs von Suez am westlichen Rand der Sinai-Halbinsel entlang. Sie hatten mittlerweile etwa eine Strecke von 250 Kilometer zurückgelegt, seit sie Ra-Amses verlassen hatten. Es war eine sehr langsame Reise. Wofür eine Familie zwei Wochen gebraucht hätte, dafür benötigten die drei Millionen dreimal so lange.

Es war der fünfzehnte Tag im zweiten Monat ihres Auszugs aus Ägypten, als sie in die Wüste Sin hineinzogen. Die Sin war einer der wüstesten und trockensten Landstriche auf der Sinai-Halbinsel. Mit jedem Tag, der verging, wurde das Volk unruhiger.

Die Nahrungsvorräte, die sie aus Ägypten mitgebracht hatten, waren nun fast aufgebraucht. Mose hatte vor einigen Tagen auf wunderbare Weise dafür gesorgt, daß sie noch genügend Trinkwasser hatten, als sie in einer Oase zu einer Wasserstelle gekommen waren. Als nächstes hatten sie die Oase Elim erreicht, ein sehr schöner Ruheplatz mit einem großartigen Palmenhain und zwölf Wasserquellen. Doch nun zogen sie durch das ödeste Stück des Sinais, und sie wußten nicht, wie sie überleben sollten, wenn sie noch weiterziehen würden.

An diesem Abend saß Josua mit seinem Vater Nun und seinem Großvater Elischama vor ihrem Zelt beim Abendessen. Alle spürten sie die bedrückende Stimmung, die sich über dem Lager ausgebreitet hatte. Keiner der drei Männer ging auf dieses Thema ein. Doch als Josua die Gesichter der beiden Älteren betrachtete, wußte er, daß diese dieselben Gedanken bewegten wie ihn.

Die Menschen waren hungrig, und wahrscheinlich gab es in fast jeder israelitischen Familie an diesem Abend nur eine dünne Mehlsuppe, die nicht in der Lage war, diesen Hunger zu stillen. Die gespannte Stille rundum ließ nur zu deutlich die steigende Verzweiflung erkennen.

Josua bot den Rest der Suppe, die noch im Topf war, seinem Großvater an, der einen besonders schwächlichen Eindruck machte. Doch als er die restliche Suppe in dessen Gefäß schütten wollte, schüttelte der alte Mann den Kopf und wies auf einen kleinen Jungen hin, den Jungen einer Witwe, die zu ihrer Sippe gehörte, der in der Nähe stand und mit hungrigen Augen auf die Suppe starrte. Er hatte eine leere Schüssel in seiner Hand.

„Gib sie ihm, Josua", sagte Elischama.

„Aber Großvater", wandte Josua ein.

„Tue, was er sagt", flüsterte Nun.

Elischama ging es nicht gut. Er wirkte sehr gebrechlich, und es war zu befürchten, daß er die beschwerliche Reise durch die Wüste nicht überstehen würde. Doch die verlangenden Augen des Kindes berührten Josua ebenso, und mit einem Seufzer winkte er ihn heran. Er schüttete ihm den Rest der Suppe in die leere Schüssel, fuhr ihm mit der Hand leicht über das Haar und schickte ihn davon.

Josua hatte sich mittlerweile auch schon daran gewöhnt, hungrig zu bleiben, so wie fast alle anderen im Lager. Er beschloß, Mose noch aufzusuchen, und entschuldigte sich bei den beiden älteren Männern. Sein Magen knurrte vernehmlich, als er sich jetzt erhob und auf den Weg machte, und erinnerte ihn daran, wie hungrig er noch war.

In den letzten Wochen hatten sein Eifer und seine Energie sehr nachgelassen, und es fiel ihm schwer, sich an den großartigen Wundern der vergangenen Zeit aufzurichten. Denn trotz der Sklaverei, die sie immer als schwere Last empfunden hatten, waren sie in Ägypten doch nie hungrig gewesen; und es war schwierig, mutig zu bleiben, wenn man spürte, wie aus Nahrungsmangel die Kraft immer mehr nachließ.

Als er jetzt durchs Lager ging, bedrückte ihn die Stille rundum immer mehr. Er spürte förmlich die anklagenden Blicke der Menschen, die ihm nachschauten. Morgen oder übermorgen würde es im Lager nicht mehr so still bleiben, wenn sich nicht bald ein Ausweg fand. Jeder weitere Tag vor leeren Schüsseln konnte dazu führen, daß es zum Aufruhr kam. Vielleicht würde es noch nicht einmal so lange dauern, bis die ersten protestierten.

„Wir hätten besser in Ägypten sterben sollen", sagte jemand laut genug, daß er es hören mußte, als er vorüberging.

„Da stimme ich dir zu", bestätigte ein anderer. „Dort hatten wir wenigstens immer Brot und Fleisch genug."

„Gehst du zu Mose?" schrie ihm eine junge Mutter entgegen. „Frage ihn, warum er uns in diese Wüste geführt hat. Hofft er etwa, daß wir hier alle vor Hunger sterben?"

Mit der Zeit gewöhnte sich Josua immer mehr an die Rolle als Moses Diener, und dadurch wurde auch der Umgang mit dem Mann Gottes persönlicher. Als er deshalb an diesem Abend das Zelt des Propheten erreichte, kündigte er sich nicht mehr an, sondern betrat es einfach.

Auf einer Kiste stand eine matt brennende Öllampe, in deren Schein Mose in einer Papyrusrolle las, die mit ägyptischen Schriftzeichen bedeckt war. Josua erkannte, daß es eine war, an der sein Lehrer selbst viele Tage gearbeitet hatte. Er hatte sie mit eigener Hand beschrieben, und Josua hatte sich oft gefragt, welche geheimnisvollen Dinge darin stehen mochten.

„Herr", begann Josua nach einigen Augenblicken, weil Mose keine Anstalten machte, die Rolle beiseite zu legen, „unsere Leute haben nichts mehr zu essen."

Der Prophet blickte trotzdem nicht auf, aber er fragte: „Erinnerst du dich noch an den Tag, als wir nach *Marah* kamen?"

„Natürlich", antwortete Josua, „sehr gut sogar." Das Wort *Marah* bedeutet *bitter*. Die Israeliten hatten der Oase diesen Namen gegeben, weil das Wasser dort nicht trinkbar war.

„Was glaubst du, warum wir das Wasser nicht trinken konnten?" fragte der Prophet weiter.

Josua dachte einige Augenblicke nach und meinte dann zögernd: „Ich glaube, weil es dort stehendes Wasser ist, keine Quelle. Und stehendes Wasser kann leicht ungenießbar werden."

„Da hast du grundsätzlich recht", nickte Mose. „Aber diese Wasserstelle in der Oase wird schon seit langer Zeit von ungezählten Reisenden benutzt, die dort vorüberziehen. Und sie alle haben das Wasser trinkbar gefunden. Auch ich war oft mit meinen Schafen dort, als ich noch die Herden meines Schwiegervaters hütete."

Josua zuckte mit den Achseln. „Dann weiß ich auch nicht, warum wir es nicht trinken konnten", räumte er ein. „Es ist doch recht seltsam, daß es dann ausgerechnet bei uns nicht trinkbar war."

„Nicht so seltsam wie du denkst", erwiderte Mose, lehnte sich zurück und blickte Josua an. „Es war die Unwissenheit unserer Leute, die das Problem verursacht hat. Ist dir nicht bewußt, daß sie das Wasser selbst verdorben haben?"

Josua dachte über Moses Worte nach. Ihm fiel ein, daß die Israeliten sich voller Freude in das Wasser gestürzt und darin gebadet hatten, als sie die Oase erreichten. Und nachdem Millionen verschmutzter und verschwitzter Körper sich darin gereinigt hatten, war das Wasser tatsächlich zu einer schmutzigen Brühe geworden.

„Doch sie haben nicht nur darin gebadet, sondern viele haben auch gleich ihre Notdurft darin verrichtet", fuhr Mose fort. „Der Herr hat mir in Seiner Gnade dann einen Weg gezeigt, wie wir das Wasser wieder reinigen konnten. Aber unsere Leute müssen einige neue Verordnungen lernen, die mit Sauberkeit zu tun haben. Die Art, wie sie sich in den ägyptischen Sklavenlagern benommen haben, kann so nicht weitergehen."

Josua erinnerte sich noch gut daran, wie Mose befohlen hatte, einige in der Nähe stehende Akazienbäume umzuhauen und in die große Wasserstelle zu werfen. Innerhalb weniger Stunden war das Wasser wieder klar und konnte getrunken werden.

Außerdem hatte Mose den Leuten streng verboten, wieder in das Wasser hineinzugehen, und von seiner Papyrusrolle, die er jetzt in der Hand hielt, hatte er ihnen eine Verordnung vorgelesen, die bestimmte, daß von jetzt an jeder, der seine Notdurft verrichten wollte, dazu aus dem Lager hinauszugehen hatte.

„Wenn du auf die Stimme des Herrn, deines Gottes, hörst und tust, was in Seinen Augen gut ist, wenn du Seinen Geboten gehorchst und auf alle Seine Gesetze achtest, werde Ich dir keine der Krankheiten schicken, die Ich den Ägyptern geschickt habe. Denn Ich bin der Herr, dein Arzt.“

Zu jenem Zeitpunkt hatte Josua keinen Zusammenhang gesehen zwischen den Geboten, die Mose dem Volk vorgelegt hatte, und dem Problem des ungenießbaren Wassers. In Ägypten hatte man solchen Fragen kaum Aufmerksamkeit geschenkt, und die beständig fließenden Wasser des großen Nilstroms waren davon auch kaum beeinträchtigt worden. Doch trotzdem waren von Zeit zu Zeit größere Epidemien durch das Land gegangen, unter denen dann vor allem auch die Sklavenlager gelitten hatten. Doch das Leben von drei Millionen Menschen wurde eben in einem Wüstenland schwieriger, und die Leute mußten zu neuen Gewohnheiten und Regeln kommen, um überleben zu können.

Josua betrachtete interessiert die Papyrusrolle, die Mose in der Hand hielt, und fragte: „Hat der Herr dir noch mehr Gebote für uns gegeben, die wir in Zukunft zu befolgen haben?“

Mose rollte das Papyrus sorgfältig zusammen, steckte es in eine lederne Hülle und legte es dann unter sein Kopfkissen.

Kopfnickend erklärte er dann: „Jeden Tag spricht Gott zu mir, Josua. Und Sein Reden ist wunderbar und großartig. Ich verstehe bis jetzt auch noch nicht alles, was Er mir sagt. Doch jedesmal treffen Seine Worte mein Herz wie ein Lichtstrahl. Wenn die Zeit gekommen ist, werde ich sie dir alle erklären."

Josua verbeugte sich respektvoll vor dem Propheten. „Es wird mir eine Ehre sein", sagte er. Doch dann holte er tief Luft und drängte nochmals: „Aber Herr, wie werden wir mit unserem augenblicklichen Problem fertig? Die Leute werden immer unruhiger. Sie schreien nach Nahrung. Und bald wird es kein Krümel Brot oder Mehl mehr im Lager geben."

Mose nickte bestätigend und erhob sich. „In dieser Sache hat der Herr an diesem Abend schon zu mir geredet, kurz bevor du mein Zelt betreten hast", antwortete er. „Versammle das Volk morgen früh sehr zeitig. Ich werde sie dann beruhigen und ihnen die Angst nehmen."

7. KAPITEL

In der nächsten Nacht lagen Ruhe und Zufriedenheit über dem Lager. Die Menschen schliefen tief, da sie keinen Feind zu fürchten hatten und ihre Mägen gefüllt waren. Es war genauso gekommen, wie Mose es gesagt hatte: Der Herr hatte wieder einmal für Sein Volk gesorgt.

Am frühen Morgen hatte der Prophet die Volksmenge zusammenrufen lassen und hatte Worte des Trostes, aber auch des Tadels, zu ihnen gesprochen. „*Kommt herzu, und tretet vor den Herrn!*“ hatte er ihnen zugerufen. „*Der Herr hat euer Murren wohl gehört!*“

Als das Volk sich versammelt hatte und alle zur Feuersäule blickten, die, wie immer, vor dem Lager stand, begann diese zu pulsieren und noch heller zu leuchten als sonst. Blitze fuhren durch sie hindurch, als wolle der Herr auf diese Weise zeigen, wie sehr Ihn das Murren der Israeliten empörte.

Verängstigt wich die Menge zurück, und viele stießen Schreckensrufe aus. Mose rief laut: „*Der Herr hat euer Murren gehört, mit dem ihr Ihn bedrängt. Denn was sind wir schon. Ihr habt nicht gegen uns gemurrt, sondern gegen den Herrn! Doch am Abend werdet ihr Fleisch zu essen haben; und am Morgen werdet ihr satt sein von Brot! Und ihr werdet erkennen, daß Ich der Herr, euer Gott bin!*“

Während die Israeliten noch erschrocken zuhörten, fuhr Mose fort: „Versammelt euch gegen abend, wenn es zu dämmern beginnt, wieder, dann werdet ihr sehen, was der Herr tut.“

Als das Volk sich beim Beginn der Abenddämmerung wieder versammelt hatte, blickten alle erwartungsvoll zur Wolkensäule hin, weil sie nicht wußten, was nun geschehen würde.

Plötzlich bildete sich in der Mitte der leuchtenden Wolkensäule eine dunkle Wolke, die immer größer wurde und dann aus der Säule heraus geradewegs auf sie zukam. Fast alle duckten sich und zogen ihre Köpfe ein. Manche knieten nieder oder warfen sich gar auf die Erde vor dieser seltsamen Erscheinung.

Als die Wolke näher kam, hörten sie ein seltsames Sirren, wie das Schlagen unzählig vieler Flügel, und dann fiel die Wolke genau über ihnen auseinander, stürzte herab und bedeckte in weitem Umkreis schnatternd und quakend das Lager.

Nun bemerkten die erstaunten Israeliten, daß die Wolke Flügel hatte und aus unzähligen gefiederten Tieren bestand. Es war eine riesige Herde großer Wachteln, die da, scheinbar aus der Wolkensäule kommend, direkt in ihrem Lager gelandet war. Wie erschöpft saßen die Tiere nun überall direkt vor den Füßen der überraschten Menschen.

Freudenrufe wurden laut, und nun begann die große Jagd. Jeder ergriff so viele von den Tieren, wie ihm nur möglich war. An diesem Abend gab es überreichlich Fleisch in allen Töpfen des Lagers. Mehr Fleisch, als das ganze große Volk essen konnte.

Als Josua am nächsten Morgen erwachte, sagte er sich, daß er seit dem Auszug aus Ägypten noch nie so gut geschlafen hatte wie in dieser Nacht. Er überlegte, was ihn geweckt haben könnte, denn durch irgend etwas war er wach geworden. Ein ganz seltsames Geräusch war es gewesen. Doch jetzt war es wieder ganz still.

Er richtete sich auf, legte den Kopf auf die Seite und lauschte in die Stille hinein. Obwohl er noch nie Schnee gesehen hatte, erinnerte er sich doch, daß Reisende erzählten, eine solche Stille würde sich ausbreiten, nachdem viel Schnee gefallen sei, weil dadurch alles gedämpft wurde. Josua fiel es jetzt auch auf, daß es draußen ungewöhnlich hell zu sein schien.

Er stand auf und steckte den Kopf aus dem Zelt. Was er sah, schien noch ungewöhnlicher zu sein als alles, was er vermutet hatte. Der Erdboden war mit etwas bedeckt, das wie Frost aussah. Doch als Josua sich bückte und etwas davon in die Hand nahm, stellte er fest, daß es nicht schmolz. Mit bloßen Füßen trat er jetzt hinaus auf das, was die Erde rundum bedeckte. Es zerkrümelte zwar unter seinem Gewicht, aber es war nicht kalt an der Haut.

Als jetzt die Sonne auf die weiße Substanz fiel, fing sie an zu glitzern, und es wurde davon noch heller. Die Helligkeit weckte andere Schläfer auf, die ebenfalls voller Staunen betrachteten, was da überall den Boden bedeckte. Schnell sprach sich die Neuigkeit von dem seltsamen Phänomen im Lager herum.

Vorsichtig begannen die Leute die flockige Substanz zu untersuchen, hoben Stücke an ihre Nase und rochen daran. Da es einen angenehmen Geruch verbreitete, kosteten sie vorsichtig und merkten, daß es fein und süß wie Honig schmeckte. Und sehr bald schon sammelten sie größere Mengen, aßen eifrig, unterhielten sich und lachten dabei.

Kaleb kam mit einer Handvoll der Substanz zu Josua gerannt und fragte: „Was ist das?“

„Es muß wohl das Brot sein, das der Herr uns gestern abend durch Mose versprochen hat“, antwortete Josua zögernd, während er selbst davon sammelte und aß. Dann fügte er hinzu: „Was es auch sein mag, es ist jedenfalls sehr gut!“

8. KAPITEL

Für die Israeliten hatte es während der Zeit ihrer Sklaverei in Ägypten einen Dualismus in ihrem Leben gegeben, der so stark wohl nur in ihrem Volk zum Ausdruck kam. Während die Kulturen anderer von den Ägyptern unterdrückter Stämme und Völker nach und nach von der ägyptischen Lebensweise aufgesogen wurden und diese Völker ihre eigene Identität verloren, hatten die Israeliten ihr Bewußtsein als eigenständiges Volk beibehalten. Ganz gleich, wie stark sie unterdrückt wurden, die Israeliten blieben in ihrem Bewußtsein immer zuerst Söhne oder Töchter Jakobs — und dann erst Sklaven.

Obwohl auch in ihre völkische Eigenart durch Heiraten mit Angehörigen anderer Völker und durch eine gewisse Öffnung für ihre Umwelt, die gar nicht zu vermeiden war, bestimmte andere Elemente hineinkamen, hielten sie doch hartnäckig an ihren Überlieferungen fest, die von den Patriarchen ihres Volkes her überkommen waren. Aber vor allem wurde ihre Identität als Volk mehr als bei allen anderen dadurch bewahrt, daß sie unverrückbar an ihrem Glauben und ihrem Gott festhielten. Oft war ihre einfache, fast kindlich zu nennende Religion in den Jahrhunderten in Ägypten von den viel höher entwickelten Philosophien und Religionen der Ägypter oder auch durch Verfolgung und Verachtung herausgefordert worden; doch nie hatten sie sich irre machen lassen.

Es waren die großen Namen aus der Anfangszeit ihrer Geschichte, von denen sie wußten, daß sie eng mit Gott in Gemeinschaft gelebt hatten, die ihnen das Bewußtsein erhielten, ein auserwähltes Volk Gottes zu sein. Mehr als vierhundert Jahre hatten die Namen von Abraham, Isaak und Jakob den Israeliten geholfen, an ihrer Volksgemeinschaft festzuhalten.

Auch für Josua war seine Abstammung von Joseph, dem großen Wesir Ägyptens, etwas, worauf er stolz war. Ihm war das Vorrecht zuteil geworden, einen außergewöhnlich gläubigen Vater und einen ebensolchen Großvater zu besitzen, von denen er von früher Kindheit an in den Berichten und Überlieferungen seiner Vorfahren unterwiesen worden war. Dabei hatte die Geschichte Josephs und seiner Brüder, der Stammväter der Stämme Israels, immer einen besonders bevorzugten Platz eingenommen. Josua war sich der Berufung Gottes, die über ihrem Volk lag, deshalb wohl bewußt.

Das war wohl auch einer der wichtigsten Gründe gewesen, weshalb er sich von Anfang an entschieden auf Moses Seite gestellt hatte, als dieser nach Ägypten zurückkehrte, während viele andere Israeliten noch zweifelnd oder gar spottend abseits standen. Erzogen im Glauben an Jahwe, den allmächtigen Gott Israels, hatte Josua bald erkannt, daß Mose ein berufener Mann Gottes war.

Doch was das Wesen und den Charakter ihres Gottes betraf, da stand Josua, genau wie alle anderen Israeliten außer Mose, gerade erst am Anfang, ihn kennenzulernen. Sie erkannten, daß Er ihr Befreier und Beschützer war, denn sie hatten die großen Wunder gesehen, die Er für sie getan hatte. Doch auf vielen Gebieten verstanden sie Sein Handeln und Seine Wege nicht, und es war nicht immer leicht für sie, Seine Gebote und Verordnungen zu verstehen.

Die Tage, die der ersten Versorgung mit Wachteln und dem Himmelsbrot, das sie *Manna* nannten, folgten, waren beispielhaft für diese Gebote Gottes. Mose erklärte ihnen, daß jede Familie jeweils nur soviel Manna sammeln sollte, wie an dem betreffenden Tag für die ganze Familie benötigt wurde — nicht mehr und nicht weniger! Es sollte nichts davon für den nächsten Tag übrigbleiben. Und tatsächlich wurde alles, was die Israeliten trotzdem auf Vorrat sammelten, über Nacht faul oder wurde von Würmern zerfressen. Auch mußte des Manna morgens gesammelt werden, denn es zerschmolz in der Sonnenhitze. Wer nicht zeitig genug hinausging, um Manna zu sammeln, hatte für sich und seine Familie an diesem Tag nichts zu essen.

Die wundersame Natur dieser besonderen Nahrung, die ihnen Gott zukommen ließ, wurde auch noch dadurch erkennbar, daß es jeweils am siebenten Tag der Woche nicht zu finden war. Mose erklärte den Israeliten, daß sie am sechsten Tag jeweils für zwei Tage einsammeln mußten und daß der Anteil, den sie für den siebenten Tag übrigließen, dann nicht verderben würde.

Mose sagte zu dem Volk: „*Der siebente Tag ist ein Feiertag, ein heiliger Sabbath zur Ehre des Herrn.*" Mose erklärte ihnen, daß Gott ihnen den Sabbath als Ruhetag und Tag der Besinnung gegeben habe, an dem sie den üblichen Arbeiten nicht nachgehen sollten.

Nach und nach führte Mose alle Verordnungen und Gebote Gottes im Volk ein. Und obwohl viele davon den Israeliten anfänglich seltsam erschienen, kam dadurch doch nach und nach eine gewisse Ordnung in ihr Zusammenleben, und es entstand auch eine besondere Art der Zusammengehörigkeit.

Zwar war der Gedanke des Sabbaths ihnen auch vorher nicht völlig fremd gewesen. Die Idee eines „Ruhetags" gab es bei vielen Völkern in manchen Kulturen; und das Wort *Sabbath* selbst war babylonischen Ursprungs. Außerdem war unter den Hebräern das Wissen darum, daß der letzte Tag der Woche ein besonderer Tag war, schon immer wach gewesen, denn Gott hatte an diesem Tag von seinem Schöpferwerk ausgeruht.

Doch für die Israeliten war neu, daß sie an diesem Tag nicht arbeiten sollten. Denn in Ägypten waren sie als Sklaven von ihren Herren gezwungen worden, an jedem Tag zu arbeiten, und es hatte keinen besonderen Ruhetag in der Woche gegeben.

In Sicherheit und Frieden zog also das Volk weiter, bis endlich vor ihnen das Gebirge Sinai auftauchte, und aus allen anderen Bergen herausstechend der Horeb, der heilige Berg Gottes, an dem ihrem Führer Mose zum ersten Mal Gott begegnet war.

Vier Tage Reise durch Wüstensand brachten sie von der Wüste Sin bis an den Rand des Weidelandes von Rephidim. Hier waren sie nun nur noch knapp zwanzig Kilometer westlich jener heiligen Stätte. Es war um die Mittagszeit, als das wandernde Volk zum ersten Mal in der Ferne die drei charakteristischen Spitzen des Horeb auftauchen sah.

Josua ging neben Mose an der Spitze des Volkes, als in der Ferne die drei Spitzen langsam Form annahmen. Als er den Propheten verstohlen von der Seite betrachtete, bemerkte er auf dessen Gesicht einen besonders ausdrucksvollen Zug der Ehrfurcht. Josua war klar, daß sein Meister sich jetzt wohl an jenen geheiligten Tag erinnerte, an dem der Engel des Herrn aus dem brennenden Busch zu ihm gesprochen hatte.

Tatsächlich mußte der herausragende Berg mit seinen drei Spitzen jedem Wanderer, der sich ihm nahte, durch seinen Anblick eine gewisse Ehrfurcht abgewinnen. Seit undenklichen Zeiten schon war er von Legenden umrankt und richtete die Gedanken der Vorüberziehenden automatisch auf den Himmel, denn er ragte wie eine Vorhut des Gebirges steil aus der flachen Wüste heraus.

Der Berg war mit seinen schattigen grasbewachsenen Schluchten zum beliebten Aufenthaltsort der Schafhirten und mit seinen Höhlen zum Rastplatz der Karawanen geworden. Viele Stämme sahen in ihm einen heiligen Platz, der besondere Verehrung verdiente.

Doch für Mose und das Volk Israel bedeutete er viel mehr. Für sie war er der Geburtsort ihrer Freiheit und völkischen Eigenständigkeit, denn hier hat Mose den Auftrag von Gott empfangen, das Volk aus der ägyptischen Sklaverei herauszuführen.

Als die drei Millionen nun in Rephidim ihr Lager aufschlugen, schauten alle, Männer, Frauen und Kinder, aufmerksam zu dem nicht weit entfernten Horeb hinüber; und viele hofften vielleicht darauf, einen kurzen Blick von Jahwes Herrlichkeit aufleuchten zu sehen.

Was würde der Herr ihnen hier zu sagen haben? fragten sie sich. Sie hatten zwar auf ihrer Wanderung bis hierher schon viel lernen müssen, doch das hier schien ihnen Sein Wohnplatz zu sein, und ihnen war, als würden sie heiligen Boden betreten.

Während Josua dem Propheten beim Aufstellen seines Zeltes am Lagerplatz Rephidim half, war sein Herr ungewöhnlich schweigsam. Endlich wagte der Diener zu fragen: „War es sehr hoch oben auf dem Berg, wo der Herr dir erschienen ist?“

Über Moses Gesicht zog ein Lächeln, als er kopfschüttelnd antwortete: „Nein, mein Sohn, Schafhirten haben nicht die Gewohnheit, die steilen Hänge des Horeb hinaufzuklettern. Sie weiden ihre Herden in den niedrigen Tälern und Schluchten rund um den Berg.“

„Also ist der Herr dir am Fuße des Berges erschienen?“ forschte Josua weiter.

„So ist es“, nickte Mose bestätigend. „Er hat nicht darauf gewartet, daß ich Ihn finden würde, sondern Er begegnete mir da, wo ich war.“

9. KAPITEL

Josua ritt durch die Oase von Rephidim, in der die Israeliten ihr Lager aufgeschlagen hatten. Morgen wollten sie weiterziehen, und zwar bis in den Schatten des heiligen Berges; deshalb war das ganze Lager voll hochgespannter und freudiger Erwartung.

Von allen Seiten wurde der Reiter mit Lächeln und freudigen Zurufen gegrüßt; denn obwohl Josua nur Moses Diener war, hatten doch alle Achtung vor ihm, weil ihr Führer ihn zu einem seiner nächsten Vertrauten gemacht hatte.

Obwohl Josua die Grüße alle erwiderte, wunderte er sich innerlich doch über die Wetterwendigkeit dieser Menschen. Erst vor wenigen Tagen, als sie hier angekommen waren, hatte es fast wieder eine Rebellion der gleichen Leute gegeben, die ihn jetzt alle so achtungsvoll grüßten.

Und dabei wäre es doch nach allem, was sie bisher an Wundern erlebt hatten, so leicht gewesen, das letzte Stück der Reise bis zum Horeb auf Füßen des Glaubens zurückzulegen. Alles war gut gegangen, seit die Israeliten die Wüste Sin verlassen hatten, wo sie zum ersten Mal das Manna von Gott erhielten. Doch Jahwe schien ihren Glauben nochmals prüfen zu wollen, ehe er sie zu dem heiligen Berg kommen ließ.

In den vergangenen Jahren, auch während der Zeit, in der Mose in dieser Gegend die Schafe seines Schwiegervaters hütete, hatten die Quellen von Rephidim genügend Wasser für den Durst und die Oase genügend Schatten vor der Hitze gegeben. Ein riesiger Felsen, der unmittelbar am Rand der

Oase stand, trug auch noch zum Schatten bei. Man nannte ihn den *Horebfelsen,* weil er in Sichtweite des heiligen Berges stand.

Doch als die Israeliten die Oase Rephidim erreichten, mußten sie zu ihrem Kummer feststellen, das die Quellen so gut wie vertrocknet waren. Vor allem Mose wunderte sich sehr darüber, hatte er doch hier noch vor wenigen Monaten seine Schafherden getränkt. Zwar hatte das Volk von Marah einen reichlichen Wasservorrat mitgenommen. Doch während des Wüstenmarsches war alles so gut wie verbraucht worden; und am letzten Tag hatten sie auch nicht mehr gespart, weil sie erwarteten, in Rephidim neues Wasser zu finden. Und obwohl es von Rephidim bis zum Weideland auf dem Sinai, wo es reichlich Wasser gab, nicht mehr allzu weit war, bestand durchaus die Möglichkeit, daß sie ohne Wasser diese Strecke nicht mehr bewältigen konnten.

Sofort hatte das Volk wieder angefangen zu murren und sich gegen Mose aufzulehnen. Sie machten ihm wieder ähnliche Vorwürfe wie schon bei den vorherigen Gelegenheiten, als sie in Schwierigkeiten gerieten. Es schien so, als hätten sie nichts gelernt aus all den Wundern und Hilfen, die Gott ihnen bisher hatte zuteil werden lassen.

Doch wiederum hatte Gott bewiesen, daß Er mit Mose war, indem Er ein neues Wunder tat. Er hatte Mose beauftragt, das Volk vor dem *Horebfelsen* zu versammeln. Dann hatte er auf den Befehl Gottes hin seinen Stab erhoben und damit an den Felsen geschlagen. Sofort hatte sich an dieser Stelle ein Spalt im Felsen geöffnet, aus dem seit diesem Augenblick ein breiter Strahl von Wasser floß, aus dem sich mittlerweile schon ein Bach gebildet hatte, in dem das Wasser dahinfloß. Auch jetzt, während Josua durch das Lager ritt, konnte er das Rauschen des aus dem Horebfelsen strömenden Wassers hören.

Ob dieses Volk denn nie lernen würde, Gott auch dann zu vertrauen, wenn sie einmal in Schwierigkeiten gerieten? fragte er sich. Würde es immer wieder Auflehnung und Murren geben, wenn Gott sie einmal Wege führte, die sie nicht gleich verstanden und die ihnen schwierig vorkamen? Und wie lange würde Gott wohl Geduld haben mit einem so glaubenslosen und murrenden Volk? Würde Er sich ihr rebellisches Wesen wohl für immer gefallen lassen? Wenn sie doch endlich beginnen würden, Jahwe in allen Lebenslagen zu vertrauen. Das sollte ihnen doch nicht schwer fallen nach allem, was sie schon an Wundern Gottes erlebt hatten.

Wie hatte Gott sie doch bis hierher in wundersamer Weise geführt, überlegte Josua. Sie waren befreit worden von der Sklaverei des Pharaos, bewahrt worden in den Wassern des Roten Meers. Sie brauchten sich keine Nahrungssorgen mehr zu machen, und nun hatte Gott ihnen auch noch auf wundersame Weise Wasser aus dem Horebfelsen geschenkt. Josua blickte zu der Wolkensäule Gottes hin, die wie immer vor dem Lager stand und unerschütterliche Zuversicht ausstrahlte. Es war schon später Nachmittag, und es würde nicht mehr lange dauern, wenn die Sonne unterging und es dunkel wurde, dann würde sie sich wieder in eine strahlende Feuersäule verwandeln, die ihren Schein über das in der Dunkelheit liegende Lager Israels ausbreitete. Wie konnte man den Mut verlieren und murren, wenn man ein so sichtbares Zeichen der Gegenwart Gottes bei sich hatte?

Josua fühlte, daß er jetzt mit seinen Gedanken ein wenig allein sein mußte. Deshalb verließ er das Lager und die Oase und ritt ein Stück in die Wüste hinaus. Es war wunderbar, dachte er, frei zu sein und einfach gehen und kommen zu können wie man wollte. Noch vor wenigen Wochen wurde ihm jeder Weg von seinem ägyptischen Herrn, dessen Sklave er war, vorgeschrieben. Er würde noch nicht zurückkehren, sondern die Stille und Weite der Wüste noch ein wenig genießen. Noch wurde es nicht dunkel.

Doch nach kurzer Zeit wurden seine Gedanken unterbrochen, weil er von einer Stimme angerufen wurde. Ein wenig ärgerlich drehte er den Kopf in die Richtung, aus der der Ruf gekommen war, denn er wollte jetzt eigentlich keine Störung.

Er bemerkte einen Reiter auf einem Kamel, der im Galopp näher kam, ihm zuwinkte und jetzt wieder rief. *Nein,* dachte Josua, *der da kommt, ist kein Israelit, denn er trägt die dunkle Kleidung der Beduinen. Was wird er wohl von mir wollen?*

Während ihrer bisherigen Wanderung über die Wüstenstraßen hatten die Israeliten schon eine ganze Reihe Beduinen-Sippen oder -Stämme getroffen und waren Karawanen aus vielen verschiedenen Völkern begegnet. Bis jetzt war es dabei immer friedlich und freundlich zugegangen. Vielleicht hatten ja manche der Beduinen das wandernde Volk nicht gern gesehen, aber angesichts der großen Zahl Israels hatten es alle vorgezogen, friedlich zu sein.

Doch diesem jetzt näher kommenden Beduinen schien irgend etwas nicht zu gefallen, denn seine ganze Haltung und auch sein Gesichtsausdruck waren eine Mischung von Ärger und Furcht.

Josua verstand die Sprache der Beduinen nicht und hatte deshalb nicht begriffen, was der Fremde ihm zurief. Doch der Beduine sprach ein gebrochenes Hebräisch, mit dem er Josua jetzt, nachdem er sein Kamel neben Josuas Pferd zum Halten gebracht hatte, zornig anredete:

„Wir wollen hier in Frieden leben und möchten keine Gewalt und kein Blutvergießen!“ schrie er. „Josua, Sohn Nuns, sage deinem Herrn Mose, er soll sein Volk nehmen und wieder umkehren. Wir wollen in der Wüste keinen Krieg!“

Verwundert blickte Josua zu dem Beduinen hinauf. Er hatte zwar verstanden, was der Mann sagen wollte, konnte aber keinen Sinn darin erkennen, denn ihre Wanderung war bisher ja sehr friedlich verlaufen.

„Du brauchst dich nicht zu fürchten“, versuchte er den aufgeregten Fremden zu beruhigen. „Wir kommen in Frieden. Wir wollen hier nicht bleiben, sondern nur in Frieden durch dieses Land ziehen.“

„Friede!“ schrie der Beduine und fuchtelte dabei wild mit seinen Armen in der Luft herum. „Wir haben doch gehört, wie ihr Pharao und die ägyptische Armee vernichtet habt. Wir und die anderen Stämme in der Nachbarschaft sind doch keine Narren!"

Josua hätte über diese Worte lachen mögen, wenn der andere nicht so ärgerlich und aufgeregt gewesen wäre. Doch er hielt sich zurück und antwortete freundlich: „Guter Mann, wir haben den Pharao und seine Armee nicht besiegt. Das war unser Gott! Wir sind bisher friedlich durch das Land gezogen und haben keinen einzigen Kampf ausgetragen."

Der Beduine schwieg einige Augenblicke. Diese Worte schienen ihn zu überraschen, und er dachte darüber nach. Doch dann überzog ein ironisches Lächeln sein Gesicht. Mit einer spöttischen Verbeugung sagte er: „Also gut, dann war es eben euer Gott, der für euch gekämpft hat. Aber Pharao hatte ja auch einige Götter auf seiner Seite, so wie wir alle. Haben die etwa nichts für ihn getan? Jedenfalls möchten wir hier in der Wüste keinen Kampf und keine Gewalt. Deshalb fordere ich euch nochmals auf: Kehrt um und geht wieder zurück, ehe die Söhne Amaleks über euch herfallen."

„Die Söhne Amaleks?" wunderte sich Josua. „Was haben die denn mit uns zu tun?"

Der Beduine schüttelte über soviel Unwissenheit staunend den Kopf. „Du bist einer der Führer eures Volkes und weißt das nicht?" meinte er lachend. „Die Amalekiter sagen, das Land, das ihr jetzt betreten wollt, stehe unter ihrer Herrschaft. Sie wollen euch nicht hineinlassen, wenn ihr es versucht, sondern wollen gegen euch kämpfen."

Josua hatte natürlich von den Amalekitern gehört. Sie waren eine der ältesten Nationen der Erde und beanspruchten die ganze Wüste als ihr Eigentum. Trotzdem erwiderte er: „Aber in diesem Land wohnen doch viele Völker und Stämme. Es ist eine Wüste, die für alle offen ist."

„Ha!" spottete der Beduine, „es wäre zu schön, wenn du recht hättest. Sieh mich an: Ich bin selbst der Führer eines Stammes und wünschte mir, es wäre so, wie du sagst. Doch ich weiß auch, wenn ich mich fügen muß. Wir haben uns der

Oberherrschaft der Amalekiter unterstellt. Und das solltet ihr auch tun. Und wenn ihr das nicht wollt, dann ist es besser, ihr geht zurück nach Ägypten, ehe der Sand der Wüste rot wird von israelitischem Blut."

Ohne eine weitere Antwort Josuas abzuwarten, hob der Beduine leicht die Hand zum Gruß und gab seinem Kamel die Zügel frei. In schnellem Trab ritt er in die Richtung zurück, aus der er gekommen war.

Josua blickte dem Davonreitenden so lange nach, bis er in der Ferne verschwunden war. Mit einem Kopf voll trüber Gedanken und schwerem Herzen ritt er dann ins Lager zurück, um sofort Mose zu berichten, was er soeben erfahren hatte. Am westlichen Horizont schickte sich die Sonne gerade an, unterzugehen.

10. KAPITEL

Die ganze Nacht brannte in dem abgesteckten Teil, in dem Josephs Sarkophag stand, das Ratsfeuer. Moses Zelt war nicht groß genug, um alle Führer des Volkes, die der Prophet zusammengerufen hatte, unterzubringen.

In dem offenen Himmel, unter dem der große Kreis der Männer versammelt war, hielt die Feuersäule Wache. Die Männer, die spürten, wie sich die Last der Verantwortung auf sie legte, berieten bis in den frühen Morgen hinein über den Kampf, der vor ihnen lag. Es war der erste Krieg, den die neu entstandene Nation Israel zu bestehen haben würde.

Als Josua ins Lager zurückkehrte, war er direkt zu Moses Zelt geritten und hatte ihm berichtet, was er von dem Beduinen erfahren hatte. Keinem anderen hatte er auch nur ein Wort der schrecklichen Warnung des Fremden anvertraut, denn er wußte, daß dadurch sofort wieder Aufruhr und Angst unter den wetterwendischen Israeliten entstehen konnte.

Als Mose den Bericht Josuas gehört hatte, rief er noch Aaron und Kaleb herbei und sandte sie gemeinsam mit Josua zu den einzelnen Stämmen, um die Ältesten zur Beratung zusammenzurufen.

Auch unter den Männern, die nun beieinander saßen, hatte das Wort *Amalekiter* seine erschreckende Wirkung nicht verfehlt. Denn dieses große Volk, das in einigen mächtigen Stämmen unter mehreren Königen lebte, nahm das gesamte Land von Palästina bis in den Sinai hinein für sich in Anspruch. Darüber hinaus war auch bekannt, daß sie das kriegerischste Volk der ganzen semitischen Rasse waren.

Josuas Worte zu dem Beduinen, daß die Wüste, durch die sie zogen, offenes Land sei, hatte zwar eine gewisse Berechtigung. Doch trotzdem hatten sich die meisten Stämme dieser Länder unter die Oberherrschaft der Söhne Amaleks gebeugt, weil diese zu mächtig waren. Und überall auf der Sinaihalbinsel konnte man Befestigungen finden, in denen amalekitische Truppen lagen, um das ganze Land unter Kontrolle zu halten.

Neben Mose saßen an diesem Abend nicht nur Aaron und Josua, sondern auch Moses Vater Amram und die Väter und Großväter von Josua und Kaleb: Nun, Elischama, Jephunne und Hesron, und darüber hinaus viele Männer, die in der letzten Zeit ihre Führerqualitäten im Volk bewiesen hatten. Obwohl es unter den Israeliten noch keine klare Einteilung in Stämme gab, schienen doch alle Teile des Volkes hier gut vertreten zu sein.

Während der Beratung wurde klar, daß keiner der Anwesenden die Gefahr, der sie entgegengingen, und die gewaltige Macht ihres Feindes unterschätzte.

„Sie werden wahrscheinlich Boten zu allen Stämmen im ganzen Sinai geschickt haben“, meinte Hur aus dem Stamm Juda. „Wir können ziemlich sicher sein, daß die Amalekiter nicht allein kommen, sondern daß sie ihre Verbündeten und alle Kämpfer aus den ihnen untertanen Völkern ebenfalls aufrufen. Wir werden also wohl die Völker des ganzen Landes gegen uns haben.“

Zustimmendes Murmeln wurde laut, und viele nickten bestätigend mit dem Kopf. Obwohl Hur diese Worte nicht gesagt hatte, um Angst zu verbreiten, klangen sie doch sehr einleuchtend. Wer würde sich schon auf die Seite eines Volkes stellen, das aus der Sklaverei entflohen und das nun auf so geheimnisvolle Weise durch diese Gegend zog, ohne daß die anderen wußten, welches Ziel dieses Volk hatte. Außerdem waren Dinge von diesem Volk berichtet worden, die Angst machen konnten. Hatten die Israeliten den Pharao und die ägyptische Armee besiegt, wie die Beduinen glaubten, dann mußte mit ihrer Kampfkraft und ihrem Eroberungswillen gerechnet werden.

„Wir sollten eher mit mehr als mit weniger Stämmen rechnen, die gemeinsam mit den Amalekitern gegen uns ziehen", fügte nun Nadab hinzu. „Es gibt doch eine ganze Anzahl verschiedener Stämme im Sinai?"

Die Frage, die im letzten Satz lag, war an Mose gerichtet, denn er hatte vierzig Jahre in dieser Gegend gelebt und mußte die Verhältnisse kennen. Bisher hatte der Prophet nur wenig gesagt, sondern hatte den Männern Raum gelassen, sich ihre Sorgen von der Seele zu reden. Als er auch jetzt nicht sofort antwortete, ergriff Abihu das Wort:

„Natürlich gibt es viele Stämme hier", sagte der Levit. „Sicher bist du mit vielen Stämmen in Berührung gekommen, Mose, als du hier bei deinem Schwiegervater gelebt hast?"

Mose betrachtete aufmerksam die sorgenvollen Gesichter der Männer rundum. „Ja", bestätigte er endlich, „es gibt viele verschiedene Völker in diesem Land. Und höchstwahrscheinlich werden sie sich alle auf Amaleks Seite stellen. Und wenn wir unsere Möglichkeiten nur von der menschlichen Seite aus betrachten, dann haben wir allen Grund, uns zu fürchten." Nun erhob er sich und fuhr mit fester Stimme fort: „Doch wir wollen nicht vergessen, daß wir nicht in unserer eigenen Kraft kämpfen. Wenn Jahwe mit uns ist, dann sind alle, die gegen uns kommen, auch *Seine* Feinde und nicht die unseren allein."

Während Josua zuhörte, mußte er an die Nacht denken, als er gemeinsam mit Aaron in das Zelt des Mannes Gottes gerufen worden war, der ihnen dann erzählte, sie müßten wieder umkehren und zum Roten Meer zurückziehen, weil der Pharao sie verfolgen würde. Damals hatte er sich gefragt, wie die waffenungeübten Israeliten gegen die mächtige Armee der Ägypter bestehen sollten. So schaute er auch jetzt vertrauensvoll zu seinem Mentor auf. Wenn nun wiederum ein Krieg drohte, würde Gott sie aufs neue erretten und für sie streiten.

Obwohl er nicht dazu aufgefordert worden war, erhob er sich ebenfalls. „Hört auf Mose“, ermutigte er die Versammelten. „Wann werden wir es endlich lernen, Gott zu vertrauen? Hat Jahwe nicht stets für uns gekämpft? Denkt daran, was mit den Ägyptern im Roten Meer geschah. *Seid still und seht zu, was der Herr tun wird!*“ zitierte er jetzt Moses damalige Worte. „Jahwe wird uns sicherlich auch diesmal nicht verlassen. Er weiß doch, daß wir keine geübten Krieger sind.“

Die Männer dachten schweigend über Josuas Worte nach. Noch nie hatte er so mutige Worte zu ihnen gesagt. Doch er hatte sicher recht mit dem, was er ausführte, überlegten sie. Als die Männer ihm jetzt verhalten Beifall klatschten, nahm er diesen stolz entgegen.

Doch schnell rückte Mose den eifernden Feuerkopf neben ihm wieder zurecht. Als er ihm jetzt die Hand auf die Schulter legte, blickte er ihn tadelnd an. „Jahwe mag deinen Glauben belohnen, mein junger Freund“, sagte der Prophet. „Doch der Herr hat nie gesagt, daß wir nicht zu den Waffen zu greifen brauchten, um zu kämpfen.“

Verwirrt schwieg Josua, und Schamröte stieg ihm ins Gesicht, weil Mose ihn vor den Ältesten des Volkes korrigierte.

Der Prophet fuhr, an Josua gewandt, fort: „Morgen wirst du zu unserem Volk gehen und dir aus ihnen ein Heer erwählen.“

Ein *Heer?* Das Wort hing wie ein Kriegsbanner über ihnen allen.

„Ich, Herr?“ stammelte Josua.

„Ja, du!“ erwiderte Mose. „Du bist nun nicht länger mehr nur mein Diener, sondern auch der kommandierende General unseres Heeres!“

11. KAPITEL

Wenn es je einen zögernden und zurückhaltenden Krieger gegeben hatte, so war das Josua.

Es war eine Sache gewesen, mit Mose zum Pharao zu gehen und ihn zu unterstützen, als der Mann Gottes die Plagen Jahwes auf Ägypten herabrief. Und es war eine Sache gewesen, im Glauben die Türpfosten und die Oberschwelle des Hauses mit Blut zu bestreichen und dann darauf zu warten, daß der Todesengel durch die Straßen von Ra-Amses ging. Es war durchaus eine Sache, unter der Führung Gottes Ägypten zu verlassen und einer unbekannten Zukunft entgegenzuziehen. Und es war auch eine Sache gewesen, am Ufer des Roten Meeres zu stehen und dem durch Mose verkündeten Wort Gottes zu vertrauen, daß Jahwe sie vor den heranziehenden ägyptischen Truppen retten würde.

Doch es war eine ganz andere Sache, in kurzer Zeit nun Schwert und Schild selbst in die Hand nehmen zu müssen und in eine blutige Schlacht zu ziehen gegen einen allseits gefürchteten Feind.

Josua war kein Feigling. Ein Feigling hätte sich von Anfang an nicht so entschlossen auf Moses Seite gestellt. Doch Josua war ein vernünftiger Mann. Ihm war klar, daß er bei Tagesanbruch ein Heer aus ungeübten Kämpfern aufstellen mußte, um damit gegen die kriegerischsten Feinde zu kämpfen, die es im weiten Umkreis gab. Er wußte, daß menschlich gesprochen alle Chancen gegen ihn waren.

Obwohl die Amalekiter gegenüber der fein abgestimmten und geübten Kriegsmaschine der Ägypter nur Barbaren waren, so wußte man doch, daß sie in der Schlacht die tapfersten und rücksichtslosesten Kämpfer waren, die man sich denken konnte. Ihnen ging es mehr um den Kampf als um ihr eigenes Leben. Und ihre Tollkühnheit, mit der sie sich, ohne ihr eigenes Leben zu achten, wie eine Herde wildgewordener Bullen auf ihre Feinde stürzten, machte sie zu den gefürchteten Kriegern, die schon unzählige Kämpfe gewonnen hatten.

Doch trotz dieser Tatsachen hätte Josua weniger gezögert, wenn es in seinen Augen nicht so ausgesehen hätte, als habe Jahwe seine Haltung Israel gegenüber verändert. Noch nie vorher hatte der Herr von ihnen erwartet, ihre eigenen Kräfte einzusetzen und selbst zu kämpfen, um mit einer Schwierigkeit fertig zu werden. Doch genau das schien diesmal die Bedeutung der Worte zu sein, die Mose zu ihnen gesagt hatte.

Bis zur Morgendämmerung waren es nur noch wenige Stunden, als Josua mit dem Propheten allein in dessen Zelt saß und einen Kurzkursus in militärischen Erfordernissen erhielt. Mose selbst hatte ja an der besten militärischen Schule der Welt Unterricht in Kriegskunst erhalten, nämlich in der Hofschule für ägyptische Prinzen im Palast des Pharaos. Deshalb war er durchaus in der Lage, dem künftigen militärischen Befehlshaber Israels gute Ratschläge zu erteilen.

„Beginne damit, daß du zu den Ältesten zurückgehst, die noch draußen am Beratungsfeuer sitzen", unterwies Mose seinen jungen Helfer. Da wir innerhalb des Volkes noch kaum eine Ordnung aufgebaut haben, noch nicht einmal die Stämme sind richtig geordnet, mußt du die Ältesten jetzt durch das ganze Lager schicken, damit sie alle wehrfähigen Männer zusammenrufen und registrieren."

Josua hörte aufmerksam zu und nickte dankbar. „Ja, Herr, so soll es geschehen. Und wie geht es dann weiter?"

„Wenn die Männer erst versammelt sind — sie sollen nicht vergessen, ihre Waffen und Schilde mitzubringen —, müssen sie in einzelne Abteilungen eingereiht werden, an deren Spitze du fähige Männer stellst, sie zu befehligen. Achte darauf, daß du diese Abteilungen nach Möglichkeit nach der jeweiligen Bewaffnung der Männer zusammenstellst. Die mit Schwert und Schild Ausgerüsteten sollten zusammen kämpfen, ebenso die mit Speer und Schild. Sollten eine Anzahl Kriegsbogen dabei sein und die Männer verstehen, damit umzugehen, dann fasse auch sie zusammen. Wenn du den Ältesten diese Befehle weitergegeben hast, werden sie sich aufmachen, um die Männer zusammenzurufen. In der Zwischenzeit kommst du zu mir zurück, dann werde ich dir mehr Ratschläge erteilen."

Josua lief eilig davon und tat, was Mose vorgeschlagen hatte. Während nun die Ältesten im Lager die Männer sammelten, saß er wieder bei Mose, um weitere Instruktionen zu empfangen.

„Wenn die Männer versammelt und in Abteilungen aufgeteilt sind, mußt du eine Befehlskette aufbauen. Schärfe allen Kämpfern ein, den Befehlen ihrer Führer aufs Wort zu gehorchen. Die Führer wiederum müssen ebenso bereit sein, Befehle, die du ihnen sendest, sofort zu befolgen."

Eifrig lauschte Josua und nickte immer wieder bestätigend mit dem Kopf. Mose fuhr fort: „Denke auch daran, zwei Abteilungen auszusondern. Dazu nimm die Männer, die schon älter oder schwächer sind und nicht mehr so gut kämpfen können. Eine größere Abteilung soll das Lager mit den Frauen und Kindern bewachen, damit diese nicht überfallen werden können. Eine kleinere Gruppe muß Schöpfgefäße mitnehmen und während der Schlacht die Kämpfer laufend mit Wasser vom Horebfelsen versorgen, damit sie nicht wegen zu großen Durstes ermüden."

„Es soll alles so geschehen, wie du sagst, Herr", bestätigte Josua und wollte sich wieder auf den Weg machen.

„Halt", hielt Mose ihn zurück. „Da ist noch etwas sehr Wichtiges. Wenn all diese Dinge angeordnet sind und du den Männern nochmals eingeschärft hast, gute Ordnung zu halten und den Befehlen sofort zu gehorchen, mußt du ihnen noch eine Rede halten, damit sie ermutigt und in ihrem Glauben gestärkt werden. Es ist wichtig, daß sie mutig und voller Eifer in den Kampf ziehen und nicht verzagt sind."

„Ja, Herr", nickte Josua. Doch bei Moses letzten Worten hatten sich leichte Zweifel auf seinem Gesicht ausgebreitet. War er doch selbst nicht mehr sicher, ob sie heute mit der Hilfe Gottes rechnen konnten, wie sollte es ihm da gelingen, den Männern diese Zuversicht ins Herz zu legen. Er erhob sich mit den Worten: „Ich schätze deine Ratschläge sehr, Herr, und bin dankbar dafür. Ich werde mein Bestes tun." Damit wandte er sich um und ging.

Doch Mose hatte den Anflug von Zweifel in den Gesichtszügen seines Feldherrn wohl bemerkt. „Josua!" rief er, als dieser den Zelteingang schon erreicht hatte.

Der Jüngere drehte sich um und fragte: „Ja, Herr?" ohne Mose dabei in die Augen zu sehen.

„Josua", wiederholte der Prophet, „gibt es da vielleicht noch etwas, das du mir sagen möchtest?"

„Nein, Herr", entfuhr es Josua im ersten Augenblick, obwohl er wußte, daß es die Unwahrheit war.

Doch als Mose ihn fest anblickte, stammelte er: „Ja, Herr, da ist wirklich etwas: Ich kann das Handeln Gottes nicht verstehen. Wir sind in einer Lage, in der wir Ihn mehr brauchen als je zuvor, und dabei hat Er sich von uns zurückgezogen."

Erstaunt blickte Mose seinen Diener an. „Wie kommst du denn auf diesen Gedanken?" fragte er verwundert.

„Du hast es doch selbst gesagt", antwortete Josua, während sich sein Gesicht mit Schamröte überzog. „Gerade heute nacht, und zwar vor allen Ältesten."

Mose überlegte, welche seiner Worte Josua wohl auf diese Gedanken gebracht haben könnten. Dann wurde es ihm plötzlich klar, und kopfschüttelnd sagte er: „Mein lieber Freund, glaubst du denn, Jahwe sei nicht in unserer Mitte, weil Er diesmal von uns erwartet, daß wir dem Feind bewaffnet entgegenziehen und selbst kämpfen?"

Als Josua nur ratlos mit den Achseln zuckte, stand Mose auf, trat zu ihm und legte ihm die Hand auf die Schulter.

„Es stimmt, daß du und unsere ganze Armee morgen Schwert und Schild nehmen und kämpfen müßt“, sagte er. „Doch wenn der Feind uns angreift, dann werde ich auf dem Horebfelsen stehen. In meiner Hand wird eine andere Waffe sein, nämlich der Stab Gottes. Und solange ich diesen Stab zum Himmel emporhebe, wird keine Armee der Welt Israel besiegen können.“

12. KAPITEL

In der Frühe des nächsten Tages stand das Heer Israels wieder in den zuvor eingeteilten Ordnungen vor dem Horebfelsen, und vor jeder Abteilung die dazu bestimmten Führer. Alle warteten auf die Befehle ihres Feldherrn.

Josua wußte, daß für ihn nun der wichtigste Teil aller Vorbereitungen kam. Er mußte der Armee eine Rede halten, durch die in die Herzen aller Kämpfer Vertrauen zu Gott und Mut gelegt wurde.

Da die Israeliten einige Jahrhunderte Sklavendasein hinter sich hatten, waren sie daran gewöhnt, sich zu ducken und zu gehorchen, aber nie, sich gegen Unterdrückung und Anfeindung aufzulehnen. Wenn diese Haltung sie auch jetzt beherrschte, würden sie kaum fähig sein, einem wilden und zu allem entschlossenen Feind Widerstand zu leisten. Sie würden sich dann einfach unterwerfen und ihrem Schicksal ergeben, wie sie das jahrhundertelang getan hatten.

Als Josua jetzt wieder auf den kleinen Hügel neben dem Horebfelsen hinaufritt, sah er Mose in Begleitung seines Bruders Aaron und Hur aus dem Stamm Juda herankommen und den Horebfelsen besteigen.

Als Mose auf dem Felsen stand, rechts und links neben ihm Aaron und Hur, nickte er Josua freundlich zu und ermutigte ihn mit einer Handbewegung, nun mit seiner Ansprache zu beginnen.

Josua wandte sich wieder der Armee zu und richtete sich so gerade im Sattel auf, wie es ihm möglich war.

„Ihr Männer Israels!“ rief er laut. „Durch die Gnade und

Hilfe des allmächtigen Gottes haben wir die Sklaverei Ägyptens abgeschüttelt und haben unsere Freiheit erlangt! Bedenkt, was Gott in den vergangenen Wochen alles für uns getan hat und faßt Mut und habt starke Herzen. Wir wollen auch heute der starken Hand Gottes vertrauen, die von unserem Auszug aus Ägypten an bis hierher Wunder über Wunder für uns getan und uns geholfen hat!"

Völlige Stille hatte sich unter der großen Armee ausgebreitet. Alle lauschten aufmerksam den Worten ihres Anführers.

„Wir müssen heute einem Feind Widerstand leisten, der uns alles rauben möchte, was Gott uns gegeben hat", fuhr Josua fort. „Aber keiner von uns sollte glauben, daß die Amalekiter in der Lage wären, die Pläne Gottes zu verhindern und uns aufzuhalten!"

Unter den Männern erhob sich beifälliges Gemurmel, und überall war zustimmendes Kopfnicken zu sehen.

Als es wieder still wurde, rief Josua: „Ihr braucht die Anzahl unserer Feinde nicht zu zählen, denn es kommt nicht darauf an, ob auf ihrer Seite mehr Kämpfer stehen als auf der unseren, oder ob ihre Waffen besser sind als die unseren. Bedenkt vielmehr: Auf unserer Seite stehen die Heerscharen des Himmels und der starke Arm unseres Gottes!"

Bei diesen Worten erhob sich lautes Beifallsgeschrei. Die Männer erhoben begeistert ihre Waffen und schwenkten sie über ihren Köpfen.

„In den Augen Jahwes, unseres allmächtigen Gottes, ist die Armee der Amalekiter, vor der alle anderen Völker zittern, nur schwach und klein", redete Josua nun weiter. „Sie haben keine Waffen, mit denen sie den allmächtigen Gott erschrecken könnten! Bedenkt, in welchen Schwierigkeiten Gott uns schon geholfen hat. Wir haben den Untergang des ägyptischen Heeres erlebt, wir haben unter Gottes Führung die Wüste bezwungen und das Rote Meer; und heute wird Er uns den Sieg schenken über die Amalekiter, die uns daran hindern wollen, das uns von Ihm verheißene Land zu erreichen."

„Ja, Ja!" schrien die Männer und brachen erneut in Jubel aus.

Nun wandte Josua sein Pferd wieder um, so daß er zu Mose und dessen beiden Begleitern auf dem Felsen hinaufschauen konnte. Mit einer leichten Verbeugung rief er, so laut er konnte: „Herr Mose, ich präsentiere dir hier das Heer Israels!"

Mose lächelte kopfnickend und erhob segnend seine Arme. Da brach ein so ungeheurer Jubelschrei aus den Kehlen der Hunderttausenden hervor, daß Josua meinte, auch der Felsen müsse davon erbeben.

Doch kaum war dieser Schrei verklungen, da wurde er aus der Ferne von einem anderen, ähnlichen Schrei beantwortet, der nun von dem dumpfen Gedröhn unzähliger Hufe von Pferden und Kamelen begleitet wurde. Es war der Kriegsschrei des amalekitischen Heeres, das sich ihnen schon bis auf einige Kilometer genähert hatte.

Josua gab dem Heer nun den Befehl, in der Schlachtordnung, die befohlen worden war, den Amalekitern entgegenzuziehen.

13. KAPITEL

Das Kriegsgeschrei der Amalekiter war weit schrecklicher als der Klang der Hörner und Trommeln eines anmarschierenden ägyptischen Heeres. Und der wilde, wenn auch ungeordnete Ansturm dieser zu allem entschlossenen Krieger machte einen furchterregenden Eindruck.

Die dunklen Gesichter waren vor Haß und Kampfeslust verzerrt, als sie jetzt über den ebenen Wüstenboden den Israeliten entgegenstürmten, die zum ersten Mal einem Feind im offenen Kampf gegenübertreten mußten. Auf ihren Pferden und Kamelen sitzend, schwangen sie Speere und Schwerter in der Luft, und hinter den Reitern eilte eine unübersehbare Schar von Fußkämpfern heran, die ebenfalls ihre Schwerter und Keulen vor Kampfeseifer wild schwenkten.

Nur wenige der amalekitischen Krieger trugen auch noch Schilde, um sich zu schützen. Sie schienen keinerlei Furcht zu kennen und nur den einen Wunsch zu haben, rücksichtslos auf die feindlichen Eindringlinge einzuschlagen und sie zu vernichten.

Für einige Augenblicke schienen die Israeliten bei diesem furchtbaren Anblick wie gelähmt zu sein. Auch Josua fühlte, wie ihm ein kalter Schauer über den Rücken lief. Doch dann blickte er kurz zum Horebfelsen hin und sah dort Mose stehen, der den Stab Gottes hoch in die Luft erhoben hatte.

Josua schüttelte den Schock ab, erhob sein Schwert und schrie, so laut er konnte: „Vorwärts!“ Damit setzte er sein Pferd in Bewegung, und die ihm zunächst stehenden Abteilungen, die ihn gehört hatten, folgten. Die anderen schlossen sich an, als sie die Bewegung wahrnahmen — und dann prallten die Heere aufeinander.

Ein ungeheures Getöse erhob sich. Waffengeklirr und Kriegsgeschrei, und dazwischen das Wiehern der Pferde und das Blöken der Kamele. Bei den Israeliten hatten nur wenige Anführer ein Reittier, sonst kämpften alle zu Fuß. Doch sie hielten sich an die Anweisungen, die sie von Josua erhalten hatten, die festen Ordnungen ihrer Abteilungen nicht zu verlassen. Auf diese Weise gelang es den feindlichen Reitern kaum, in die israelitischen Linien einzudringen.

Eine ungeheure Staubwolke breitete sich über den kämpfenden Heeren aus, die immer dicker wurde, so daß niemand mehr den Überblick behalten konnte. Josua, der im wildesten Getümmel steckte, sah Hunderte, Freund und Feind, fallen und bemerkte, wie sich der Wüstensand vom Blut rot färbte. Auch er wußte nicht mehr, wer im Kampf die Oberhand gewann.

Doch plötzlich schien der Kampf nachzulassen, und dann tat sich zwischen den Israeliten und ihren Feinden ein Zwischenraum auf. Als jetzt auch der Staub zu sinken begann und die Sicht wieder etwas besser wurde, bemerkten die Israeliten, daß die Amalekiter sich auf eiligem Rückzug befanden.

Zuerst konnten sie gar nicht glauben, was sie sahen, doch dann begannen sie zu lachen und zu jubeln, fielen sich in die Arme und klopften sich gegenseitig auf die Schultern.

Auch Josua war verwundert über die Flucht der Feinde. Doch dann faßte er sich und ritt schnell zum Horebfelsen. Dort stand Mose immer noch mit Aaron und Hur und reckte den Stab Gottes zum Himmel. Doch auch er schien erstaunt zu sein. Denn als er seinen General am Fuß des Felsens bemerkte, zuckte er mit den Achseln und ließ den Stab sinken.

Die Israeliten zählten ihre Verluste und stellten erfreut fest, daß sie relativ gering waren im Vergleich zu den vielen toten und verwundeten Amalekitern, die herumlagen. Doch Josua forderte sie auf, weiter in der befohlenen Ordnung der einzelnen Abteilungen zu bleiben, denn es war durchaus nicht sicher, daß der endgültige Sieg schon errungen war.

Bald zeigt sich auch die Richtigkeit dieser Maßnahme. Die Amalekiter schienen diesen Ausgang des Kampfes durchaus nicht hinnehmen zu wollen. Sie hatten sich neu gesammelt und hatten auch noch Verstärkungen durch Hilfstruppen aus anderen Stämmen erhalten, so daß ihr Heer trotz der erlittenen Verluste jetzt noch größer zu sein schien als zuvor.

Doch die Israeliten hatten durch ihren ersten Erfolg noch mehr Mut gefaßt und warfen sich nun in der festgefügten Ordnung ihrer Abteilungen dem Feind wieder entgegen, als Josua es ihnen befahl.

Der Prophet auf dem Felsen hatte mittlerweile den Schal, den seine Mutter ihm gestrickt hatte, als er noch ein Baby war, und den er immer noch trug, abgenommen und an die Spitze des heiligen Stabes gebunden. Als jetzt unten der Kampf neu begann, hob er den Stab wieder zum Himmel empor.

Es war erstaunlich und schien kaum möglich zu sein, aber solange Mose den heiligen Stab, der nun durch den daran hängenden Schal den Eindruck eines Banners machte, zum Himmel emporhielt, war die Armee Israels unbezwingbar.

Doch wenn Moses Arme erlahmten und er deshalb den Stab vorübergehend sinken lassen mußte, begann sich auf dem Schlachtfeld das Kriegsglück jedesmal zu wenden, und die Verluste der Israeliten nahmen zu.

Es war schon um die Mittagszeit, als Josua diese erstaunliche Tatsache bewußt wurde. Der Kampf hatte hin- und hergewogt, und Josua hatte bemerkt, daß die Feinde stets dann übermächtig wurden, wenn Mose den Stab nicht mehr emporhielt. Durch die schlechte Sicht, des Wüstenstaubs wegen, war ihm dies bisher verborgen geblieben. Und auch die drei Männer auf dem Horebfelsen schienen das aus dem gleichen Grund noch nicht bemerkt zu haben.

Da die Amalekiter immer noch Verstärkungen erhielten, wurde ihre Übermacht stets größer, und in der letzten halben Stunde waren die Israeliten in ziemliche Bedrängnis geraten.

Josua ergriff Kaleb, der neben ihm ritt, am Arm und befahl ihm: „Reite zum Horebfelsen und sage dem Mann Gottes, er soll seinen Stab nicht mehr sinken lassen, auch nicht für wenige Minuten, sondern er soll ihn immer emporhalten!"

Kaleb ritt, so schnell er konnte. Und bald stand der Prophet wieder hoch aufgerichtet und hielt den Stab empor, und für die nächsten Stunden sank der Stab nicht mehr herab.

Von diesem Augenblick an wendete sich unten wieder die Schlacht. Es schien, als wären den Israeliten neue Kräfte zugewachsen und als würde dem viel größeren Heer der Amalekiter und ihrer Verbündeten der Mut entsinken, denn sie begannen immer mehr zu weichen, bis endlich aus dem Rückzug eine ungeordnete und kopflose Flucht wurde und die Reste des amalekitischen Heeres in alle Winde zerstoben.

Josuas Herz schien Freudensprünge zu machen, als er die Feinde in so wilder Flucht sah. Als er sich jetzt zum Horebfelsen umwandte, um nach dem Mann Gottes zu schauen, bot sich ihm ein erstaunliches Bild:

Mose saß auf einem Felsbrocken, den offensichtlich Aaron und Hur herbeigerollt hatten, und die beiden hatten sich gebückt rechts und links neben ihn gesetzt, so daß der Prophet seine Arme und Hände, mit denen er immer noch den Stab Gottes emporhielt, auf ihre Schultern stützen konnte, weil sie ihm sonst schon längst zu schwer geworden wären. Deshalb war es ihm auch gelungen, den Stab von Mittag an auch nicht mehr eine Minute sinken zu lassen.

Die Sonne neigte sich schon dem Untergang zu, als die letzten fliehenden Amalekiter am Horizont verschwanden. Und unter lautem Jubel versammelten sich die siegreichen Streiter Israels am Horebfelsen um ihren Heerführer.

TEIL III

DER MANN ZUR RECHTEN

14. KAPITEL

Am Fuße des Sinai, auf der Ebene, über die die Feinde entflohen waren, hatte Israel sein Lager errichtet. Weit und breit gab es keine Amalekiter mehr, und sie hatten seit dem Kampf keinen einzigen von ihnen mehr zu sehen bekommen.

An diesem Abend sollte im Schatten des heiligen Berges ein großes Fest gefeiert werden. Dieser Ort war auch Moses erstes Ziel gewesen, seit die Israeliten Ägypten verlassen hatten. Und nun war er, trotz all der Schwierigkeiten, die sich ihnen entgegengestellt hatten, doch erreicht worden.

Josuas Vater und auch sein Großvater beschäftigten sich im Familienzelt mit ihm, während er sich für das Fest fertig machte. Mose hatte bestimmt, daß sein General an diesem Abend öffentlich vor dem ganzen Volk erscheinen und für den Sieg über die Amalekiter geehrt werden sollte. Die beiden älteren Männer betrachteten ihn nun von allen Seiten und versuchten ihm zu helfen, den bestmöglichen Eindruck mit seiner Kleidung zu machen.

„Wir sind stolz auf dich, Josua", erklärte Elischama, während er noch versuchte, ein wenig nicht vorhandenen Staub von seines Enkels bestem Gewand zu klopfen.

„Das stimmt", nickte Nun bestätigend, während er seinen Sohn von allen Seiten betrachtete. „Kein Vater ist sicherlich auf seinen Sohn je stolzer gewesen als ich. Bedenkt einmal! Ich habe einen mächtigen Kriegshelden erzogen und habe es nicht gewußt!"

Josua lächelte zu diesen Worten, während er nun noch sein Schwert umgürtete. „Und nie hat ein Israelit bessere

Väter gehabt als ich", antwortete er. Damit entzog er sich den immer noch putzenden Männern und verließ eilig das Zelt.

Überall im Lager leuchteten Hunderttausende von Feuern und Fackeln und wetteiferten mit dem leuchtenden Sonnenuntergang und dem strahlenden Schein der Wolkensäule. Ein Stück weiter, am Fuße des Berges, versammelte sich das Volk. Und auch Mose erwartete seinen Feldherrn dort, und zwar gerade an dem Platz, an dem Jahwe ihm im feurigen Busch begegnet war. An diesem Abend gab es zwar keinen Busch, der auf geheimnisvolle Weise brannte, doch dafür war die ganze Ebene in feuriges Licht getaucht.

Josua schien es, als würde das gesamte Volk auf ihn warten. Und als nun bekannt wurde, daß er nahte, begann Musik zu spielen, und von allen Seiten waren Jubelrufe zu hören. Überall streckten sich ihm Hände entgegen, so daß er Mühe hatte, durch die drängende Menge zu kommen.

Als er endlich vor seinem Mentor stand, nahm Mose ihn beim Arm und führte ihn auf eine kleine Erhöhung, so daß er von allen gesehen werden konnte. Hier hatte Mose einen steinernen Altar errichtet. Mit einer Handbewegung forderte er Josua auf, an diesen heranzutreten.

Als endlich völlige Ruhe eintrat, nahm Mose eine Papyrusrolle von seinem Gürtel. Er öffnete sie, wandte sich dem Volk zu und rief laut: „Der Herr, unser Gott, hat mich beauftragt, zur Erinnerung an den großen Sieg, den Er uns durch unseren Feldherrn und unser Heer geschenkt hat, dieses Ereignis zu Ehren Josuas auf dieser Schriftrolle niederzuschreiben."

So mächtig war seine Stimme, daß niemand hätte glauben mögen, daß Mose einst an derselben Stelle Gott gegenüber behauptet hatte, er sei ein Mann von schwerer Zunge und verstünde nicht zu reden, deshalb solle Gott jemand anders zu Pharao senden.

„So sagt der Herr:" fuhr Mose fort. „Ich will die Erinnerung an Amalek unter dem Himmel austilgen!"

Bei diesen Worten erhob sich lautes Jubelgeschrei unter dem Volk. Mose erhob seine Hände, um damit Ruhe zu fordern. „Bei Seiner eigenen Hand hat Gott geschworen, daß von Generation zu Generation Krieg zwischen Amalek und Jahwe sein soll!" rief er laut.

Josua fühlte, wie seine Haut zu prickeln begann, als Mose ihm jetzt tief in die Augen schaute. Und als der Prophet ihm nun die Hände auf den Kopf legte, kniete er nieder, schnallte sein Schwert ab und legte es dem Mann Gottes zu Füßen.

„Josua", erklärte Mose nun laut, „du hast dich als würdig erwiesen, vor dem ganzen Volk geehrt zu werden. Doch vergiß nie, daß der Herr dir den Sieg verliehen hat und daß Jahwe dein Panier ist!" Damit nahm der Prophet ein kleines, mit Öl gefülltes Fläschchen aus seinem Gürtel und salbte den Krieger damit vor den Augen ganz Israels.

Dann zog er Josua wieder auf die Füße, führte ihn direkt vor den Altar, auf dem ein geschlachteter Ziegenbock lag, und drückte ihm eine brennende Fackel in die Hand. „Nimm sie, und zünde nun das Opfer des Volkes an, das wir Jahwe bringen!" befahl er.

Da Josua kaum glauben wollte, daß sein Meister diesen Dienst ihm übertragen würde, zögerte er. „Aber Herr", stammelte er, „ich bin nicht der Mann, den Jahwe erwählt hat, für unser Volk vor Ihm zu stehen. Wie kann ich dann das Opferfeuer anzünden?"

Mose betrachtete ihn freundlich. Dann nahm er seinen Stab, der bis jetzt am Altar gelehnt hatte, und legte ihn neben Josuas Schwert. „Du hast mit deinem Schwert dem Herrn so gedient wie ich mit meinem Stab", verkündete er. „Deshalb, Josua, bist du auch würdig, das Feuer zu entzünden."

Die Hand des Kriegers, der zwar nur zögernd in die Schlacht gezogen war, dann aber vor dem Feind seinen Mut bewiesen hatte, zitterte jetzt, als er sie mit der brennenden Fackel ausstreckte, um das Feuer auf dem Altar zu entzünden. Dann begann das Holz zu brennen, und die Flammen loderten empor und verzehrten das Opfertier.

Von heiliger Ehrfurcht ergriffen, wandte Josua sich nun dem Volk zu. Er erhob seine Hände und schrie: „Der Herr ist mein Panier! Der Herr ist mächtig im Streit!"

Wie ein Kriegsruf hallten die Worte über die Ebene und brachen sich an den Felsen des Berges. Die Herzen der Israeliten wurden davon ergriffen. Sie hoben ihre Hände zum Himmel empor, und wie ein Echo schallte es zurück, aber dieses Mal aus Hunderttausenden von Kehlen: „Der Herr ist mein Panier! Der Herr ist mächtig im Streit!"

15. KAPITEL

Bis weit in die Nacht hinein wurde im Lager Israels gefeiert. Seit dem Sieg über Amalek war schon eine festliche Stimmung unter der großen Menge gewesen. Doch die offizielle Feier hatte man sich aufgehoben bis zu diesem ersten Abend direkt am Fuß des Horeb. Doch es war nicht nur eine Siegesfeier, sondern die Israeliten feierten auch ihre Ankunft am Fuß des heiligen Berges.

Die früheren Sklaven hatten in Ägypten gelernt, jede Gelegenheit, die sich ihnen während ihres geknechteten Daseins einmal bot, zum Feiern auszunutzen. Das gab ihnen die Möglichkeit, für kurze Zeit die notvolle Lage, in der sie sich befanden, einmal zu vergessen. Ihre neugewonnene Freiheit und der hinter ihnen liegende Sieg gaben ihnen natürlich noch viel mehr Anlaß, froh zu sein und zu feiern.

Josua saß an diesem Abend mit Mose und den angesehensten Ältesten Israels zusammen. Das Zelt des Propheten und seine nähere Umgebung war immer so etwas wie das Hauptquartier des wandernden Volkes. Hier kamen die Führer beim Beratungsfeuer zusammen, und bei einem Fest wie dem heutigen gab es auch Musik. Nicht weit entfernt stand auch Josephs Sarkophag. Und dort hatten sich junge Leute versammelt, die nach der Musik tanzten.

Wein wurde herumgereicht, und die Männer am Feuer lachten und unterhielten sich an diesem Tag nur über ihre Freiheit und die großen Taten Gottes. Die Probleme des vor ihnen liegenden Weges standen heute nicht auf der Tagesordnung. Heute wollte man feiern. Dabei konzentrierte sich die

Aufmerksamkeit der Männer am Feuer hauptsächlich auf einen älteren Mann mit einem gewaltigen Bart und einem Gesicht, das dunkler war als die ihren. Er hatte höchst interessante Geschichten zu erzählen.

Noch nie in seinem Leben hatte Josua einen solchen Burschen gesehen wie diesen hier. Allerdings mußte er zugeben, daß er, außer dem Beduinen-Scheich, dem er zwei Tage vor der Schlacht begegnete, überhaupt noch keinen arabischen Patriarchen gesehen hatte. Die Amalekiter waren wilde Wüstenbewohner, aber keiner von ihnen war so farbenfroh gekleidet gewesen wie dieser hier.

Der alte Mann trug einen weiten, bunt gestreiften Umhang, auf dem viele fremdartige Zeichen aufgenäht waren. Behängt war er mit unzähligen Ketten und anderem Schmuck. Wenn er lachte, leuchteten die weißen Zähne aus seinem dunklen Bart hervor, und in seinen Augen funkelten lustige Lichter.

Meistens ging es auf Moses Kosten, wenn er lachte. Denn die Geschichten, die er erzählte, hatten meistens mit dem jungen ägyptischen Prinzen zu tun, der zu ihnen geflohen und sein Schwiegersohn geworden war.

Ja — der alte Mann war Jethro Reuel, Priester und Führer des Stammes der Midianiter, und Vater von Moses Frau Zipporah. Und Mose sah man an, daß ihm die gutgemeinten Geschichten und Späße nichts ausmachten. Die beiden Männer schienen Freude an der Gegenwart des anderen zu haben, das war vom ersten Augenblick an zu sehen gewesen, als Jethro am östlichen Horizont auftauchte.

Gerade als das Opfer und die Zeremonie vor dem Altar zu Ende ging, war einer von Jethros Dienern im Lager eingetroffen und zu Mose gebracht worden. Der vorausgesandte Knecht verkündete: „Jethro Reuel, Priester von Midian und dein Schwiegervater, hat von allem gehört, was Gott für dich und das ganze Volk Israel getan hat; wie der Herr euch aus Ägypten befreit und bis hierher wunderbar geführt hat. Er sagt, ich soll dir mitteilen: *Ich, dein Schwiegervater, komme zu dir zusammen mit deiner Frau und euren beiden Söhnen."*

Mose hatte keine Zeit verloren, sondern war seiner lange vermißten Familie sofort entgegengeeilt. Es war schon einige Monate her, seit er seine Frau und seine beiden Söhne in der Wüste zurückgelassen hatte und ihnen den Auftrag gab, in das Lager ihres Stammes zurückzukehren, während er sich auf den Weg nach Ägypten machte. In Begleitung Josuas war Mose der kleinen Schar entgegengeritten, die da in der Abenddämmerung näher kam.

Es war eine freudige Begrüßung mit vielen Umarmungen und Freudenrufen geworden, die Josua miterlebt hatte. Er war sich dabei ein wenig überflüssig vorgekommen, doch hatte er sich an der Freude seines Meisters mitgefreut. Natürlich hatte er schon von der Frau und den beiden Söhnen des Propheten gehört. Doch sie hier in froher Begrüßung zu sehen, rückte auch die menschliche Seite des Mannes Gottes einmal ein wenig mehr ins Licht.

Und das taten auch die Geschichten, mit denen Jethro an diesem Abend die Runde am Lagerfeuer unterhielt. Kichernd erzählte er: „Als Mose zu uns kam, konnte er kaum einen Esel von einem Maultier unterscheiden." Dabei klopfte er Mose gutmütig auf den Rücken und meinte dazu: „Es ist so gut, mein Sohn, wieder mit dir zusammen zu sein."

Wieder umarmten sich die beiden Männer, wie sie das an diesem Abend schon viele Male getan hatten. Mose antwortete: „Es ist gut, daß du meine Familie zu mir gebracht hast, Vater. Und ihr seid am glücklichsten Abend, seit wir Ägypten verlassen haben, zu uns gekommen. Das macht es um so schöner. Dabei nickte er Zipporah lächelnd zu, die zusammen mit einigen anderen Frauen am Rand des Feuers saß.

Josua, der die Blicke beobachtete, die Mose und Zipporah immer wieder wechselten, spürte so etwas wie Einsamkeit in seinem Herzen. Aufmerksam lauschte er nun, als Jethro berichtete, wie das Ehepaar sich das erste Mal getroffen hatte. Es war eine der schönsten Geschichten, die er je gehört hatte, fand Josua.

„Meine älteste Tochter und ihre sechs Schwestern hüteten bei uns in Midian die Schafherden und führten sie zu einer Wasserstelle", begann Jethro zu erzählen. „Da kam eine Schar wilder Ismaeliten angeritten, die mit ihren Herden ebenfalls zu der Wasserstelle wollten. Aus Sorge, es gäbe nicht genug Wasser, jagten sie unsere Schafe davon und hätten vielleicht auch den Mädchen noch allerlei Übles angetan."

Zipporah nickte bestätigend, während sie an das Ereignis dachte, bei dem sie ihren Gatten kennengelernt hatte. Jethro blickte Mose von der Seite an, der ein wenig lachte und mit den Achseln zuckte, und fuhr dann fort:

„Plötzlich wurde das Kamel des einen Ismaeliten, der gerade Zipporah bedrängte, von einem Pfeil getroffen. Es stürzte zu Boden, und der Reiter flog in hohem Bogen aus dem Sattel und blieb benommen liegen. Einige Augenblicke später geschah einem zweiten Kamel das gleiche. Und dann tauchte auf einem vorspringenden Felsen ein Mann in ägyptischer Kleidung auf, der laute Befehle schrie und mit den Armen nach rechts und links winkte, als gäbe er anrückenden Soldaten den Befehl, schnellstens vorzurücken."

Mose schmunzelte nur vor sich hin, als er sich an jene Szene erinnerte.

„Woher sollten die wilden Ismaeliten wissen, daß der Ägypter auf dem Hügel allein war? Sie sind jedenfalls geflohen, so schnell sie konnten", lachte Jethro. „Und wie sollte Mose wissen, daß er von jenem Tag an für das älteste der Mädchen verantwortlich war, weil er sie gerettet hatte?"

Zipporah klatschte fröhlich in die Hännde und lachte jetzt über das ganze Gesicht.

„Du hast aber einiges ausgelassen", unterbrach Mose seinen Schwiegervater, als er sich an die trickreiche Methode erinnerte, mit der Jethro ihm eine Braut „verpaßt" hatte. „Du hast nicht erzählt, mit welcher List du mir die Braut zugeschoben hast."

Als Zipporah diese Worte hörte, schien sie protestieren zu wollen. Doch man sah ihr an, daß sie es nicht ernst meinte.

„Aber wenn ich dir die Braut zugeschoben habe", konterte Jethro, „dann hast du sie jedenfalls sehr bereitwillig in Empfang genommen. Ich habe noch nie jemand eifriger nach einem Köder schnappen sehen, den man ihm hinhielt."

Lautes Lachen und lebhafter Beifall erhoben sich unter den Zuhörern am Feuer bei dieser Geschichte. Und so ging es noch eine ganze Weile weiter mit Jethros und Moses Berichten. Auch Moses Söhne Gerschom und Elieser und Hobab, der Sohn Jethros, trugen noch manches dazu bei.

Doch als dann ein riesiger Mond über der Steppe aufstieg und alles in ein silbernes Licht tauchte, veränderte sich die Stimmung nach und nach. Während die Israeliten im Lager weiter feierten, begannen die um das Beratungsfeuer versammelten Ältesten und Führer des Volkes Jethro von den vielen Wundern zu erzählen, die Jahwe für sie getan hatte, und wie Er sie bis zu diesem Ort geführt hatte.

Die Männer berichteten dem staunenden Jethro von den Wundern, die Gott vor dem Pharao und an ganz Ägypten getan hatte, von den Schwierigkeiten ihrer Wanderung und den Hilfen Gottes, wie Er das Rote Meer teilte, Wasser aus dem Felsen sowie Wachteln und Manna gab und ihnen den Sieg über die Amalekiter schenkte.

Jethro saß mit gesenktem Kopf da und lauschte aufmerksam. Endlich seufzte er: „Es ist fast zuviel. Mein Herz kann die Freude, die mich bei euren Berichten ergreift, kaum noch ertragen."

Spontan erhob sich Jethro und rief aus: *„Gepriesen sei der Herr, der euch aus der Hand der Ägypter und des Pharao gerettet hat! Jetzt weiß ich: Jahwe ist größer als alle Götter! Denn die Ägypter haben Israel hochmütig behandelt, doch der Herr hat das Volk aus ihrer Hand gerettet."*

Er wandte sich Aaron zu und fuhr fort: „Du hast deinem Bruder beigestanden, seit er unser Lager verlassen hat. Ich bin zwar ein Priester", damit ergriff er Aaron am Ärmel und zog ihn ebenfalls hoch, „doch du bist viel würdiger als ich, denn du hast die mächtige Hand Jahwes in Aktion gesehen, während ich nur an Ihn geglaubt habe. Du kennst Ihn schon viel besser als ich, denn ich habe noch viel zu lernen. Komme mit mir!"

Damit zog er Aaron zum Erstaunen aller zu dem Altar, auf dem Mose und Josua vor etlichen Stunden noch das Opfer dargebracht hatten. Er winkte die anderen ebenfalls herbei und ließ von den Tieren, die er mitgebracht hatte, einige schlachten und auf den Altar legen. Dann forderte er Aaron auf, das Opferfeuer zu entzünden und so dem Herrn die Opfer darzubringen.

Als die Flammen auf dem Altar in der Dunkelheit aufloderten, umarmte Jethro aufs neue Mose.

„Ich war einst dein Lehrer", sich an die Zeit erinnernd, da Mose als Flüchtling in das Lager der Midianiter gekommen war, „doch nun sollst du mich belehren. Du wirst zwar von den Amalekitern und den Ismaeliten gehaßt und wirst noch die Feindschaft vieler Völker ertragen müssen. Doch mein Volk und das deine sollen zusammenhalten, denn wir sind alle Söhne und Töchter Abrahams!"

16. KAPITEL

Josua trat gebückt aus seinem Zelt und rieb sich die Augen im Morgenlicht. Die Feierlichkeiten hatten bis weit nach Mitternacht angehalten, so daß er nur wenige Stunden Schlaf bekommen hatte.

Unter einem Arm trug er ein Bündel Papyrusrollen, auf denen die Streitfälle niedergeschrieben waren, mit dem seit ihrem Auszug aus Ägypten sich die verschiedensten Menschen aus dem Volk an Mose mit der Bitte um Schlichtung gewandt hatten. Und auch die von Mose jeweils gefällten Urteile waren verzeichnet.

Während der Reise hatte sich Mose immer wieder einmal die Zeit genommen, solche Angelegenheiten zu regeln. Unter einem Volk so groß wie Israel gab es eben immer wieder Meinungsverschiedenheiten. Durch die Schwierigkeiten und Entbehrungen der Reise waren die Gemüter oft so erhitzt, daß schnell Streit ausbrach. Und da es keine Regelungen und Verordnungen gab, versuchte jeder durchzusetzen, was er für Recht hielt.

Die Tage, an denen solche Sachen geregelt wurden, waren meist sehr anstrengend, da Mose gewöhnlich den ganzen Tag aushielt und die Streitigkeiten schlichtete, die vor ihn gebracht wurden. Und das waren meist mehr, als er bewältigen konnte.

Josua freute sich deshalb durchaus nicht auf solche Tage, denn er mußte dann seinem Meister immer als Assistent zur Seite stehen und dafür sorgen, daß die Leute in der rechten Reihenfolge vor Mose traten, während sie in der heißen

Sonne warteten. Und obwohl Mose an solchen Tagen von morgens bis zum Sonnenuntergang Strittiges regelte und Urteile fällte, war es doch noch nie gelungen, alle Fälle zu beenden. Deshalb hatte Josua noch eine ganze Reihe Fälle aus zurückliegenden Tagen dabei, die bearbeitet werden mußten.

An diesem Tag kam noch dazu, daß die Feiern der vergangenen Nacht doch mehr Streitigkeiten als gewöhnlich gebracht hatten, so daß heute besonders viele Menschen gekommen waren, die ihre Anliegen vortragen wollten. Es schienen weit mehr als hundert Rechtsuchende zu sein, die an dem vorgesehenen Platz auf Mose warteten.

Der Prophet selbst schien an diesem Morgen auch nicht gerade in bester Stimmung zu sein. Als Josua das Zelt Moses betrat, war dieser gerade dabei, die Sandalen anzuziehen. Mit gerunzelter Stirn fragte er. „Womit habe ich mich heute zuerst zu beschäftigen?"

„Mit der Sache, die schon einmal verhandelt wurde, Herr", antwortete Josua. „Du erinnerst dich an das junge Mädchen, das geschrien hatte: *Hilfe! Vergewaltigung!*"

„Hatten wir diese Angelegenheit nicht schon geklärt?" fragte Mose verwundert. „Ich meine, das ist vor einigen Wochen gewesen."

„Das stimmt", bestätigte Josua. „Doch ihr Vater ist nicht zufrieden. Er möchte, daß der beschuldigte Mann sie heiratet."

Mose meinte kopfschüttelnd: „Das arme Mädchen. Sie muß die ganze Sache nun ausbaden. Ich glaube, der Mann, der sie angegriffen hat, ist der letzte, mit dem sie von nun an ihr ganzes Leben verbringen möchte. Doch wer würde sie nun sonst noch haben wollen?"

Er erhob sich und trat aus dem Zelt hinaus in die helle Morgensonne. Nur ganz kurz streifte er mit einem Blick die vielen Wartenden. Dann wandte er sich dem Gerichtsstuhl zu; einem thronartigen Sessel mit hoher Lehne, den sie aus Ägypten mitgebracht hatten. Er stand auf einer kleinen Erhebung. Mose setzte sich und streckte die Hand aus.

Josua reichte ihm eine Papyrusrolle und winkte eine Gruppe von Menschen heran. „Der Vater des Mädchens hat etliche Zeugen mitgebracht, die angehört werden müssen", erklärte Josua. „Das wird dich ziemlich viel Zeit kosten."

„Wie geht's dann weiter?" fragte Mose seufzend.

„Ein Kohatiter wird von seinem jüngeren Bruder wegen Diebstahls verklagt. Ihr Vater ist gestorben, und der Mann meint nun, sein älterer Bruder habe von der Erbschaft mehr genommen, als ihm zugestanden hätte. Der Ältere aber behauptet, daß viele Dinge nie seinem Vater gehört hätten, sondern daß er sie selbst als Beute aus Ägypten mitgebracht hätte."

„Gibt es Zeugen?" wollte Mose wissen.

„Ja, und zwar auf beiden Seiten", antwortete Josua.

„Gut, dann wollen wir beginnen", nickte Mose und wandte sich den Männern zu, die nun vor ihm standen.

Josua bemerkte, wie schwer Mose an dieser Last der Verantwortung trug. Es war gut, daß sie hier längere Zeit bleiben würden, so daß alle offenen Angelegenheiten in den nächsten Tagen geregelt werden konnten.

Der Sonnenuntergang war nahe. Mose hatte eine ganze Reihe Fälle an diesem Tag entschieden; es waren viel mehr, als Josua erwartet hatte. Und doch warteten noch viele, die gehört werden wollten, mit etwa 30 weiteren Fällen, die nicht verhandelt worden waren.

Als Mose die noch Wartenden jetzt mit der Bemerkung fortschickte, sie sollten am nächsten Tag wiederkommen, bemerkte Josua, wie erschöpft der Mann Gottes war.

Mose hatte sich erhoben und wollte gerade mit Josua zu seinem Zelt zurückkehren, als aus der Dämmerung heraus eine Stimme sagte: „Sohn, ich würde gern eine Sache mit dir besprechen."

Es war Jethro, den Mose jetzt mit einem müden Lächeln begrüßte. „Komm mit uns, Vater", antwortete Mose. „Josua wird uns einen Becher Wein bringen."

Als die drei dann beim Schein der Öllampe im Zelt des Propheten saßen, betrachtete Jethro aufmerksam das Gesicht seines Schwiegersohnes. In seiner offenen und direkten Art ging er dann auf den Anlaß seines Besuchs los.

„Was soll das, das du da für das Volk tust?“ fragte er. *„Warum sitzt du allein zu Gericht, und die vielen Leute müssen vom Morgen bis zum Abend vor dir anstehen?“*

Mose machte einen betroffenen Eindruck. „Aber Vater“, wandte er dann ein, „die Leute kommen zu mir, um in ihren Streitfällen von Gott eine Antwort zu erhalten.“

Jethro blickte nachdenklich vor sich hin, und Mose fragte sich, was ihm wohl durch den Kopf ging.

Er fuhr fort: „Wenn sie sich nicht einigen können, kommen sie zu mir. Ich richte dann zwischen den streitenden Parteien und mache sie mit den Absichten Gottes und Seinen Gesetzen bekannt.“

Endlich fragte Jethro: „Diese Gesetze, von denen du redest; ist es Gott, der sie dich wissen läßt?“

„So ist es“, bestätigte Mose. „Zumindest vertraue ich darauf, daß es Gott ist, der sie mir gibt.“

Jethro lehnte sich zurück und schien ganz in die Betrachtung der Ziegenhaardecke des Zeltes vertieft zu sein. „Ich erinnere mich an die Zeit, da du zu mir kamst und mich fragtest, wie wir wissen können, was richtig und was falsch ist“, sagte er nach einiger Zeit. „Du wolltest absolut wissen, wie ein Volk oder auch ein einzelner Mensch wirklich gerecht sein kann.“

Auch Mose dachte nun an die Unterhaltungen, die er vor langer Zeit mit seinem Schwiegervater geführt hatte. „Ich wollte Genaueres über den *Bund* wissen, von dem in deinem Volk immer gesprochen wird“, bestätigte er. *„Wandle vor mir und sei ohne Tadel,* sei die Forderung Gottes, so hast du es mir gesagt.“

„Und du warst damit nicht recht zufrieden, wenn ich mich recht erinnere“, nickte Jethro.

„Stimmt, mir war dieses Gebot einfach zu allgemein“, gab Mose zu. „Was heißt denn *ohne Tadel sein?“*

„So, so“, nickte Jethro, „und jetzt nun erzählt der Herr dir, und zwar dir ganz allein, jeden Tag, was in den einzelnen Fällen das Richtige und Sein Wille ist?“

Man konnte Mose ansehen, daß er sich bei dieser Frage ein wenig ungemütlich fühlte.

„Es scheint so zu sein“, bestätigte er und holte die dicke Papyrusrolle herbei, die er auch Josua schon einmal gezeigt hatte. „Sieh, wenn der Herr mich Seinen Willen in den einzelnen Fällen wissen läßt, schreibe ich sie hier nieder. Das sind dann die Gesetze Israels.“

Jethro betrachtete die Rolle aufmerksam und las einiges von dem, was niedergeschrieben war. „Sehr schön“, nickte er dann nachdenklich. „Aber trotzdem ist das, was du da tust, nicht besonders gut.“

Josua empörte sich innerlich bei diesen Worten und hätte sich am liebsten eingemischt. Was wußte Jethro schon von der Verantwortung, die Tag für Tag auf Mose lastete. Doch er hielt sich zurück und blieb der schweigende Zuhörer.

Man konnte förmlich spüren, wie der alte Midianiter jetzt nach Worten suchte, um möglichst diplomatisch das zu sagen, worum es ihm ging. „Schau, ich mache mir doch nur Sorgen um dich. Du hast dir da zuviel aufgeladen“, versuchte er Mose zu erklären. „Du weißt doch, daß auch ich der Führer eines Volkes bin; wenn es auch lange nicht so zahlreich ist wie Israel. Doch wollte ich versuchen, allein für Gerechtigkeit zu sorgen, würde ich auf die Dauer durchdrehen.“

Jethro schien mit diesen Worten den Nagel auf den Kopf getroffen zu haben. „Ich weiß“, bestätigte er, „daß du diese Dinge anders bewältigst. Aber du hast darin auch schon viel mehr Erfahrung als ich.“

„Nun, dann nimm einen Rat von mir an“, sagte Jethro. „Du wirst sonst bald unter dieser Last zusammenbrechen. Und auch die Leute, die zu dir kommen und Rat und Urteil suchen, werden auf die Dauer nicht zufrieden sein, wenn sie so lange warten müssen, bis ihre Sache geregelt wird. Du kannst diese Aufgabe auf die Dauer nicht allein bewältigen.“

Jethro schwieg nachdenklich einige Augenblicke und fuhr dann fort: „*Nun hör zu, ich will dir einen Rat geben, und Gott wird mit dir sein. Vertritt du das Volk vor Gott! Bring ihre Rechtsfälle vor Ihn, unterrichte sie in den Gesetzen und Weisungen, und lehre sie, wie sie leben und was sie tun sollen. Du aber sieh dich im ganzen Volk nach tüchtigen, gottesfürchtigen und zuverlässigen Männern um, die Bestechung ablehnen. Gib dem Volk Vorsteher für je tausend, hundert, fünfzig und zehn! Sie sollen dem Volk jederzeit als Richter zur Verfügung stehen. Alle wichtigen Fälle sollen sie vor dich bringen, die leichteren sollen sie selber entscheiden. Entlaste dich, und laß auch andere Verantwortung tragen. Wenn du das tust, sofern Gott zustimmt, bleibst du der Aufgabe gewachsen, und die Leute hier können alle zufrieden heimgehen.*“

Erstaunt lauschten die beiden Israeliten dem weisen Rat des Midianiters. Als sie sich anblickten, bemerkten sie, daß sie beide mit dem Kopf nickten. Und Mose war es, als würde sich eine riesige Last von seinen Schultern heben.

„Gestern abend hast du noch gesagt, ich sei jetzt dein Lehrer“, meinte Mose erleichtert und legte Jethro die Hand auf die Schulter. „Aber ich stelle fest, daß du immer noch der Weisere von uns beiden bist.“

„Ich habe in diesen Sachen nur mehr Erfahrung als du“, meinte Jethro lächelnd. „Aber vergiß nie, daß Gott auch zu anderen Menschen redet, nicht nur zu dir allein.“

Nun wandte er sich Mose zu, legte ihm die Hände auf die Schultern und erklärte: „Aber ganz gewiß hat der Herr dir noch viele große Wahrheiten zu zeigen, größere als alles, was ich je gelehrt habe. Wenn Er dir die volle Bedeutung Seines *Bundes* enthüllt, dann behalte sie nicht für dich, sondern mache sie überall bekannt!“

17. KAPITEL

Nachdem Jethro das Zelt verlassen hatte, wandte sich Mose an Josua und forderte ihn auf, noch eine Weile zu bleiben. Doch dabei ergab es sich, daß die beiden Männer die ganze Nacht zusammensaßen und sich unterhielten und Josua erst kurz vor der Morgendämmerung in das Zelt seiner Familie zurückkehrte.

Obwohl Josua seinen Herrn während der Reise recht gut kennengelernt hatte, enthüllte ihm diese nächtliche Unterhaltung doch eine Seite der Seele Moses, die er bisher noch nicht entdeckt hatte. Mehr als je zuvor begriff er, welchen Preis die Führung dieses Volkes kostete, und mehr als je lernte er das Herz dieses Mannes schätzen, den Gott für eine so gewaltige Aufgabe auserwählt hatte.

Einige Zeit überlegten sie, welche Männer sie nach Jethros Rat wohl als Richter über Israel setzen konnten. Mose kannte die Ältesten des Volkes am besten, und Josua hatte viele Verbindungen zu den Jüngeren, nachrückenden Führern. Namen wie Hur, Amminadab, Zuar, Helon, Schedeur und andere waren sehr schnell gefunden, denn das waren die bekanntesten und respektiertesten Patriarchen der verschiedenen Stämme. Dann waren da auch Kaleb, Naschon, Nethannael und Eliab, um nur einige zu erwähnen, die in Frage kamen und die nach entsprechender Unterweisung diese Plätze ausfüllen konnten. Es schien ihnen auch weise, die Ältesten zunächst über tausend und hundert zu setzen, und die Jüngeren über fünfzig und zehn, wie Jethro geraten hatte.

Natürlich würde Mose auch noch mit Aaron diese Sache ausführlich besprechen, doch für den Augenblick schien ihm Josua ein völlig ausreichender Gesprächspartner zu sein.

Obwohl die Auswahl der Richter sehr wichtig war, kam Mose während ihres Gesprächs auch immer wieder auf den *Bund* zurück, diese etwas geheimnisvolle Angelegenheit, die offensichtlich in früheren Jahren sehr oft zwischen ihm und Jethro diskutiert worden war.

Als Mose jetzt von diesem *Bund* sprach, wurde für Josua etwas sichtbar von dem Problem, mit dem sein Meister sich abquälte. In der Spannung, die in Moses Gesichtszügen zu erkennen war, schien auch etwas von Hoffnung zu liegen, daß sein engster Mitarbeiter, wie er Josua oft nannte, vielleicht etwas beitragen könnte, das mehr Licht auf diese Frage warf.

„Ich habe meinen armen Schwiegervater oft mit meinen Wünschen geplagt, mehr über Gottes Gebote zu erfahren", erklärte er. „Doch du hast sicher selbst bemerkt, daß Jethro, trotz all seiner Lebenserfahrung, im Grunde doch ein einfacher Mann geblieben ist. Für ihn sind die Wege Gottes wie die Wege in der Wüste. Er beschäftigt sich nicht ernsthaft mit der Frage, was Gerechtigkeit eigentlich ist. Für ihn sind Recht oder Unrecht Fragen der Nützlichkeit und des Überlebens. Vollkommen zu sein bedeutet in Jethros ungeschriebenen Vorschriften beides: stark und freundlich zugleich zu sein. Wenn seine Leute mit Rechtsfragen oder Angelegenheiten der Sauberkeit zu ihm kommen, folgt er gewöhnlich einer einfachen und grundlegenden Vorschrift: Behandle die andere so, wie du möchtest, daß sie dich behandeln!"

Während Mose so sprach, spürte sein jüngerer Mitarbeiter, daß er im Grunde in seinem Geist immer noch mit dem alten Priester argumentierte. Nachdenklich wiegte er den Kopf hin und her und antwortete dann: „Wenn ich Jethro richtig verstanden habe, wollte er sagen, daß sein Volk schon sehr alt ist und lang erprobte gute Regeln hat, nach denen alles geht. Er muß sich nicht mit den Schwierigkeiten einer sich neu formierenden Gesellschaft herumschlagen, die sich aus vielen Schichten zusammensetzt und die bisher an Freiheit nicht gewöhnt war. Ginge es ihm so, würde er schon verstehen, wie notwendig ein bis in Einzelheiten gehendes Gesetzeswerk ist."

Mose blieb stehen und betrachtete erstaunt seinen Mitarbeiter. Kopfnickend meinte er dann: „Wenn überhaupt bei uns jemand in der Lage sein sollte, solche Gesetze zu entwerfen, dann ich", seufzte er. „Welche Gesetze sind umfassender und ausgeklügelter als die ägyptischen? Und ich habe sie studiert. Ich könnte ja heute auch Pharao sein, wenn ich gewollt hätte. Doch ich sehe mich nicht in der Lage, diesem Volk, das buchstäblich noch in den Kinderschuhen steckt, Gesetze zu geben, die zu ihm passen."

Darauf wußte Josua auch keine Antwort. Er zuckte nur hilflos mit den Schultern.

„Welchen Nutzen soll es wohl haben, wenn ich zehntausend Richter einsetze, wenn keine Gesetze vorhanden sind, nach denen sie urteilen sollen?" fuhr der Prophet fort. „Ich habe über die Gesetze Hammurabis, des großen babylonischen Gesetzgebers, nachgedacht. Ich habe immer wieder die Gesetze meiner ägyptischen Pflegemutter in meinen Gedanken hin und her gedreht. All das gibt mir zwar eine gewisse Hilfe, wenn ich meine Urteile fälle. Und doch, unser Volk ist weder das ägyptische noch das babylonische. Unsere Leute kennen bisher nur die Peitsche und die Ketten der Sklaventreiber und können sich noch nicht selbst regieren. Jeden Tag habe ich mit neuen Problemen zu tun, die von mir weit mehr Weisheit erfordern, als ich besitze."

Mit diesen Worten war Mose an den Eingang des Zeltes getreten und blickte zu dem vom Mondlicht erhellten Himmel hinauf und zu der leuchtenden und leicht vibrierenden Feuersäule hin, die ihm immer wieder die ermutigende Gegenwart seines Gottes anzeigte. Doch auf seinen Gesichtszügen lag tiefe Sorge.

Als er sich nach einer Weile wieder umdrehte, fragte er:

„Was soll ich tun, Josua? Wie gern würde ich unserem Volk sagen: *Hier habt ihr ein Gesetzeswerk, und danach könnt ihr urteilen und euer Leben einrichten.* Aber Gott verlangt Vollkommenheit, und Menschen können keine vollkommenen Gesetze machen."

18. KAPITEL

Auf Josuas Herzen lastete ein Druck. Er hatte auf ihrer bisherigen Reise schon Furcht und noch mehr Freude kennengelernt. Aber Schwermut war ihm fremd gewesen, seit sie die Sklavenketten abgelegt und Ägypten verlassen hatten.

Doch nun war sein Meister schon seit Tagen fortgegangen. Und er vermißte ihn. Mose hatte all seine Aufgaben an Josua und Aaron übertragen, weil er sie eine Weile allein lassen müßte; so hatte er gesagt. Daraufhin war er fortgegangen und war den Blicken der beiden Männer bald in den Schluchten des Berges entschwunden.

Er müsse jetzt allein sein, hatte Mose gesagt. Wenn er die Gesetze Israels entwerfen solle, brauche er göttliche Leitung. Und da Gott hier im Sinai schon früher zu ihm gesprochen hatte, würde er den Berg nicht verlassen, bevor er Gottes Stimme wieder gehört hätte.

Seither waren drei Tage vergangen, und niemand hatte seitdem von dem Propheten etwas gehört oder gesehen. Und obwohl Josua vollauf mit den Anforderungen beschäftigt war, die drei Millionen Menschen an ihn stellten, plagten ihn manchmal niederdrückende und lähmende Gedanken. Da war zum einen die Angst um die Sicherheit des Mannes Gottes, und zum anderen auch die Furcht, die Verantwortung für das Volk könnte ganz auf seine Schultern fallen.

Für den Nachmittag hatten Josua und Aaron eine Versammlung aller Ältesten und Führer des Volkes einberufen, die Mose zu Richtern ausgewählt hatte. Es würde ihre erste gemeinsame Zusammenkunft sein, und alle erwarteten, Josua habe ihnen sehr wichtige Dinge mitzuteilen.

Auch Josua selbst hatte gehofft, mehr sagen zu können, als er jetzt wußte. Als sie gestern die Versammlung bekanntgegeben hatten, war es Josuas und Aarons Hoffnung gewesen, Mose würde zurück sein und alles selbst in die Hand nehmen und den Männern die Gesetze Jahwes übergeben. Statt dessen waren sie immer noch allein und mußten nun mit leeren Händen vor die führenden Männer des Volkes treten.

Als Josua jetzt über die Männer hinwegschaute, die sich in der Nähe von Josephs Sarkophag versammelt hatten, fühlte er, wie sich ein Kloß in seiner Kehle bilden wollte. Es gab sicher viele unter diesen Männern, die viel würdiger waren als er, diese Aufgabe zu übernehmen, die ihm zugefallen war, dachte er. Wieder einmal wunderte er sich darüber, warum gerade er, aus allem Volk, zu einer solchen Position gekommen war. Er fragte sich, ob er wohl je mit soviel Zuversicht an die Aufgabe gehen könnte, wie Mose sie stets hatte?

Er wandte sich jetzt voll den Versammelten zu und erhob um Ruhe bittend eine Hand. Obwohl viele der Männer älter waren als er, wurde er doch als ihr militärischer Führer und als Moses rechte Hand respektiert. Deshalb trat schnell Ruhe ein, und alle setzten sich. An der Spannung in ihren Gesichtern konnte Josua erkennen, daß sie einiges erwarteten.

„Vor drei Tagen ist unser Führer Mose in den Berg gegangen", begann er. „Wir alle haben auf seine Rückkehr gewartet. Doch bis jetzt ist er noch nicht zurückgekehrt."

Enttäuschung breitete sich unter den Männern aus, als sie jetzt begannen, eifrig miteinander zu reden.

Schnell fuhr Josua fort: „Das muß noch nichts Schlechtes bedeuten, ihr Männer. Sicherlich ist unser Gott dem Propheten begegnet, und die Zeit, die er dort zubringt, ist also gut angewandt. Je länger er bleibt, um so mehr wird er uns von Gott mitzuteilen haben."

Vielleicht war Josuas Stimme nicht überzeugend genug. Denn seine Zuhörer schüttelten die Köpfe, und ihr Murmeln wurde lauter.

„Hat Mose denn nicht gesagt, wann er zurückkehren wird?“ fragte jemand. „Hat er dich ohne Instruktionen zurückgelassen?“

Josua war es, als würde er hier und da unter den Männern leises Lachen hören. Doch er straffte sich noch ein wenig mehr, als er nun sagte: „Es genügt eigentlich für euch, zu wissen, daß Mose mich beauftragt hat, vorübergehend seinen Platz einzunehmen. Bis wir wieder etwas von ihm hören, wollen wir so miteinander umgehen, wie Mose es sich wünschen würde.“

Diese Antwort ließ den Frager zwar verstummen. Doch die Unruhe unter den Männern nahm nur noch zu.

„Wir sind doch von Mose dazu ausersehen worden, ihm bei der Führung des Volkes zu helfen“, ließ sich jetzt ein anderer vernehmen. „Wir müssen aber unterwiesen werden, wie wir das tun sollen.“

Josua nickte. „Das wird ganz sicher geschehen“, antwortete er. „Mose hat euch ausgewählt, weil er um eure Weisheit und euer Verantwortungsbewußtsein weiß. Nun laßt zu diesen guten Eigenschaften auch noch die Geduld hinzukommen.“

Die Männer spürten, daß Josua versuchte, Zeit zu gewinnen.

„Sollen wir etwa wieder in unsere Zelte zurückkehren, ohne nähere Anweisungen zu erhalten?“ wollte jemand wissen. „Wie können wir dann unsere Aufgabe wirkungsvoll erfüllen? Man wird uns nur auslachen!“

„Das ist wahr! Recht hat er!“ riefen andere nun.

„Wir wissen zwar, daß du ein gewaltiger Krieger bist, Josua!“ rief jetzt einer der jüngeren Männer. „Aber woher wissen wir, daß Mose dir den Auftrag gegeben hat, uns nun zu führen?“

„So ist es!“ rief ein anderer bestätigend. „Vielleicht kehrt Mose nie zurück, und es ist nur Anmaßung von dir, unser Führer sein zu wollen!“

Josua spürte, wie sein Herz heftiger klopft. Wie konnten sie solche Beschuldigungen vorbringen? Doch er erinnerte sich daran, wie oft diese gleichen heißblütigen Männer auch Mose manchmal beschuldigt hatten; und er begann noch ein wenig mehr zu verstehen, wie schwer seinem Meister die Aufgabe, dieses störrische Volk zu führen, oft fallen mußte.

Wieder hob er die Hand und forderte Ruhe, um weiterzusprechen. Doch viele der Männer erhoben sich jetzt und schickten sich an zu gehen. „Rufe uns wieder zusammen, wenn Mose zurückkehrt", riefen sie ihm zu.

Gedemütigt sah Josua zu, wie die Männer auseinandergingen. Mit hängenden Schultern wandte er sich ab, um zum Zelt des Mannes Gottes zurückzugehen.

Doch plötzlich wurden die Männer durch eine laute, im Kommandoton rufende Stimme zurückgehalten, die ihnen nur allzu gut bekannt war, die nun vom Berg her zu ihnen herüberhallte.

„Ihr habt gesehen, was Ich den Ägyptern angetan habe", hörten sie, *„und wie Ich euch auf Adlerflügeln getragen und hierher zu Mir gebracht habe!"*

Ja, es gab keinen Zweifel, das war Moses Stimme, und er sprach im Auftrag des Herrn. Schnell kehrten sie um, sammelten sich wieder und warteten darauf, daß Mose näher kam.

„Nun aber, wenn ihr auf Meine Stimme hört und Meinen Bund haltet, werdet ihr unter allen Völkern Mein besonderes Eigentum sein!"

Zitternd lauschte Josua mit den anderen dieser ehrfurchtgebietenden Erklärung.

„Mir gehört die ganze Erde, ihr aber sollt Mir als ein Reich von Priestern und als ein heiliges Volk gehören! Das sind die Worte des Herrn!" beendete Mose, der nun vor ihnen stand, seine Worte.

Josua war vergessen in der Bewegung von Ehrfurcht und Staunen, die durch die Versammlung ging. Auch Josua selbst vergaß seine Beschämung, als er seinen verehrten und geliebten Mentor vor sich stehen sah.

„Alles, was der Herr gesagt hat, wollen wir tun!" riefen die Männer. „Sage uns nur, was Gott von uns will!"

Mose erhob beide Hände. Da war es, als würde der Wind durch ein Kornfeld wehen, denn alle knieten nieder und senkten die Köpfe.

„*Heiligt euch!*" befahl der Mann Gottes. „*Wascht eure Kleider, und bereitet euch vor, denn in drei Tagen will der Herr selbst zu euch kommen. In drei Tagen wird der Herr herabkommen und zu euch reden!*"

19. KAPITEL

Mit schweißnassen Händen packte Josua die Deichsel eines Wagens und zog ihn in die Linie hinter hundert anderen. Gemeinsam mit Kaleb und anderen jüngeren Männern errichtete er eine Barrikade aus Wagen und Karren am Fuße des Horebberges entlang. Die ganze Nacht hatten sie im Auftrag Moses gearbeitet, der erklärt hatte, daß diese Barrikade zwischen dem Volk und dem Ort stehen mußte, an dem Jahwe erscheinen wollte, damit niemand Ihm zu nahe kam.

Schnell hatte sich die Nachricht von Moses Begegnung mit dem Herrn im Lager verbreitet. Und überall berichtete man davon, daß Jahwe dem ganzen Volk erscheinen wollte. Wie eine gewaltige Flutwelle strömten die Israeliten nun zu dem Berg und drängten so sehr gegen die aus Wagen errichtete Barrikade, daß Josua befürchtete, sie würde dem Druck der Menschenmasse nicht standhalten.

„Zurück!" schrie er mit weit ausgebreiteten Armen. „Der Prophet hat gesagt, wir dürfen nicht auf den Berg gehen oder auch nur diese Linie überschreiten. Wer über diese Barrikade hinausdrängt und den Berg berührt, wird ganz sicher sterben müssen!"

Aufgeregt miteinander diskutierend, erwarteten die Israeliten die Morgendämmerung, denn sie waren überzeugt davon, daß mit dem Sonnenaufgang auch der Herr erscheinen würde.

Gerade war am östlichen Horizont der erste Rand der Sonnenscheibe zu sehen, als Mose sein Zelt verließ. Ein Raunen ging durch die Menge, und Schweigen trat ein.

Josua schob den Wagen, vor dem er stand, ein wenig beiseite, so daß der Prophet hindurchgehen konnte, und schloß die Lücke schnell wieder. Er wagte es kaum, ein Wort zu sagen. Doch da die Menschen jetzt wieder zu drängen begannen, schrie er laut: „Ihr dürft nicht über diese Grenze hinaus! Wer es dennoch tut, wird sicherlich sterben!“

Sein Herz klopfte heftig, als er sich jetzt umdrehte und sah, wie sein Herr allein noch einige Schritte den Berg hinaufging.

Als Mose so weit oben war, daß alle ihn sehen konnten, begann plötzlich die Erde zu beben. Mittlerweile stand auch die Sonne hoch genug, so daß es hell war. Doch innerhalb weniger Augenblicke breitete sich von der Spitze des Berges eine dicke Finsternis aus, verdeckte die Sonne und hüllte alles ein.

Aus der Mitte der dunklen Wolke war plötzlich ein Grollen zu hören, ein Grollen, das sich zum Donner steigerte und sich mit dem Beben der Erde vermischte. Und nun zuckten aus der Mitte der Finsternis Blitze hervor wie dahinfliegende Pfeile, die in blendendem Weiß erstrahlten.

Josua hielt sich an dem Wagen fest, um wegen der unter ihm bebenden Erde nicht zu stürzen. Doch als jetzt ein anderer Ton erklang, laut und dröhnend wie eine überirdische Posaune, da bebte der ganze Berg. Nun konnte Josua nicht länger aufrecht stehen. Er fiel zu Boden, schloß die Augen und versuchte, seinen heftig zitternden Leib wieder unter Kontrolle zu bringen.

Ihm war, als würde die Posaune in etwa den Klang einer Stimme annehmen; und doch war sie schrecklich und unverständlich für ihn. Er nahm allen Mut zusammen und öffnete die Augen ein wenig. Da bemerkte er, daß die dunkle Wolke immer tiefer herabkam. Und als die Posaunenstimme immer lauter und lauter dröhnte, hielt er sich die Ohren zu, weil er befürchtete, den Verstand zu verlieren.

Wieder begann die Erde gewaltig zu beben, und das Donnern aus dem Berg nahm noch zu. Rauch und Feuer, wie von einem riesigen Ofen, loderte über dem Sinai auf, so daß Josua fürchtete, der ganze Berg werde verbrennen. Voller Entsetzen sah er, daß Mose sich jetzt wieder umwandte und weiter den Berg hinanstieg — mitten hinein in das Chaos. Bald war er von der Finsternis verschlungen.

Es schien so, als wäre der Prophet für eine Ewigkeit fortgegangen. Doch er war ein- oder zweimal zurückgekommen und hatte die Leute gewarnt, nicht die gezogene Grenze zu überschreiten, weil der Herr sonst sicher ihren Ungehorsam bestrafen würde. Doch all das erschien Josua wie ein Traum. Ihm war, als wäre er in der Dunkelheit allein und müsse voller Angst warten, bis das Beben und die alles erstickende Stimme aufhören würden.

Als der Schrecken und das Staunen sich für Stunden hinzog, war es Josua, als gehöre seine Seele nicht mehr ihm. Sie schien wie ein Geist über die Grate des Berges zu wandern und danach zu suchen, wie sie aus dem Chaos entkommen und Erlösung finden konnte.

Josua hatte sich oft in seinem Leben mit Gott und heiligen Dingen beschäftigt. Er hatte, immer nach der Erkenntnis, die er besaß, sein Bestes getan, ein heiliges Leben zu führen. Doch jetzt fühlte er sich entsetzlich unrein. In der Gegenwart oder unter der Gegenwart des allmächtigen Gottes spürte er, wie ungenügend und schwach all seine Anstrengungen gewesen waren.

Er warf sich lang auf die Erde und vergaß sich völlig. Von seinem Leben schien nichts mehr übrig zu bleiben.

Im Laufe des Tages kam Mose wieder zu dem Volk. Überall, so weit er sehen konnte, lagen sie alle, Männer und Frauen, lang ausgestreckt auf der Erde. Sie fürchteten sich, genau wie Josua, auf den Berg zu schauen, auf die Blitze und die schreckliche schwarze Wolke.

Alle hatten ihre Augen geschlossen und hielten sich die Ohren zu, weil sie die dröhnende Posaune und die wie das Donnern des Meeres klingende Stimme nicht mehr ertragen konnten.

„Fürchtet euch nicht!“ schrie der Prophet. „Gott prüft euch, damit die Ehrfurcht vor Ihm beständig in euren Herzen wohnt und ihr nicht sündigt!“

Sünde! Welch ein bestürzendes Wort! Josua hatte sich noch nie in seinem Leben so sündig gefühlt wie heute. Doch nun verbarg er sein Gesicht vor Scham und verachtete noch das Gefühl seiner unreinen Hände auf seinem Gesicht. Doch irgendwie gelang es ihm, aufzustehen. Nicht weil er stolz war, sondern weil das Verlangen in ihm war, heil zu werden.

„Mose!“ rief er zurück, so daß es vom Berg widerhallte, „wir würden gern ein heiliges Volk sein, so wie Gott heilig ist, aber wir wissen nicht, wie das möglich sein soll, denn wir verstehen die Wege Jahwes nicht!“

Durch die Schwaden von Rauch und Dunst hindurch begegneten die Augen Moses denen seines treuen Mitarbeiters. Der Prophet wußte, daß Josua für das gesamte Volk sprach, und hörte deshalb aufmerksam zu.

„Unterweise uns in den Wegen Gottes“, bat Josua laut. „Sprich zu uns vom Willen Gottes; und unsere Ohren werden weit offen sein, und wir werden hören.“

Josua wurde unterbrochen, weil vom Berg her der Posaunenton wieder besonders laut herüberhallte und die unverständliche Stimme erneut dröhnte, und zwar so gewaltig, daß alle erneut zitternd zu Boden fielen.

Als es wieder stiller wurde, erhob sich Josua aufs neue. Tränen strömten über sein Gesicht, und mit weit ausgebreiteten Armen rief er Mose flehentlich zu: „Bitte! Sage dem Herrn, Er möge stiller werden, denn sonst werden wir noch sterben!“

20. KAPITEL

Zwei Wochen später saß Josua in einer schmalen Felsspalte hoch oben im Berg. Das Lager Israels lag tief unter ihm.

Immer wieder mußte er an Moses Warnung denken: „Hütet euch, zu nahe zu kommen, und berührt nicht den Berg, sonst werdet ihr sterben müssen!"

Und doch saß er nun hier. Mose selbst hatte ihn bis hier hinauf geführt, hinein in das Heiligtum Jahwes.

So viel war geschehen seit jenem großen Tag, an dem der Berg zitterte und sich in Dunkelheit hüllte, daß Josua sich an alle Einzelheiten kaum noch erinnern konnte. Er dachte daran, wie Mose aus der Gegenwart Gottes wieder zu ihnen herabgekommen war, um ihnen alle Gesetze Gottes mitzuteilen, die er von Ihm empfangen hatte. Es waren sehr viele gewesen. Manche davon mehr allgemeiner Natur, aber manche davon auch bis in Einzelheiten gehend, um das Leben des Volkes Israel zu regeln, damit sie ein heiliges Volk sein sollten. Doch manche der Gesetze waren den Israeliten so neu, und es waren so viele, daß Josua sich fragte, ob sie wohl alle eingehalten würden.

Nur die ersten zehn dieser Gebote waren so klar und nachdrücklich gewesen, daß sie sich tief in Josuas Herz eingegraben hatten; und auch von allen anderen Israeliten waren sie mit großer Aufmerksamkeit aufgenommen worden. Über diese Gebote hatte Josua in den vergangenen zwei Wochen oft nachgedacht und sich fest vorgenommen, sie nie wieder zu vergessen. So hatte Mose in Gottes Auftrag zu ihnen gesprochen:

„Ich bin Jahwe, dein Gott, der dich aus Ägypten geführt hat; aus dem Sklavenhaus. Du sollst neben Mir keine anderen Götter haben!"

„Du sollst dir kein Gottesbild machen und keine Darstellung von irgend etwas. Du sollst dich nicht vor anderen Göttern niederwerfen und dich nicht verpflichten, ihnen zu dienen. Denn Ich, der Herr, dein Gott, bin ein eifersüchtiger Gott!"

„Du sollst den Namen des Herrn, deines Gottes, nicht mißbrauchen. Denn der Herr wird den nicht ungestraft lassen, der Seinen Namen mißbraucht!"

„Gedenke des Sabbaths, und halte ihn heilig!"

„Ehre deinen Vater und deine Mutter, damit du lange lebst in dem Land, das der Herr, dein Gott, dir gibt!"

„Du sollst nicht morden!"

„Du sollst nicht die Ehe brechen!"

„Du sollst nicht stehlen!"

„Du sollst nicht falsch gegen deinen Nächsten aussagen!"

„Du sollst nicht nach dem Haus deines Nächsten verlangen, noch nach der Frau deines Nächsten, noch nach seinem Sklaven oder seiner Sklavin, seinem Rind oder seinem Esel noch nach irgend etwas, das deinem Nächsten gehört!"

Immer und immer wieder hatte Josua sich diese Worte durch den Kopf gehen lassen und hatte dabei gefunden, daß sie wirklich ausreichten, um das Leben danach auszurichten.

Doch noch mehr als von den Gedanken an Gottes Gebote war er immer noch beeindruckt von der Erinnerung an Gottes Anblick. Denn — jawohl, es stimmte — Josua hatte Gott tatsächlich gesehen!

Einen Tag nachdem sie die Gesetze Gottes empfangen hatten, war Josua zusammen mit Aaron und siebzig Ältesten aus dem Volk von Mose ein Stück den Berg hinaufgeführt worden. Am Morgen hatte Mose dort, wo der brennende Busch gestanden hatte, einen weiteren Altar errichtet, der auf zwölf Säulen stand, eine für jeden Stamm Israels. Junge Männer wurden beauftragt, auf diesen Säulen Brandopfer darzubringen, und Mose nahm die Hälfte des Blutes und goß es in eine große Schüssel. Mit der anderen Hälfte des Blutes der Opfertiere besprengte er den Altar.

Als er dies getan hatte, las Mose dem Volk nochmals die Gesetze Gottes vor. Da riefen alle wie aus einem Mund: *„Alles, was der Herr gesagt hat, wollen wir tun!“*

Mose nahm nun das Blut aus der Schüssel, besprengte das Volk damit und sagte: *„Das ist das Blut des Bundes, den der Herr aufgrund all dieser Worte mit euch geschlossen hat.“*

Dann nahm er Aaron und Josua und die siebzig Ältesten und führte sie höher den Hang des Berges hinauf, mitten hinein in die rauchende Dunkelheit. Dabei forderte er sie auf, ihre Augen gut zu schützen. Als sie völlig von der dunklen Wolke eingehüllt waren, bat er sie, sie sollten sich niedersetzen.

Und dann begann sich plötzlich auf eigenartige Weise eine seltsame Stille um sie herum auszubreiten, und selbst durch ihre geschlossenen Augen hindurch bemerkten sie, daß sie von Licht umgeben waren. Einer nach dem anderen faßte Mut und öffnete die Augen ein wenig, um sich umzuschauen. Zu ihrem Erstaunen stellten sie fest, daß sie trotz der dunklen Wolke von Licht umgeben waren.

Niemand in der Ebene hätte ahnen können, daß sich inmitten der tosenden und tobenden Dunkelheit, von der der Sinai umgeben war, ein Ort der perfekten Stille befand, der erfüllt war mit einem Licht, das mit menschlichen Worten nicht zu beschreiben war.

Als sich ihre Augen etwas an die Helligkeit gewöhnt hatten, wurde vor ihnen in Umrissen eine strahlende Gestalt sichtbar. Unter ihren Füßen befand sich ein Sockel, der aus einem leuchtenden Saphir zu bestehen schien. Und das Gesicht der Gestalt strahlte wie das reinste Sonnenlicht.

Aaron, Josua und die Ältesten fielen lang auf die Erde nieder und lagen so vor Gott. Tief im Inneren fühlte Josua, wie seine Seele vor Ehrfurcht geschüttelt wurde. Ganz sicher werde ich das nicht überleben können, dachte er.

Als er nun heute, etwa zwei Wochen später, in einer engen Felsspalte desselben Berges saß, nur um noch einiges höher oben, mußte er wieder an dieses überwältigende Erlebnis denken. Er wußte, daß sie, nachdem sie einige Zeit lang ausgestreckt gelegen hatten, irgendwie ermutigt worden waren, aufzustehen. Auf geheimnisvolle Weise war Essen und Trinken vor ihnen erschienen, und sie hatten gemeinsam an einem Festmahl in Jahwes Gegenwart teilgenommen. Doch an Einzelheiten dieses Erlebnisses konnte sich Josua kaum noch erinnern.

Als das Mahl beendet war, verschwand der Herr vor ihren Augen und nahm das seltsame Licht mit sich, so daß sie wieder nur von Dunkelheit eingehüllt waren.

Mose hatte nun Aaron und die Ältesten zurück zum Lager gesandt und nur Josua aufgefordert, ihn noch weiter den Berg hinauf zu begleiten. „Wir werden zu euch zurückkehren“, hatte Mose zu den anderen gesagt. „Wartet auf uns, und nehmt in der Zwischenzeit die Leitung des Volkes in die Hand. Wenn Streitigkeiten zu euch gebracht werden, die ihr nicht selbst schlichten könnt, dann geht mit euren Fragen zu Aaron und Hur.“

Er erklärte Josua nicht, warum er ihn weiter bei sich behielt. Doch gemeinsam waren sie weiter hinaufgegangen bis kurz unterhalb der höchsten Spitze des Berges. „Hier bleibst du jetzt", hatte Mose dann zu seinem Diener gesagt, „denn du kannst nicht in das Allerheiligste hineingehen. Mache dir hier ein Lager und warte auf mich."

Ein Lager? Josua hatte so gut wie nichts dabei, womit er hätte ein Lager machen können. Und in dieser Höhe würde es nachts sehr kalt werden. Doch ohne ein weiteres Wort zu sagen, war Mose allein weiter nach oben gegangen und bald in der Dunkelheit der Wolke verschwunden.

Es war mittlerweile schon später Nachmittag und wurde schon recht kühl. Als Josua sich ein wenig umblickte, entdeckte er einen schmalen Felsenspalt. Hier und da stand auch niedriges Gebüsch herum, von dem er etliches sammelte und am Eingang der Felsspalte aufschichtete. Dann zog er sich in die Spalte zurück, nahm aus seinem Gürtel einen Feuerstein und setzte damit mühsam einiges von dem gesammelten Holz in Brand. Das kleine Feuer würde ihn wenigstens vor der schlimmsten Kälte außerhalb der Felsspalte schützen.

Als er jetzt, in seinen Umhang gehüllt, allein in der Felsspalte lag, fühlte er, wie die Einsamkeit von allen Seiten auf ihn eindrang. Er fragte sich, wo Mose sich wohl befand, und begann wieder über die Gesetze Gottes nachzudenken, bis er endlich in einen unruhigen Schlaf fiel, aus dem er am nächsten Morgen mit knurrendem Magen erwachte.

Wo wohl Mose sein mochte, überlegte Josua, als am nächsten Morgen das Licht der Sonne den Felsspalt erhellte. Wie war es ihm wohl in der Nacht ergangen? Aber vielleicht war er wieder in der Gegenwart Jahwes gewesen, und nur er, Josua, hatte die dunklen Stunden allein verbringen müssen.

Erst jetzt wurde ihm bewußt, daß die den Berg einhüllende dunkle Wolke tiefer hinuntergezogen war und sich über ihm der blaue Himmel wölbte. Nur ins Tal hinunter konnte er der Wolke wegen nicht blicken.

Einsamkeit! — Mose hatte von diesem Zustand oft mit rühmenden Worten gesprochen und erklärt, er habe seine größten geistlichen Lektionen in den einsamen Zeiten während der 40 Jahre in der Wüste gelernt. Josua hatte in der Morgenkühle gezittert und gemeint, er würde wohl seinen Verstand verlieren, wenn er auch nur eine Woche in dieser Lage ausharren müßte.

Doch seither waren nun schon zwei Wochen vergangen. In dieser Zeit hatte er gelernt, sich Nahrung zu besorgen. Er hatte Eidechsen gejagt und alles andere, das sich bewegte, und hatte sie auf der Spitze seines Schwertes über dem niedrigen Feuer gebraten. Der Hunger war stärker gewesen als die Ablehnung gegenüber manchem Tier, das ihm nun hier als Nahrung diente.

Auch das Sammeln von Brennholz war beschwerlicher geworden. Er mußte immer weitere Wege gehen, um stets einen genügenden Vorrat zu haben.

Während dieser zwei Wochen war Mose dreimal vom Gipfel her völlig erschöpft und ausgehungert zu ihm gekommen. Doch sein Gesicht leuchtete, da er aus der Gegenwart Gottes kam. Er erzählte aber nie etwas von dem, was er auf dem Gipfel erlebte.

Josua ging stets voller Eifer daran, seinem Meister eine Mahlzeit zu bereiten, so gut das eben ging. Auch das Feuer ließ er dann höher brennen, damit Mose sich wärmen konnte. Und wenn sein Herr ihn dann wieder verließ und hinter weiter oben gelegenen Felsen aus seinen Augen verschwand, fühlte sich Josua stets sehr elend.

Doch heute schien er sich nicht einmal mehr ganz an die zehn Gebote erinnern zu können, von denen seine Seele doch so begeistert war. Er fragte sich, ob er wohl je in der Lage sein würde, sie alle völlig zu befolgen, wenn er manches davon jetzt schon zu vergessen schien?

Und was würde erst sein, wenn Mose vielleicht nie wiederkam, sondern irgendwo auf dem Gipfel des Berges für immer verschwand. Welchen Sinn sollten diese Gebote dann noch haben? Welcher Sinn war dann überhaupt noch darin zu sehen, daß Israel ein auserwähltes Volk sein sollte?

Er hüllte sich fester in seinen Umhang ein und versuchte, dem Feuer noch etwas mehr Wärme zu entlocken. Wie ein treuer Hund lauschte er, ob sich nicht vielleicht die Schritte seines Meisters draußen auf dem schmalen Felsenband hören ließen.

Denn für Josua war Mose auch Israel. Mose war das Gesetz. Ohne ihn schien nichts mehr irgendeinen Sinn zu haben.

21. KAPITEL

Vierzig Tage und Nächte waren nun schon vorübergegangen. Josua lag völlig erschöpft in der Felsspalte. Seine Augen waren tief eingesunken, und ihm war, als müsse er nun bald sterben.

Gewiß, er war gesund, und sein kräftiger Körper hatte die Strapazen bisher ertragen, obwohl er fühlte, wie seine Kraft Tag um Tag nachließ. Doch es war weniger seine körperliche Verfassung, die ihn in diesen Zustand versetzte, sondern die Einsamkeit und die Zweifel, die an ihm nagten.

Josua hatte sich durch den Beistand des Herrn und unter den Augen Moses als gewaltiger Krieger erwiesen. Doch er war wenig geübt im Gebet. Vierzig Jahre bei den Schafen in der Wüste mochten Mose zu seiner geistlichen Größe verholfen haben, doch die vierzig Tage Einsamkeit auf diesem unbarmherzigen Berg, unter der Hitze des Tages und der Kälte der Nacht, hatten Josua an den Rand der Verzweiflung gebracht.

Nur wenige Male war Mose in der Zwischenzeit noch bei ihm gewesen. Doch trotz aller Anhänglichkeit an seinen Herrn und aller Bereitschaft und Treue zu seinem Dienst wünschte sich Josua jetzt manchmal, er wäre als Sklave in Ägypten geblieben.

In dieser Nacht hatte es leichten Frost gegeben, und bei Sonnenaufgang waren die Felsen rundum mit leichtem weißen Reif überzogen gewesen. Während Josua mit steifen Fingern den Reif zusammenkratzte, um ihn zu Wasser werden zu lassen, das ihm zum Überleben half, mußte er unwillkürlich denken, wie gut Frost und Tod doch zusammenpaßten. In seinem nur noch halbwachen Zustand nahm der Reif die Form von Manna an.

Seine Gedanken, die er nicht mehr völlig unter Kontrolle hatte, kehrten nach Ägypten zurück, und er sah sich plötzlich als Feldherr an der Spitze eines ägyptischen Heeres siegreich von einem Feldzug zurückkehren und durch die Straßen von Ra-Amses fahren, wo ihm das Volk von allen Seiten zujubelte.

Sein Herz klopfte laut im Takt mit dem Dröhnen der ägyptischen Pauken, die den großen Sieg verkündeten.

Doch irgendwie kehrte er aus seinen Erschöpfungsphantasien in die Wirklichkeit zurück. Als ihm nun bewußt wurde, was seine Gedanken ihm vorgaukelten, wurde er schamrot. Er richtete sich auf. „Vergib mir, Gott!" schrie er. „Sieh, Herr, ich bin doch ein Israelit! Ein Sohn Abrahams! Und Herr — ich liebe Dich!"

Langsam begann die Sonne die Morgenluft zu erwärmen. Josua erhob sich mühsam. Immer noch beschämt von seinem Traum, hoffte er, Jahwe würde ihm diese üblen Träume vergeben. Da wurde er plötzlich von Moses Stimme aus seinen schwermütigen Gedanken gerissen.

Josua fuhr herum. Als er nun seinen Herrn auf dem Felsband zu ihm herabkommen sah, war ihm, als fiele alle Mattigkeit und Schwermut mit einem Schlag von ihm ab. Ja, dort kam sein Meister — und in jedem seiner Arme trug er etwas. Josua konnte auf diese Entfernung zwar noch nicht erkennen, was Mose da mitbrachte, doch voller Freude rannte er ihm entgegen.

Ja, Josua rannte! Der Mann, der eben noch voller Verzweiflung war und sich dem Tode nahe fühlte, schien von irgendwo neue Kraft und neuen Mut erhalten zu haben.

„Meister!" rief er. „Meister, ist es jetzt vorüber? Gehen wir zurück ins Lager?"

Mose würde seinen treuen Diener umarmt haben, hätte er nicht in beiden Armen schwere Gegenstände getragen.

„Was ist das?“ fragte Josua, als er jetzt vor ihm stand und die beiden glatten Steintafeln betrachtete, die Mose in den Armen hielt und in die sorgfältig feine Schriftzeichen eingegraben waren. Irgendwie spürte Josua, daß es sich um heilige Gegenstände handelte. Deshalb fürchtete er sich, sie zu berühren, und er fühlte, wie seine Seele bei der Betrachtung dieser Steintafeln zu beben begann.

„Mein Sohn“, beantwortete Mose seine Frage, „das sind die Worte der zehn Gebote unseres Gottes, die Er mit eigener Hand hier eingegraben hat. Ohne sie werden wir wohl den Versuchungen zum Bösen nicht widerstehen können. Aber durch sie können wir lernen, den Bund zu halten, den Gott mit uns geschlossen hat und durch den wir die wahren Söhne Abrahams sind.“

TEIL IV

DER
TREUE FREUND

22. KAPITEL

Mit einem Herzen voller Freude und leichtfüßig folgte Josua seinem Meister den Berg hinunter. Mittlerweile war es Mittag geworden, und die Sonne brannte heiß vom Himmel. Doch Josua schien das nicht zu bemerken.

Während sie abwärts gingen, warf Josua immer wieder bewundernde Blicke auf die so geheimnisvollen und schönen Steintafeln, die der Prophet in den Armen trug und die er direkt aus Gottes Hand empfangen hatte. Josua war, als würden ihm von diesen Tafeln neue Kräfte zufließen, wenn er sie nur anschaute. Dort, in diesem Stein, waren die gewaltigsten Worte eingegraben, die Menschen je empfangen hatten, denn diese zehn Gebote würden für immer den Bund zwischen dem allmächtigen Gott und Seinem Volk, den Israeliten, aufrechterhalten.

Wie lange hatte der Mann Gottes doch vergeblich nach diesen einfachen und doch so tiefgehenden Gedanken gesucht, die er jetzt, von Gott aufgezeichnet, in seinen Armen trug. In all den vierzig Jahren mit Jethro hatte er sich danach gesehnt, die Gebote zu finden, in denen der Bund bestand, den Gott mit Abraham und seinen Nachkommen geschlossen hatte. Und nun, da er sie in den Armen hielt, mußte er staunen, wie einfach und kurz sie waren.

Und noch ein Gedanke bewegte sein Herz besonders: Gott hatte ihm die Bundes-Gebote nicht nur mündlich übergeben oder auf eine einfache Papyrusrolle geschrieben, sondern sie waren eingraviert mit dem Finger Gottes in unvergänglichem Stein, als Zeichen dafür, daß Gott in unvergänglicher Treue zu Seinem Bund stehen würde.

Solange das Volk Israel diese beiden Tafeln aufbewahrte und sich in treuem Gehorsam daran hielt, hatte es nicht nur die Worte des Bundes für sich, sondern lebte in der Gesinnung des Bundes Gottes.

Josua konnte nun den Augenblick kaum erwarten, da Mose mit den beiden Tafeln der Gebote vor das Volk hintreten würde. Wie ehrfürchtig würden sie alle diese Bundeszeichen, die Gott ihnen durch Seinen Propheten zukommen ließ, bestaunen, und welches Freudenfest würden sie dieserhalb dann feiern.

Die beiden Männer hatten erst die Hälfte des Weges zurückgelegt, als sie den Lärm bemerkten, der aus dem Tal bis an ihre Ohren drang und der mit jedem ihrer Schritte lauter wurde. Aufmerksam lauschte Josua auf das Geschrei und auf den hämmernden Rhythmus der Pauken.

Ganz automatisch fuhr seine Hand zum Griff des Schwertes, das er im Gürtel trug. „Meister", schnaufte er, „hörst du den Lärm im Lager? Es klingt wie Krieg und Kampfgeschrei!"

Mose blieb jetzt stehen, neigte seinen Kopf nach vorn und lauschte aufmerksam. Doch dann verfinsterte sich sein Gesicht, und Josua bemerkte erstaunt, das Zornesfalten auf seiner Stirn erschienen. Ehe er noch fragen konnte, setzte der Mann Gottes seinen Weg fort und ging noch schneller als vorher. „Das ist kein Kampfgeschrei", rief er über die Schulter zurück. „Das sind nicht die Schreie von Sieg oder Niederlage. Sondern ich höre, daß dort gesungen wird!"

Gesang? überlegte Josua und fragte sich, welchen Grund es geben könnte, daß die Israeliten einen so frenetischen Gesang anstimmten, untermalt mit so wilder Musik. Jetzt war auch schon deutlich zu unterscheiden, daß der Gesang immer wieder von lauten Schreien begleitet wurde, die einzelne Menschen dort unten ausstießen.

Josua kam ein furchtbarer Gedanke: Das, was er hörte, klang fast so wie der Lärm, den die Ägypter bei ihren heidnischen Götterfesten machten, dachte er voller Entsetzen.

Als die beiden Männer jetzt eine Stelle erreichten, von der aus sie in das Lager hinabblicken und alles genau erkennen konnten, mußten sie zu ihrem tiefsten Erschrecken feststellen, daß der Anblick, der sich ihnen bot, noch viel schlimmer war, als das Geschrei und die wilde Musik angekündigt hatten.

Erinnerungen an das orgienhafte und alle sittlichen Grenzen sprengende Fest zu Ehren der Katzengöttin Bast, das in Ägypten jährlich einmal in den Straßen gefeiert wurde, drängten sich den beiden Männern auf, als sie sahen, welche Szenen sich unter ihnen abspielten. Offensichtlich hatten die Israeliten alle Hoffnung auf die Rückkehr des Propheten aufgegeben; damit hatten sie scheinbar auch alle Zurückhaltung aufgegeben und stürzten sich in Ausschweifungen, die orgienhaften Charakter angenommen hatten.

Im Licht der sich langsam dem Untergang zuneigenden Sonne war zu erkennen, daß überall im Lager gefeiert wurde und Männer und Frauen nackt um brennende Feuer tanzten. Eine besonders große Menge, die wohl Zehntausende zählte, hatte sich am Ort des brennenden Busches eingefunden, wo jetzt Moses Altar stand. Auch von ihnen hatten die meisten alle Kleider abgeworfen und tanzten um den Altar herum, auf dem eine in der Abendsonne glänzende goldene Figur stand.

Voller Entsetzen blickten die beiden Männer auf dieses Bild. Ein Stöhnen entrang sich Moses Brust, während er die beiden Steintafeln fest an sich preßte. „Der Herr sagte mir, daß unser Volk alles verdorben habe“, stöhnte er. „Aber ich wollte es nicht glauben.“

Dann eilte er mit langen Schritten und in großem Tempo weiter. Josua mußte fast rennen, um nicht hinter seinem Meister zurückzubleiben. Von Moses Stirn lief der Schweiß in Strömen. Und hätte ein zorniger Gesichtsausdruck töten können, so wäre es jetzt um das gesamte Volk Israel geschehen gewesen.

Als sie dem Lager näher kamen, erkannten sie auch, daß es sich bei der goldenen Figur auf dem Altar um ein Kalb handelte. Als sie auf der kleinen Erhebung oberhalb des Altars angekommen waren, blieben die beiden Männer stehen. Doch die Israeliten waren so sehr mit ihren Festlichkeiten beschäftigt, daß sie Mose und Josua noch gar nicht wahrgenommen hatten.

Da erhob Mose seine Stimme und schrie laut: „Wie schnell habt ihr unseren Gott vergessen und euch wieder der Sünde zugewandt!" Viele Male mußte er diese Worte schreien, bis der Lärm unter ihnen nach und nach verstummte und die Israeliten sich den beiden Männern zuwandten. Stille war jetzt eingetreten, und alle eben noch so lustvollen Gesichter nahmen einen verlegenen Ausdruck an, als sie in die zornigen Augen des Propheten Gottes blickten.

Mose ging auf das goldene Kalb zu und hielt dabei die beiden Steintafeln mit den Gesetzen Gottes ausgestreckt wie einen Schild vor sich. Josua folgte ihm in die Gasse, die das zu beiden Seiten ausweichende Volk bereitwillig bildete.

Auf das goldene Kalb hinweisend, vor dem er nun stand, schrie Mose: „Ist das etwa dein Gott, O Israel, der dich aus dem Land der Gefangenschaft nach hier gebracht hat?"

Der Zorn übermannte ihn so, daß er die beiden steinernen Tafeln, die Gott ihm gegeben hatten, mit voller Wucht auf die Erde schmetterte, wo sie in viele Stücke zerbrachen.

Die Israeliten senkten vor Scham ihre Köpfe, nahmen rasch ihre Gewänder auf und bekleideten sich damit, während Mose, der nun die Hände frei hatte, ein metallenes Gerät ergriff, das in der Nähe des Altars stand, und damit so lange auf das goldene Kalb einschlug, bis es ebenfalls in vielen kleinen Stücken im Sand lag.

Nun wandte Mose sich wieder dem Volk zu und schrie: „Ihr habt wahrscheinlich in eurem sündigen und bösen Wesen keinen anderen Gott als dieses goldene Kalb verdient, denn der wahre Gott, der allmächtige Schöpfer des Himmels und der Erde, hat sich nun von euch abgewandt!"

Dann trat er vor Aaron hin und fragte ihn, immer noch voller Zorn: „Wie konntest du dem Volk soviel Schaden zufügen und soviel Unheil über Israel bringen, indem du ihnen einen solchen Götzen gemacht hast?"

Verlegen antwortete Aaron: „Du weißt selbst, wie böse dieses Volk ist. Da du so lange weggeblieben bist, glaubten sie, du würdest nie zurückkommen, und forderten von mir, ihnen einen Gott zu machen."

Ohne ein weiteres Wort zu sagen, wandte Mose sich um und schritt in die dunkler werdende Wüste hinaus.

Erschüttert fiel Josua auf die Knie und versuchte, die einzelnen Stücke der beiden zerbrochenen Steintafeln wieder einzusammeln. Mit tränenden Augen wollte er die Stücke des Gesetzes Jahwes retten, die nun mit Stücken des Goldes von dem zertrümmerten Götzen durcheinander lagen.

Aber im Grunde war es sinnlos. Denn es war ja eigentlich nicht Mose gewesen, der die Gesetze Gottes zerbrochen hatte, sondern Israel hatte den Bund und damit die Gesetze Gottes gebrochen, indem sie sich ein goldenes Kalb als Götzen gemacht und angebetet hatten.

23. KAPITEL

Am nächsten Tag war wieder Schreien und auch Weinen im Lager zu hören. Diesmal aber waren es nicht die Schreie ausschweifender Festlichkeiten, sondern Seufzen und Klagegeschrei um die eigenen Sünden.

Josua saß vor dem Zelt seines Meisters, weit draußen in der Wüste. Erzürnt durch die Sünden des Volkes hatte Mose sein großes Zelt, das oft auch als Beratungszelt für die Ältesten und führenden Männer Israels diente, abbrechen und weit draußen in der Wüste, ein ganzes Stück vom Lager entfernt, wieder aufbauen lassen. Nun hatte sich der Mann Gottes allein zurückgezogen und betete in seinem Zelt. Josua hielt vor dem Eingang Wache, damit keiner ihn störte.

Es gab ausreichend Grund, viel zu beten und zu trauern. Nachdem Mose die steinernen Gesetzestafeln und das goldene Kalb zerschlagen hatte, rief er die Söhne des Stammes Levi zusammen. Sie waren die einzige Gruppe gewesen, die bei den götzendienerischen Feiern mit dem goldenen Kalb nicht mitgemacht hatten. Ihnen befahl er, ihre Schwerter umzugürten. Dann sandte er sie durch das Lager und trug ihnen auf, all jene zu töten, die verantwortlich waren für die sündigen Ausschweifungen und die sich dabei besonders hervorgetan hatten. Sie sollten dabei keine Rücksicht nehmen, ob es sich sogar um führende Persönlichkeiten oder sonst angesehene Menschen handelte oder gar um eigene Verwandte. In jener Nacht wurden dreitausend Männer von den Leviten getötet. Und nun hörte man überall im Lager neben dem Klagen über die Sünde auch noch das Weinen um tote Angehörige.

„Legt eure Feierkleider und euren Schmuck ab!" hatte Mose den entsetzten Menschen zugerufen. „Ihr solltet nicht um eure getöteten Angehörigen und Bekannten weinen, sondern um eure eigenen Sünden.

Legt Bußgewänder an und streut euch Asche auf das Haupt und weint um euch selbst. Denn der Herr hat gesagt: *Den, der gegen Mich gesündigt hat, werde Ich aus Meinem Buch streichen!"*

Das Weinen im Lager wurde nach diesen Worten nur noch größer. Doch Mose fügte noch hinzu: „Hört, was der Herr euch sagen läßt: *Ich will von jetzt an nicht mehr in eurer Mitte sein, denn ihr seid ein störrisches Volk. Es könnte sonst geschehen, daß Ich euch unterwegs vertilge. Aber Ich werde einen Engel senden, der euch voranzieht!"*

Nach diesen Worten hatte Mose sich von dem Volk abgewandt und war wieder in die Wüste hinausgegangen, dorthin, wo Josua sein großes Zelt nun aufgebaut hatte. Die Wolkensäule, das Zeichen der Gegenwart Gottes, war ihm gefolgt und stand nun über seinem Zelt, ein ganzes Stück entfernt vom Lager Israels.

Den ganzen Tag nun schon war Mose im Zelt geblieben und hatte gebetet und vor Gott geweint um die Sünden des Volkes. Und den ganzen Tag lang saß Josua vor dem Zelt und sorgte dafür, daß niemand seinen Meister störte. Er selbst hatte auch nicht gewagt, hineinzugehen, denn er konnte von drinnen mehr als eine Stimme hören. Jahwe selbst war zu Mose gekommen und redete mit ihm, und Josua wagte es nicht, auch nur in das Zelt hineinzusehen.

Manchmal schien die Unterhaltung, die aus dem Zelt an seine Ohren drang, wie eine Diskussion zu werden. Nicht etwa heftig oder laut, sondern es klang eher, als würden zwei Partner miteinander handeln, so voller Bitten und Einwände, Anfragen und Konzessionen waren die Worte. Hin und wieder bekam Josua den einen oder anderen Satz ganz deutlich mit, obwohl er keinesfalls lauschte.

„Vergib ihnen!" hörte er Mose flehen.

Zu seinem Schrecken vernahm er auch die Antwort des Herrn sehr deutlich: *„Wer gegen Mich gesündigt hat, den streiche Ich aus Meinem Buch!"*

Ja, das hatte Mose dem Volk auch schon gesagt. Aber diese Worte direkt von dem Allmächtigen zu hören, ließ Josuas Seele doch bis ins Innerste erzittern.

Erschrocken hatte Josua dann das Flehen seines Meisters gehört: *„Nimm doch jetzt ihre Sünde von ihnen. Wenn nicht, dann streiche Mich aus dem Buch, das Du angelegt hast."*

Doch davon wollte Gott nichts wissen. Er forderte Mose vielmehr auf, nun zu gehen und das Volk weiter zu führen.

Darauf antwortete Mose: *„Wenn Dein Angesicht nicht mit uns geht, dann führe uns lieber nicht von hier aus weiter."*

Den ganzen Tag hindurch war die Unterhaltung weitergegangen, und Josua hatte sich gefragt, ob sein Meister das noch lange durchhalten konnte. Und die Wolke hatte den ganzen Tag über dem Zelt gestanden, bis die Sonne unterging und sie wieder ihren feurig roten Glanz annahm.

Vielleicht war Josua dann doch eingeschlafen. Genau wußte er es nicht zu sagen. Er wußte nur, daß Mose ihn unvorbereitet überraschte, als er dann doch vor das Zelt trat, und daß er beim Klang von Moses Stimme erschrocken auffuhr.

„Steh auf!" hatte Mose gefordert. „Komm mit mir!"

Gehorsam erhob sich Josua, rieb sich die Augen und folgte dem Mann Gottes durch die Wüste. Als er sich einmal umdrehte, sah er, daß die feurige Spirale nicht mehr über Moses Zelt stand, sondern sie hatte oben am Himmel ihren alten Platz über dem Lager Israels wieder eingenommen. Bedeutete das, der Herr würde wieder in der Mitte Seines Volkes wohnen? fragte Josua sich.

Der Prophet hatte wohl eine solche Frage erwartet, denn er deutete jetzt mit ausgestrecktem Arm quer über die Wüste. „Dort ist der Horebfelsen", sagte er. „Wir müssen aus ihm zwei neue Steintafeln herausschlagen. Der Herr wird sie wieder beschreiben und damit den Bund zwischen Ihm und dem Volk erneuern."

24. KAPITEL

Josua saß auf der Spitze einer hohen Sanddüne, von der aus man weit in die flache westliche Wüste zurückschauen konnte. Ganz in der Ferne, drei Tagereisen waren sie nun schon entfernt, konnte man im Licht der untergehenden Sonne die drei gezackten Spitzen des Berges Horeb noch sehen, an dessen Fuß Gott ihnen die Gesetze gegeben und, nach ihrem Sündenfall mit dem goldenen Kalb, den Bund nochmals erneuert hatte.

Seit ihrem Auszug aus Ägypten und während des vollen Jahres, das sie am Gottesberg Horeb gelagert hatten, war so viel geschehen, daß viele Israeliten vielleicht die Gegend am Sinai schon als ihre endgültige Heimat angesehen hatten. Doch dann hatte sich die große Wolkensäule vor wenigen Tagen erhoben und war langsam nach Osten weitergezogen.

Eiligst hatten die Israeliten ihr Lager abgebrochen und waren gefolgt. Allen wurde nun klar, daß die sandige Steppe und Wüste der Sinai-Halbinsel nicht ihr Wohnplatz war. Jahrhunderte früher hatte Gott ihren Patriarchen Abraham, Isaak und Jakob ein anderes Land versprochen; das schönste Land weit und breit — und das wartete nun auf sie.

An diesem Abend standen Mose, Josua und Aaron auf dem Kamm dieses Sandhügels und blickten auf die Wüstenstraße hinab, auf der das Volk, das sie nun bis hierher geführt hatten, herangezogen kam. Drei Millionen an der Zahl! Ein nahezu unübersehbarer Zug, der Meereswogen gleich heranrollte, um nun das Nachtlager aufzuschlagen.

Der Anblick dieser großen Schar von Menschen hatte aus der Ferne betrachtet schon immer einen respektablen Anblick abgegeben. Doch nie war er eindrucksvoller gewesen als jetzt.

Als die fliehenden Sklaven Ägypten verließen, waren sie ein ziemlich ungeordneter Haufen gewesen, ohne sich um einen geordneten Zug zu kümmern. Doch während des Jahres am Horeb hatten sich nach und nach die einzelnen Stämme zusammengefunden, denen auch, nach dem Rat Jethros, Vorsteher und Richter über tausend, hundert und fünfzig zugeteilt worden waren. So zogen nunmehr die einzelnen Sippen und Familien in dieser Einteilung in ihrem jeweiligen Stammesverband.

Während des Jahres am Sinai hatten sie auch einen tragbaren Tempel gebaut, und zwar genau nach den Anweisungen, die Mose von Gott erhalten hatte. Dieser tragbare Tempel, das *Bundeszelt,* wurde, wenn sie wanderten, von den Priestern und Leviten getragen.

Dieses *Bundeszelt* war der Mittelpunkt ihres Volkslebens geworden. Es stand in der Mitte des Lagers. Hier versammelten sie sich nun zu Beratungen und anderen Gelegenheiten. Das kleine Beratungszelt, in dem die Ältesten früher immer mit Mose und Josua zusammengekommen waren, hatte damit seine Aufgabe erfüllt. Es konnte sich auch an Größe und Schönheit in keiner Weise mit dem Bundeszelt vergleichen.

Das Bundeszelt war ein reisendes Heiligtum, über dem die Wolken- und Feuersäule der Gegenwart Gottes nunmehr stand, wenn es aufgebaut wurde. Hier brachten die Priester auch die Opfer zu Gott, auf dem ebenfalls nach den Plänen Gottes gebauten ehernen Brandopferaltar. Und auch alle anderen Gottesdienste, die Jahwe bestimmt hatte, wurden hier von den Priestern und Leviten verrichtet.

Nach und nach war das Volk Israel in diesem vergangenen Jahr zu einem respektablen Gebilde herangewachsen. Obwohl es immer noch auf der Wanderschaft war und keinen festen Wohnort hatte, gab es doch nun innerhalb des Lagers einen bestimmten Ort, von dem aus es regiert wurde. Es hatte ein festes System von Gesetzen; und neben seinem Führer seine Stammesältesten, Vorsteher und Richter, seine Priesterschaft, eine feste Gottesdienstordnung und eine respektable Armee. So war es nun zu einer ansehnlichen Macht geworden, und die Länder und Völker vor ihm machten sich Sorgen, wenn Israel herangezogen kam.

An diesem Abend beobachteten Mose, Aaron und Josua die Israeliten, wie sie geordnet heranzogen, um das Lager aufzuschlagen. Die Männer fragten sich, ob das noch dieselben Menschen waren, die vor einem reichlichen Jahr in größter Unordnung aus dem Niltal geflohen waren.

Nun zogen sie im Rhythmus der Pauken und Flöten singend über die Wüstenstraße. Selbst Blinde hätten schon von ferne am Geräusch der Schritte und Musik bemerken müssen, daß da ein riesiges Heer heranzog. Wieviel mehr mußte das Erscheinungsbild dieses geordneten Volkes jeden beeindrucken, der es sah.

In sieben größere und kleinere Scharen war das ganze Volk unterteilt. Die erste Abteilung wurde angeführt vom Stamm Juda. Ihm folgten die beiden Stämme Issachar und Sebulon. Danach folgten die levitischen Sippen der Gerschoniter und Merariter, die das in Einzelteile zerlegte Bundeszelt trugen.

Nach dieser kleineren Abteilung der levitischen Sippen folgte wieder eine große Abteilung, bestehend aus drei weiteren Stämmen. Der erste dieser Abteilung war der Stamm Ruben. Ihm schlossen sich die Stämme Simeon und Gad an.

Nach ihnen zog als kleinere Abteilung die levitische Sippe der Kehatiter. Sie trugen das Heiligtum und alle zum Bundeszelt und zum Heiligtum gehörenden Geräte, die vorher von den Priestern sorgfältig verpackt wurden. Wenn sie im Lager eintrafen, hatten die vor der Abteilung Ruben marschierenden levitischen Sippen der Gerschoniter und Merariter das Bundeszelt schon aufgebaut, so daß sie das Heiligtum und die Geräte nur noch hineintragen mußten.

Ihnen folgten wieder in geordneten Scharen drei weitere Stämme. Als erster der Stamm Ephraim, danach Manasse und dann Benjamin.

Die Abteilung der letzten drei Stämme wurde angeführt vom Stamm Dan, ihm folgten noch die Stämme Ascher und Naphtali.

Die letzte Abteilung bildete die große Schar der Menschen, die während der Auseinandersetzung zwischen Mose und den Ägyptern mit dem Volk Israel sympathisiert hatten und die mit Israel aus Ägpten ausgezogen waren. Es waren Angehörige verschiedener Völker, Farben und Rassen. Die meisten von ihnen waren ebenfalls Sklaven gewesen. Doch hier und da gab es auch einige Ägypter und andere Freie darunter.

An der Spitze jeder großen Stammesabteilung wehte ein Banner. Die grüne Standarte Judas mit dem eingewebten goldenen Löwen führte den gesamten Zug an. Vor der zweiten Abteilung war die scharlachfarbene Fahne des Stammes Ruben zu sehen, die in der Mitte einen Menschenkopf trug. Vor der letzten Abteilung flatterte das rot-weiße Banner Dans im Wüstenwind. Mit seinen beiden spitz zulaufenden Enden machte es den Eindruck von ausgebreiteten Adlersflügeln.

Doch mit ganz besonderem Stolz hatte Josua auf das vorletzte Banner geschaut. Es war die goldene Fahne Ephraims, des Stammes, zu dem er selbst gehörte. Obwohl er, als Vertrauter Moses, sich gewöhnlich mit an der Spitze des Zuges befand, wußte er doch seine Familie hier. Und auch der Sarkophag Josephs wurde in der Mitte der Ephraimiter mit in das Land Kanaan geführt.

Es ist doch seltsam, überlegte er, während er über das ins Lager ziehende Heer hinwegblickte, *daß ich genauso stolz bin, ein Israelit zu sein, wie ein Angehöriger des Stammes Ephraim.*

Er wandte sich an Mose und fragte: „Herr, hast du je gesehen, daß so viele verschiedene Menschen in solcher Harmonie und Ordnung zusammen marschieren?"

Moses Blick wanderte zur Spitze des Zuges. Denn dort, noch vor der grünen Fahne Judas, zog eine Gruppe von Priestern in zwei Reihen nebeneinander. Auf ihren Schultern trugen sie zwei lange Stangen, die durch goldene Ringe an einem golden in der Sonne glänzenden großen Kasten befestigt waren, der über den Priestern emporragte. Auf dem Deckel des Kastens waren zwei goldene und strahlende Cherubim mit ausgebreiteten Flügeln befestigt. Es war die Lade des Bundes mit Gott, die da von den Priestern getragen wurde. In ihrem Inneren befanden sich die beiden Steintafeln mit den zehn Bundesgeboten. Und solange Israel wanderte, führte die Bundeslade den Zug des Volkes an.

Mose deutete mit ausgestrecktem Arm auf die heilige Lade und antwortete: „Solange wir unter dem Schutz des Bundes Gottes stehen und die Bundeslade uns voranzieht und wir die Gebote des Bundes halten, werden wir immer in Harmonie zusammenstehen, und unsere Feinde werden vor uns zerstreut werden."

25. KAPITEL

Es stimmte schon: Solange das Volk in der vorgegebenen Ordnung marschierte, jeder Stamm und jede Familie an ihrem Platz, mit den wehenden Bannern über ihnen und vor ihnen her die Wolkensäule als Zeichen der Gegenwart Gottes, so lange erschienen sie Betrachtern als ein harmonisches Ganzes. Doch ihre Einheit war noch sehr schwach und zerbrach bei der geringsten Belastung.

Am Abend des siebenten Tages, nachdem sie ihr Lager am Berg Horeb verlassen hatten, betete Mose, nachdem das Lager wieder aufgeschlagen war, das allabendliche Gebet zum Schutz vor Schaden. „Laß Dich nieder, Herr", flehte er laut, „bei den zehntausendmal Tausenden Israels!" Und die Wolkensäule, die bisher noch über dem lagernden Volk gestanden hatte, ließ sich in die Mitte des Lagers nieder, wo das Bundeszelt stand.

Doch obwohl sich die Wolke nun auch niedergelassen hatte, waren die Menschen alles andere als ruhig. Während der ganzen Woche, die sie gewandert waren, hatten sie sich beklagt, wie schon früher oftmals.

Als Mose und Josua nun gemeinsam durch das Lager gingen, hörten sie von allen Seiten, wie Frauen über das Abendessen murrten, das sie bereiteten. Ihnen war das Manna überdrüssig geworden, und sie hatten keine Lust mehr, zu versuchen, aus dem gleichen Stoff immer wieder verschiedene Speisen zu bereiten.

Männer, die noch beim Aufbauen der Zelte waren oder schon am abendlichen Feuer saßen, klagten, weil es kein

Fleisch gab, und dachten sehnsüchtig an die verschiedenen Fleisch- und Fischsorten, die sie in Ägypten gegessen hatten, zusammen mit feinen Melonen, Gurken, Zwiebeln und anderem Gemüse.

„Woher bekommen wir Fleisch?" riefen sie, als Mose und Josua vorübergingen. „Wo sind die Wachteln geblieben, die der Herr uns am Sinai gegeben hat? Werden wir keine mehr erhalten?"

Josua schüttelte nur empört den Kopf, als Mose ihn seufzend fragte: „Kannst du das wirklich glauben? Nach allem, was der Herr für sie getan hat, beklagen sie sich immer noch."

Mose ging schneller, um das eigene Zelt zu erreichen und die Klagen nicht mehr hören zu müssen.

Als sie jetzt am Eingang des Zeltes standen, versuchte Josua ihn zu trösten und sagte: „Weißt du, Herr, sie werden müde von dem täglichen Einerlei. Ich glaube, sogar ein Wunder kann uns gleichgültig werden, wenn wir es zu oft erleben."

Mose fuhr herum und blickte seinen Diener zornig an. Beschämt schlug Josua die Augen nieder und stammelte: „Ich — ich meinte doch nur . . ."

Doch der Mann Gottes war zu Recht ärgerlich, das mußte auch Josua zugeben, als sie jetzt das Zelt betreten hatten und Mose mit gequältem Gesicht zu beten begann.

„O Herr", flehte er, *„warum hast Du Deinen Knecht so schlecht behandelt, und warum habe ich nicht Deine Gnade gefunden, daß Du mir die Last mit diesem ganzen Volk auferlegst? Woher soll ich für dieses ganze Volk Fleisch nehmen? Sie weinen vor mir und sagen: Gib uns Fleisch zu essen! Ich kann dieses ganze Volk nicht allein tragen. Es ist mir zu schwer."*

Bekümmert bereitete Josua sein eigenes Lager direkt am Eingang des Zeltes, wie er es jeden Abend tat. Doch er erschrak bis ins Innerste, als er den Mann Gottes nun seufzen hörte: *„Herr, wenn Du mich so behandelst, dann bringe* *mich lieber gleich um, wenn ich überhaupt Deine Gnade gefunden habe. Ich will mein Elend nicht mehr ansehen.“*

Die ganze Nacht rang der Prophet mit Gott. Josua fiel zwischendurch in unruhigen Schlaf, wurde aber durch die Stimme Moses immer wieder geweckt.

Als der Morgen dämmerte, verließ der Mann Gottes sein Zelt. Sein Gesichtsausdruck war noch immer zornig. Josua folgte einige Schritte hinter ihm.

Seit sie den Horeb verlassen hatten, war der Prophet jeden Morgen zum Bundeszelt gegangen, wo die Wolkensäule lagerte, und hatte mit lauter Stimme gebetet: *„Steh auf, Herr! Dann zerstreuen sich Deine Feinde, dann fliehen Deine Gegner vor Dir!“*

Nach diesem Gebet hatte sich die Wolkensäule erhoben, war an die Spitze des Zuges geschwebt und hatte das Volk weitergeführt in die Richtung, in der das verheißene Land lag.

Doch an diesem Morgen schritt Mose auf eine Sanddüne hinauf und schrie von dort mit lauter Stimme über das Lager hinweg: *„Heiligt euch für morgen, dann werdet ihr Fleisch zu essen haben! Denn ihr habt dem Herrn die Ohren vollgeweint und gesagt: Wenn uns doch jemand Fleisch zu essen gäbe! In Ägypten ging es uns gut. Deshalb wird der Herr euch Fleisch zu essen geben!“*

Die zuhörende Menge hätte sicherlich laut zu jubeln begonnen, wäre da nicht der Zorn in der Stimme ihres Führers und auf seinem Gesicht zu lesen gewesen. So lauschten sie nur schweigend und betreten seinen Worten.

Und Mose fuhr fort: *„Nicht nur einen Tag werdet ihr essen, nicht zwei Tage, nicht fünf Tage, nicht zehn Tage und nicht zwanzig Tage, sondern monatelang, bis es euch zum Hals heraushängt und ihr euch davor ekelt. Denn ihr habt den Herrn, der mitten unter euch ist, mißachtet und habt vor ihm geweint und gesagt: Warum sind wir aus Ägypten weggezogen?“*

Entsetzt blickten sich die Israeliten gegenseitig an, fielen auf ihre Knie und begannen vor Scham zu weinen.

Auch Josua fühlte Ärger in sich aufsteigen, als er jetzt auf die weinenden Menschen blickte. Wie oft waren sie schon aus ähnlichen Gründen auf ihre Knie gefallen und hatten voller Scham um Vergebung gefleht. Würden sie nie lernen? Würde ihr Glaube immer so schwach bleiben? Würden sie den Herrn immer wieder erzürnen?

Als Josua sich jetzt anschickte, ebenfalls auf die Düne hinaufzusteigen, auf der Mose noch immer hoch aufgerichtet stand und auf die auf den Knien Liegenden hinabschaute, bemerkte er, wie der Mann Gottes sich verstohlen einige Tränen aus den Augen wischte.

Da mußte Josua wieder an die vergangene Nacht denken, in der Mose den Herrn angefleht hatte, ihn doch lieber sterben zu lassen, als daß er die Last dieses undankbaren und ewig murrenden Volkes weiter tragen sollte. Wie eine Welle durchströmte jetzt das Mitgefühl und die Zuneigung zu dem einsamen Propheten auf der Sanddüne Josuas Herz. Er wollte gerade mit ausgestreckten Armen zu seinem Meister eilen. Da wandte dieser sich abrupt um und ging mit festen Schritten hinaus in die Wüste.

26. KAPITEL

Am nächsten Morgen wartete Josua allein vor dem Bundeszelt. Er fragte sich, wann sein Meister wohl zurückkehren werde? Rundum im Lager war man eifrig dabei, Vorbereitungen für die von Mose vorausgesagte Begegnung mit Gott zu treffen, indem die Menschen sich besonders sorgfältig wuschen, reinigten und heiligten, wie Mose es befohlen hatte. Auch Josua selbst hatte das an diesem Morgen getan, und nun versuchte er, sich während des Wartens im Gebet auf Gott zu konzentrieren.

Immer wieder gingen dabei seine Gedanken zu den Ereignissen des vergangenen Abends zurück, und dazwischen betete er für das Wohlergehen des Propheten. Doch so gern er auch die Last, die sein Meister trug, erleichtert hätte, so traf ihn doch nun die Art, wie das geschah, völlig unvorbereitet.

Es war um die Mittagszeit, als ihm von einem Ende des Lagers her eine größere Bewegung auffiel. Eine größere Gruppe von Männern kam von dort her auf das Bundeszelt zu. Der Mann an der Spitze, der die Gruppe anführte, war ohne Zweifel Mose, das erkannte Josua bald. Und als die Männergruppe näher kam, wurde ihm auch klar, daß es die siebzig Ältesten waren, die Mose mit auf den Berg Horeb genommen hatte, um dort Gott zu sehen. Es fehlten nur zwei von ihnen, stellte Josua fest, als sie beim Bundeszelt angekommen waren.

„Bildet einen Kreis um das Zelt", forderte Mose die Männer auf. Während die Männer bereitwillig Moses Worten nachkamen, gab dieser Josua durch einen Wink zu verstehen, er solle ein wenig zurücktreten und sich nicht mit in den Kreis stellen.

Mose begab sich nun zum Eingang des Bundeszeltes, wandte sich wieder den Männern zu und erhob beide Hände. Daraufhin senkte sich die Wolkensäule direkt bis zum Eingang nieder. Und wie auf dem Horeb, sprach nun eine Stimme aus der Wolke. Aber diesmal freundlich und sanft, und nicht wie im Donner; und etwas, das aussah wie ein feuriger Mantel, erhob sich jetzt von der Schulter des Propheten und bewegte sich rasch von einem der Männer zum anderen und senkte sich kurz auf jeden von ihnen. Wenn es sich zum nächsten weiterbewegte, blieb aber trotzdem dieser feurige Mantel auch auf der Schulter dieser Männer ruhen, so daß das Bundeszelt bald wie von einem Feuerring umgeben war. Alle Ältesten hatten ihre Gesichter, die nun von dem göttlichen Licht widerstrahlten, zum Himmel emporgehoben.

Und so wie der Heilige Geist auf sie kam, begann einer nach dem anderen in prophetischer Autorität zu reden. Einige wiederholten die Gebote Gottes, die Er Israel gegeben hatte, andere sangen Loblieder, und wieder andere erhoben laut ihre Stimmen und warnten das umstehende Volk vor Sünde und Gottlosigkeit, so wie Mose es auch schon oft getan hatte.

Erstaunt hatte Josua aus einiger Entfernung zugeschaut, wie Gott auf übernatürliche Weise dem Volk 68 weitere Propheten gab und so einiges von den Aufgaben Moses auf mehrere Schultern verteilte.

Doch obwohl Josua sich um Moses willen darüber hätte freuen sollen, tat er es doch nicht. Als die Ältesten und Aufseher bestimmt worden waren, die Mose bei der Verwaltung und bei der Aufgabe, Urteile zu fällen und Streit zu schlichten, helfen sollten, war Josua dafür dankbar gewesen. Aber der Gedanke, daß seines Meisters prophetische Gabe nun auch auf 68 weitere Männer übertragen worden war, ließ eine

Art von beschützenden Neid in ihm aufkommen, von dem er noch nicht gewußt hatte, daß er dazu überhaupt fähig war.

Was hier geschah, war doch ganz offensichtlich das Werk Gottes. Welches Recht hatte er also, davon etwas in Frage zu stellen? überlegte er. Und ganz gewiß würde er sich jetzt in der Gegenwart dieser nunmehr ausgewählten Männer zurückhalten. Ergeben senkte er den Kopf und starrte vor sich auf den Boden. Doch mißbilligende Falten bildeten sich auf seiner Stirn, während die Männer weiter prophezeiten, sangen und ermahnten.

Seine ärgerlichen Gedanken wurden durch eine laute Stimme unterbrochen, die seinem Meister einen Gruß zurief. Aus dem Lager kam ein junger Mann angerannt, einer von den jungen Priestern, die mit Aaron den Dienst am Altar versahen. Obwohl er voller Respekt wahrnahm, was hier am Bundeszelt vorging, eilte er doch direkt zu Mose und berichtete voller Eifer und atemlos: „Herr, im Lager geschehen seltsame Dinge!“

Nach und nach wurden die in der Nähe stehenden Ältesten jetzt still und lauschten auf das, was der junge Mann berichtete. Dieser begann: „Ich dachte, Herr, du solltest erfahren, was da geschieht. Da sind zwei Männer, die durch das ganze Lager gehen und prophezeien. Sie sagen, sie gehörten zu den siebzig Ältesten, die du gerufen hättest, sie wären aber deinem Ruf nicht gefolgt.“

Diese Worte genügten Josua, der ebenfalls näher gekommen war, um seinen Ärger noch anzufachen. „Sie prophezeien im Lager?“ fauchte er, und man konnte seiner Stimme die Empörung anhören. „Wie können sie das, und wer sind sie?“

Überrascht blickte der junge Mann zu Josua hin und antwortete: „Es sind Eldad und Medad, und sie gehören zu den siebzig Ältesten.“

Tatsächlich, sie gehörten dazu, das wußte Josua. Doch da sein Ärger einmal erregt war, ließ er sich auch dadurch nicht beruhigen. Er wandte sich dem Mann Gottes zu und sagte drängend: „Mose, mein Herr, verbiete es ihnen!“

Mose betrachtete verwundert seinen empörten Diener. Doch schnell erkannte er, wo die Ursache für diesen Ärger lag. Kopfschüttelnd legte er Josua die Hand auf die Schulter und blickte ihm tief in die Augen. „Mein Freund", fragte er, „bist du etwa um meinetwillen eifersüchtig?"

Als Josua nicht antwortete, sondern nur beschämt die Augen niederschlug, erklärte der Mann Gottes: *„Wenn nur das ganze Volk des Herrn zu Propheten würde, wenn nur der Herr Seinen Geist auf sie alle legte!"*

27. KAPITEL

Das Handeln Gottes, vor dem Mose das Volk gewarnt hatte, war von Gott her eigentlich als Strafe beabsichtigt. Doch als es nun geschah, reagierte das Volk so darauf, als sei es die größte Wohltat.

Als die ersten Anzeichen dazu am östlichen Horizont auftauchten, begleitet durch einen heftigen Sturm, schien es eine gefahrdrohende Wolke zu sein und verhieß nichts Gutes. Doch als diese immer größer werdende Wolke mit flatternden Flügeln und lautem Gequake über Israels Lager hereinbrach, erhob sich ohrenbetäubendes Jubelgeschrei unter den Israeliten.

Mose hatte ihnen gesagt, sie würden überreichlich Fleisch haben. Und der Herr gab ihnen nun Wachteln, wie Er es in der Wüste Sinai schon getan hatte. Als die Vögel sich auf dem Sand niederließen und überall auf den Lagerstraßen und zwischen den Zelten herumhüpften, wurden die Menschen wild vor Gier.

Josua stand mit seinem Vater und Großvater und mit seinem Freund Kaleb vor seinem Zelt, in der Mitte der tobenden Menge. Erstaunt beobachteten sie, wie sich die nach Fleisch gierigen Menschen wie verrückt gebärdeten, als sie sich auf die Wachteln stürzten, ihnen die Hälse umdrehten und so viele von ihnen, wie sie nur zusammenraffen konnten, in Körbe, Taschen und Säcke stopften.

„Hören sie denn überhaupt nicht auf die Propheten?“ wunderte sich Kaleb und wies auf einen der siebzig Ältesten, die überall im Lager herumgingen und vor Gottes Strafe und Vergeltung warnten.

Es war ein wildes Bild, das sich den Blicken der Männer bot. Die Leute stießen und schoben sich gegenseitig und schimpften und fluchten aufeinander, weil manchmal mehrere hinter derselben Wachtel her waren, obwohl es mehr als genug zu geben schien.

„Die Leute haben nicht auf Mose gehört", meinte Josua achselzuckend, „warum sollten sie jetzt also auf andere hören?" Kopfschüttelnd forderte er die anderen auf, sich ganz an den Zelteingang zurückzuziehen, um nicht mit in das Durcheinander hineingezogen zu werden.

Die Sonne war von der riesigen Wolke von Wachteln, die immer noch nicht enden wollte, derart verdeckt, daß es schien, als würde die Dämmerung schon hereinbrechen, obwohl es heller Mittag war.

Es dauert auch nicht mehr lange, da war von allen Seiten der Geruch von zubereitetem Fleisch, gekocht, gesotten oder gebraten, wahrzunehmen, und ein Lärm ging durch das Lager, als würde ein großes Fest gefeiert.

Auch Josua und seine Angehörigen sehnten sich nach Fleisch, so wie alle anderen Israeliten. Auch ihnen war das tägliche Einerlei des Mannas, wenn auch auf alle mögliche Weise zubereitet, langsam über. Doch als der Geruch zubereiteten Fleisches nun von allen Seiten zu ihnen kam, zogen sie sich in ihr Zelt zurück.

Josua meinte, er wolle von diesem Fleisch nichts essen, selbst wenn man es ihm auf einem goldenen Teller servieren würde. Er hatte große Zweifel, ob Jahwe mit Israels Völlerei lange Geduld haben würde.

Den ganzen Tag, die Nacht hindurch und auch noch den nächsten Tag sammelten und aßen die Israeliten Wachteln. Doch am dritten Tag wurde der Duft des Fleisches von einem betäubenden Geruch verdrängt. Josua und seine Angehörigen fürchteten sich, das Zelt zu verlassen. Denn sie wußten, in diesem fauligen Gestank lag gleichzeitig der Keim des

Todes. Vielleicht dachten viele der Israeliten zunächst noch, es sei doch nur der üble Geruch der nun verfaulenden Wachteln; und natürlich kam der Gestank zum Teil auch von daher. Denn es waren so viele Wachteln vom Himmel gefallen, daß nicht nur das Lager selbst, sondern rund um das Lager für etwa einen Tagesmarsch weit die Erde mehr als einen halben Meter hoch mit toten Wachteln bedeckt war.

Diese ungeheuren Massen von Wachteln waren nun zu einem schrecklichen Alptraum geworden, und der Gestank war entsetzlich. Doch Josua wußte, daß der Gestank und die Fliegen nicht nur von dem verrottenden Fleisch kamen, sondern es war Leichengeruch dabei. Denn mittlerweile starben rundum im Lager Menschen zu Hunderten und Tausenden.

Ja, es war so gekommen, wie Josua es erwartet hatte. Die Geduld des Herrn war am Ende; und vom zweiten Tag an waren im Lager immer mehr von den gierigen Fressern krank geworden und nun, am dritten Tag, starben sie schon in Massen. Der fröhliche Lärm des Feierns war längst dem Weinen und Klagen der Trauer gewichen.

Am dritten Abend verließen Josua und Kaleb, der bei ihnen geblieben war, das Zelt. Doch schnell zogen sie sich wieder in die Sicherheit des Zeltes zurück. Denn die zu Haufen liegenden verwesenden Vögel machten jedes Vorwärtskommen fast unmöglich. Sie würden warten, bis Mose zurückkehrte. Dann mußte erst eine große Säuberung des Lagers stattfinden, und viele, viele Tausende aus dem Volk würden erst noch begraben werden müssen.

Als die Israeliten nach der Rückkehr ihres Führers und nach Beendigung der schrecklichen und gleichzeitig auch traurigen Arbeit weiterzogen, nannten sie den Ort *Kibrot-Taawa,* das heißt, die *Gräber der Gier.* Denn viele Gräber gieriger Menschen ließen sie hinter sich zurück; und Jahwe hatte aufs neue gezeigt, daß Er die Sünden und Bösartigkeiten des menschlichen Herzens nicht ungestraft läßt.

28. KAPITEL

Die Oase von Haseroth war eine willkommene Erholung nach der Tragödie von Kibrot-Taawa. Dieser angenehme grüne Platz inmitten der Eintönigkeit der Sinai-Landschaft war seit unzähligen Generationen ein Rastplatz für alle Karawanen und Beduinenstämme. Manche waren geblieben und wohnten nun hier. Sie hatten sich Hütten aus Sandstein und kleine eingefriedete Plätze für das Vieh errichtet. Deshalb war die Bedeutung des Wortes Haseroth eigentlich auch *Dorf*.

Daß eine so große Schar wie die Israeliten sich über diesen kleinen grünen Vegetationsplatz freuen konnte und dankbar darüber war, ließ nur die Eintönigkeit ihrer bisherigen Wüstenreise erkennen. Sie waren müde. Sie vermißten nicht nur die Nahrungsmittel Ägyptens, sondern auch das dort durch den Nil erträgliche Klima und die überaus reiche Vegetation am Ufer des Nils und seiner Nebenarme.

Zwar hatten sie wenigstens für einige Zeit gelernt, nicht mehr über ihren Zustand zu murren. Doch Mose wußte, daß sie eine Zeit der Erholung bedurften, und deshalb gestattete er in der Oase einen Aufenthalt für mehrere Tage.

Haseroth war nicht nur eine sehr schöne Oase, sondern bis hierher kam auch oft eine erfrischende Brise vom Golf von Akaba herüber, der reichlich dreißig Kilometer weiter östlich lag. Auch Mose genoß deshalb den Aufenthalt in der Oase und baute sein Zelt am östlichen Rand des Lagers auf, wo er am ersten in den Genuß dieses erfrischenden Windes kam. Und zum ersten Mal, seit sie den Horeb verlassen hatten, brachte er auch seine Familie zu sich aus dem Lager, um einige Tage mit ihnen zu wohnen.

Josua hätte sich dabei ein wenig überflüssig vorkommen können, da hier die ganze Familie Moses beieinander war und sie gemeinsam ihre Zelte aufgeschlagen hatten, denn es war eine umfangreiche Familie, zu der er nun eben nicht gehörte. Da war nicht nur Moses Frau mit seinen beiden Söhnen, sondern auch seine Schwester Miriam, sein Bruder Aaron, Mutter Jochebed und Vater Amram, und außerdem noch Hobab, der Bruder seiner Frau, der bei ihnen geblieben war, als Jethro zu seinem Stamm zurückkehrte, weil er den Israeliten durch diese wüsten Gegenden, die er von seinen vielen Reisen her so gut kannte, als Führer diente.

Doch Josua fühlte sich in Moses Familie wie zu Hause, obwohl er seinem Herrn nie zugegeben hätte, daß auch er manchmal seine Einsamkeit spürte, da er ja nicht verheiratet war.

Doch was weder Mose noch er erwartet hatten, war die Tatsache, daß eine ganz eigenartige Atmosphäre entstand, als die verschiedenen Teile der Familie nun so eng beieinander waren.

Moses israelitische Verwandte hatten nie näher mit Zipporah und ihren Angehörigen zusammengelebt. Die Tatsache, daß Mose eine Midianiterin geheiratet und mit dem Stamm seiner Frau vierzig Jahre gemeinsam gelebt hatte, garantierte noch nicht, daß eine israelitische Familie ebenso gut mit den Midianitern auskommen würde.

Und tatsächlich war es Moses ruhige und immer wieder nachgebende Natur gewesen, die hauptsächlich dazu beigetragen hatten, mit den temperamentvollen Arabern gut auszukommen. Wäre er in seiner Natur herausfordernder und weniger nachgiebig gewesen, hätte es wohl endlosen Streit zwischen ihm und der lebhaften Zipporah sowie ihrem heißblütigen Bruder gegeben. Doch zwischen den beiden verschiedenen Familienteilen gab es nun von Anfang an Schwierigkeiten und Spannungen.

Josua saß an diesem Nachmittag im Schatten von Moses Zelt und unterhielt sich mit Gerschom und Elieser, Moses Söhnen. Dabei beobachtete er aus den Augenwinkeln Zipporah und Miriam, die sich in der Nähe von Zipporahs Zelt heftig stritten. Der Streit wurde immer lauter, bis Miriam sich endlich wütend umdrehte und zu ihrem eigenen Zelt lief.

„Du Egoistin!“ rief sie zornig. „Ich habe noch nie eine so egoistische Frau kennengelernt wie dich, Zipporah. Wie mein zurückhaltender und stiller Bruder gerade dich zur Frau erwählt hat, werde ich nie begreifen!“

Zipporah, die keinesfalls ertragen konnte, nicht das letzte Wort zu haben, schrie Miriam mit erhobener Faust nach: „Vielleicht hat Mose soviel Geduld lernen müssen, weil er früher oft mit dir zusammen war.“ Damit verschwand sie in ihrem Zelt.

Gerschom und Elieser machten einen verlegenen Eindruck. Ohne Zweifel kannten sie das Temperament ihrer Mutter und waren an solche Szenen gewöhnt. Sie wußten, daß es das Beste war, sich nicht einzumischen.

Ganz anders war dies aber mit Aaron, Jochebed und Amram. Sie hielten selbstverständlich zu Miriam und kamen jetzt aus ihrem Zelt geeilt, um anzuhören, worüber Miriam zu klagen hatte.

Die ebenso hitzköpfige Frau sagte nun empört zu ihren Angehörigen: „Es ist doch unerhört, wie diese midianitische Frau sich hier aufführt. Den ganzen Tag streicht sie um Mose herum, um ihn so oft wie möglich auf ihr Lager zu ziehen. Wo Mose doch der auserwählte Mann Gottes ist.“

Aaron nickte zustimmend, und Jochebed warf zornige Blicke auf das hübsche bunte Zelt von Zipporah. Amram stimmte Miriam im Prinzip zwar auch zu, doch er versuchte trotzdem, sie zu beruhigen. „Langsam, langsam, Tochter“, sagte er. „Wir dürfen sie nicht so streng beurteilen, denn sie ist neu in unserer Gesellschaft und muß sich erst einfügen. Ich glaube, da müssen wir ein wenig Geduld haben.“

Doch in diesem Augenblick steckte Zipporah ihren Kopf wieder aus dem Zelt und rief: „Wie kann es für ein Ehepaar falsch sein, wenn sie sich lieben? Aber davon verstehst du ja nichts, Miriam, denn du warst nie verheiratet!“

Bei diesen Worten ballte sogar Amram die Fäuste. Und Miriam schrie zurück: „Willst du uns etwa in den Wegen des Herrn unterweisen?“

Auch Aaron konnte nicht länger schweigen und fügte zornig hinzu: „Es wäre besser für dich, du würdest auf uns hören. Wir wissen einiges mehr über Gott als du. *Hat der Herr etwa nur mit Mose gesprochen? Hat Er nicht auch mit uns geredet?*“

Bis jetzt hatte Mose versucht, sich nicht in den Streit einzumischen, weil er erst vor wenigen Minuten zurückgekehrt war. Er war den ganzen Vormittag im Lager gewesen, um verschiedene Angelegenheiten zu ordnen. Er hatte nur geseufzt, als er hörte, wie die Frauen wieder stritten.

Doch nun wandte Josua sich bittend an ihn: „Meister, sie streiten schon wieder eine ganze lange Zeit. Gibt es wirklich nichts, was du tun könntest?“

Mose hatte nur die letzten Argumente mitbekommen und war davon tief betroffen. Doch es waren weniger die Vorwürfe, die Zipporah gemacht wurden, die ihn bekümmerten, sondern vielmehr die letzten Sätze, die Miriam und Aaron gesprochen hatten. „Es sieht so aus, als ob nun schon meine eigene Familie an meiner Berufung zweifelt“, meinte er und verschwand in seinem eigenen Zelt.

Im Zelt breitete er seinen Kummer vor Gott aus und sagte: „Herr, hilf mir. Du weißt, ich will gar nicht höher sein als die anderen Menschen, und ich will auch nicht streiten um mich selbst. Tue Du doch Deinen Willen kund und sorge dafür, daß dieser Zwist in meiner Familie aufhört.“

Da redete Gott zu ihm und sagte: „Gehe gemeinsam mit Aaron und Miriam zum Bundeszelt.“ Auch zu Aaron und Miriam redete Gott auf die gleiche Weise.

Da machten die drei Geschwister sich auf und gingen

zum Bundeszelt. Als sie dort ankamen, erschien der Herr in der Wolkensäule am Zelteingang und rief Aaron und Miriam.

Die beiden traten vor, und der Herr sprach: „Hört Meine Worte! Wenn es bei euch einen Propheten gibt, so gebe Ich Mich ihm in Visionen zu erkennen und rede mit ihm im Traum. Anders bei Meinem Knecht Mose. Mein ganzes Haus ist ihm anvertraut. Mit ihm rede Ich von Mund zu Mund, von Angesicht zu Angesicht, und nicht in Rätseln. Er darf die Gestalt des Herrn sehen. Warum habt ihr es gewagt, über Meinen Knecht Mose zu reden?"

Man konnte den Zorn des Herrn immer noch spüren, als die Wolke sich nun erhob und wieder zum Allerheiligsten zurückschwebte.

Doch als Aaron jetzt beschämt Miriam anblickte, fuhr er erschrocken zurück, denn sie war weiß wie der Schnee, weil ihr ganzer Körper über und über von Aussatz bedeckt war. Auch Mose trat jetzt zu ihnen und war entsetzt, als er seine Schwester betrachtete.

Da fiel Aaron auf seine Knie, umfaßte Moses Beine und rief: *„Mein Herr, ich bitte dich, laß uns nicht die Folgen der Sünde tragen, die wir leichtfertig begangen haben!"*

Da wandte sich Mose wieder dem Allerheiligsten zu, über dem die Wolkensäule schwebte, und rief: *„Ach Herr, heile sie doch!"*

Für einige Augenblicke trat gespanntes Schweigen ein. Dann antwortete der Herr: *„Sie soll sieben Tage aus dem Lager ausgesperrt sein; erst dann soll man sie wieder hereinlassen."*

Mose wandte sich an seinen Bruder und sagte: „Führe Miriam ein Stück in die Wüste, wie der Herr es befohlen hat; und dann sorge diese sieben Tage dafür, daß sie zu essen und zu trinken bekommt."

Aaron nahm Miriam bei der Hand, führte sie in die Wüste und richtete dort ein kleines Zelt für sie auf. Das ganze Volk blieb nun noch weitere sieben Tage in Haseroth, bis die von Gott für Miriam bestimmte Zeit vorüber war und sie wieder vom Aussatz befreit wurde, dann erst zogen sie weiter.

Als Mose allein zu den Zelten seiner Familie zurückkehrte, blickte Josua ihm verwundert und fragend entgegen. Der Mann Gottes ging direkt zu Zipporahs Zelt. Auch sie hatte sein Kommen bemerkt und lief zu ihm. Mose schloß sie in die Arme; und so standen die beiden Ehegatten eine Zeitlang schweigend.

Josua wandte sich ab, um die beiden nicht in Verlegenheit zu bringen. Doch bei dem, was er soeben miterlebt hatte, empfand er wieder einmal seine eigene Einsamkeit und fragte sich, ob dies für sein ganzes Leben so bleiben mußte.

TEIL V

FÜHRER DER KUNDSCHAFTER

29. KAPITEL

Josua saß auf einem Felsrand und blickte über den Golf von Akaba hinweg, den nordöstlichen Arm des Roten Meeres. Eingerahmt von weißem Sand erstreckte sich das reine azurblaue Wasser bis zum südlichen Horizont, so weit wie das Auge reichte.

Es schien unendlich lange Zeit her, seit die Israeliten in der Nähe einer größeren Wasseransammlung gewesen waren. Das letzte Mal war es, als sie durch eine großartige Wundertat Gottes das Rote Meer durchzogen hatten. Seither waren sie durch Wüsten und Steppe gezogen, durch endlose Kilometer von Sand, mit kleineren oder größeren Wasserstellen dazwischen. Deshalb empfanden sie schon die unmittelbare Nähe des Wassers als eine Erfrischung.

Auch die Nähe von ein wenig Zivilisation erfreute das Volk, denn am Nordende des Golfs lag die kleine Stadt Ezion-Geber. Begonnen hatte es hier einmal mit einer weit vorgeschobenen kleinen ägyptischen Wüstenfestung. Nach und nach hatten sich im Schutz des Forts mehr und mehr Menschen niedergelassen, und mittlerweile war eine kleine Stadt daraus geworden. Die Frage, ob den Israeliten diese kleine ägyptische Befestigung Sorge bereitete, konnte getrost mit nein beantwortet werden. Was hätten die wenigen ägyptischen Soldaten so weit vom Niltal entfernt schon gegen die Millionen Israels unternehmen können? Statt dessen war der Anblick einer größeren Anzahl fester Gebäude und ein größerer Markt etwas, das sie nicht mehr gesehen hatten, seit dem Auszug aus Ägypten.

Natürlich mußten sie, um Kanaan zu erreichen, noch durch weitere Wüstenstücke ziehen, doch keines von ihnen war so trostlos und wüst, wie das hinter ihnen liegende Sinai-Gebiet.

Als Josua jetzt auf dieser Felskante saß und auf das Wasser hinabschaute, war seine Seele voller Erwartungen. Doch diese Hoffnung auf das, was vor ihnen lag, war mit einem anderen Gefühl vermischt, dem ihm in letzter Zeit allzu bekannten der Einsamkeit.

Er wandte seinen Blick nordwärts, zur Negevwüste hin. Dort, mehr als 150 Kilometer entfernt, lag Kanaan. Ihm war bewußt, daß von ihm, als Israels Feldherrn, große Taten erwartet wurden, wenn Israel sich anschickte, das Land Kanaan einzunehmen.

Die Israeliten sahen sich keinesfalls als Eindringlinge in ein fremdes Land. Denn nach der Verheißung Gottes, die Er ihrem Patriarchen Abraham gegeben hatte, gehörte das Land rechtmäßig ihnen. Und obwohl sie rund 400 Jahre in Ägypten gewesen waren, hielten sie an dem Bund, den Jahwe mit Abraham geschlossen hatte, immer noch fest. Zwar würden die jetzigen Bewohner Kanaans in ihnen Eindringlinge sehen; doch sie selbst betrachteten sich als die zurückkehrenden Erben des Bundes mit Gott und wollten nun ihr Erbteil antreten.

Josuas Blick wurde nachdenklich. Er wußte, daß sie das ihnen von Gott zugesprochene Erbteil nicht so einfach würden in Besitz nehmen können. Er wäre ein Narr, würde er glauben, es könnte ohne kriegerische Auseinandersetzungen abgehen. Und er war der kommandierende General des israelitischen Heeres.

Wieder blickte er auf das Wasser des Golfs hinunter und ballte seine Fäuste. Es fiel ihm immer noch schwer, sich selbst als großen Krieger zu betrachten. Viel hätte er darum gegeben, wäre da ein ihm sehr nahestehender Mensch gewesen, der ihn mit tröstenden Worten ermutigt hätte. Und obwohl er um die häufigen Meinungsverschiedenheiten in

Moses Verwandschaft wußte, beneidete er seinen Meister doch ein wenig um das Familienleben, um die Freude an seiner Frau und den beiden Söhnen. Es war nicht das erste Mal in seinem Leben, daß er es bereute, nicht verheiratet zu sein.

„Nun, Josua, so nachdenklich?“ wurde er von einer Stimme aus seinen Überlegungen aufgeschreckt. Er blickte zu dem schmalen Weg hin, der sich vom Lager hier heraufwand, und sah Mose mit schnellen Schritten näher kommen.

„Du siehst aus, als würdest du über die Rätsel der Welt nachdenken und könntest keine Lösung finden“, meinte Mose lächelnd.

Josuas Züge nahmen einen Ausdruck der Verlegenheit an. „Ich ... ich habe gerade nachgedacht“, stammelte er.

„Ich glaube, du hast deine Gedanken vorauseilen lassen nach Kanaan und zu den Tagen, die vor uns liegen“, fuhr Mose fort.

„Teilweise schon“, räumte Josua ein.

„Das ist gut“, nickte Mose und klopfte seinem Vertrauten auf die Schulter. Dann setzte er sich neben ihn, zog eine Papyrusrolle aus dem Gürtel und breitete sie aus. „Hier“, sagte Mose und zeigte so ziemlich auf den oberen Kartenrand, „hier ist Kanaan.“

„Ja, Herr“, bestätigte Josua.

„Und hier“, Mose fuhr mit seinem Finger südwärts, „ist Ezion-Geber.“

Josua blickte auf den Punkt, auf den Mose auf der Karte zeigte, und dann schaute er auf die wirkliche Stadt hinunter. „Es liegt noch eine lange Strecke zwischen uns und dem verheißenen Land“, stellte er fest. „Wie viele Tage werden wir etwa bis zu seiner Grenze brauchen?“

„Ich glaube nicht, daß wir uns mit dieser Frage beschäftigen sollten“, meinte Mose achselzuckend. „Jedenfalls jetzt noch nicht.“

Während Mose weiter auf die Karte blickte, erklärte er: „Hobab hat sie für uns gezeichnet. Er ist sehr oft im Auftrag meines Schwiegervaters durch diese Länder gereist und kennt das Gebiet zwischen hier und Kanaan sehr gut. Auch Kanaan selbst ist ihm bekannt. Er wird uns eine große Hilfe sein, je mehr wir uns dem Land nähern. Doch wir wollen nichts übereilen."

Josua hörte nun aufmerksam zu, als Mose ihm erklärte, was in den nächsten Wochen geschehen sollte.

„Wir werden nicht sofort in das Land einrücken", begann Mose. „Eine ganze Reihe unserer angesehensten Ältesten schlugen vor, wir sollten zuerst einmal Kundschafter aussenden, um zu sehen, was uns erwartet. Wir haben bisher ja erst einmal richtig gekämpft, und das gegen Wüstenbewohner. Die meisten Menschen in Kanaan wohnen aber in Städten und Dörfern, und ihr Land ist ganz anders als das Sinai-Gebiet."

Josua nickte. „Das ist ein guter Gedanke, Herr. Außerdem werden die Kanaaniter nun schon von unserer Absicht gehört haben. Die ganze Welt weiß es ja schon. Sie werden sich auf unser Kommen vorbereiten, denke ich."

„Ich freue mich, daß du es auch so siehst", bestätigte der Prophet. „Unsere nächste Aufgabe wird also sein, Männer auszuwählen, die das Land auskundschaften. Es sollten zwölf Männer sein, von jedem Stamm einer. Und es sollten anerkannte Führerpersönlichkeiten ihres Stammes sein."

Wieder nickte Josua zustimmend. Und schon begann er nachzudenken, welche Männer dafür in Frage kommen könnten. Deshalb trafen ihn die nächsten Worte Moses unvorbereitet. „Du wirst natürlich den Stamm Ephraim repräsentieren", sagte dieser wie nebenbei.

Josua fuhr überrascht hoch. „Ich, Herr?" fragte er verwundert.

„Weißt du einen Besseren?" forschte Mose. „Die jungen Männer werden sehr ermutigt sein, wenn ihr Feldherr mit ihnen geht. Außerdem werde ich ruhiger schlafen, wenn ich weiß, daß du sie führst."

Josua fühlte sich bei diesen Worten geschmeichelt, versuchte aber, es nicht zu zeigen. Aufmerksam lauschte er den weiteren Anweisungen seines Meisters.

„Geht zunächst direkt nordwärts, und haltet euch dann etwas westlich", erklärte Mose und fuhr mit dem Finger auf der Karte die Wegstrecke entlang. „Die Straße der Könige, die nordostwärts führt, solltet ihr möglichst vermeiden. Es gibt dort zu viele Ansiedlungen, und wie sich die Edomiter uns gegenüber verhalten, ist nicht sicher. „Geht erst durch den Negev", wieder fuhr er mit dem Finger über die Karte, „und von da in das südliche Hügelgebiet Kanaans, und seht euch das Land genau an. Wir sollten wissen, ob die Menschen, die dort wohnen, stark oder schwach sind, ob es viele sind oder nur wenige; und auch wie das Land beschaffen ist — sehr rauh oder eher leicht zu durchziehen. Die Städte betrachtet besonders genau. Sind es mehr offene Ansiedlungen, oder sind sie stark befestigt? Und wie ist das Land selbst, reich oder arm? Gibt es viele Fruchtbäume und Weinberge und gutes Ackerland? Es ist jetzt Frühlingszeit. Versucht also auch, einige der Früchte des Landes mitzubringen."

Josua nahm alles sorgfältig in sich auf. Er gab sich Mühe, die Karte und alle Namen darauf auswendig zu lernen. „Ich werde mein Bestes tun", versprach er.

Zufrieden rollte Mose die Karte zusammen und übergab sie ihm. „Davon bin ich überzeugt", bestätigte er.

Mit einem Seufzer blickte der Prophet nun auf die kleine Stadt unter ihnen hinab. „Ich erinnere mich noch gut an diesen Ort", sagte er. „Als ich aus Ägypten floh, habe ich hier ausgeruht. Diesmal ist es unser Ausgangspunkt für die letzte Wegstrecke. Doch damals kam es mir wie das Ende der Welt vor. Jedenfalls sind wir hier am Ende der Macht Ägyptens."

Seine Gedanken wanderten Jahrzehnte zurück, während er sich erinnerte: „Ich war damals sehr einsam und auch etwas ängstlich, so wie du jetzt. Denn ich wußte nicht, was vor mir lag."

Wieder schwieg er und blickte seinem jüngeren Freund tief in die Augen. Josua hatte gehofft, seine Sorge, Furcht und auch seine Einsamkeit verstecken zu können. Doch nun war er dankbar dafür, daß Mose erkannt hatte, was seine Seele bewegte, und daß er ihn verstand.

„Ich wußte nicht, was mich in Midian erwarten würde", fuhr Mose nun fort. „Vor allem hätte ich nicht geglaubt, daß ich vierzig Jahre dortbleiben und ein so glückliches Leben mit meiner Familie führen würde. Ich wünsche dir, daß du in Kanaan ein ebensolches Leben findest", fügte er lächelnd hinzu. „Ein erfülltes Leben und Liebe, wie ich es gefunden habe."

30. KAPITEL

Über das hügelige Weideland des südlichen Kanaan strich eine kühle Brise, die sanft die Gesichter und die bloßen Oberkörper von zwölf jungen Männern umschmeichelte. Sie lagen lang ausgestreckt unter dem blauen Himmel, lachten und unterhielten sich und genossen die ersten spärlichen Stunden der Ruhe, die sie sich selbst erlaubt hatten, seit sie das israelitische Lager in der Wildnis von Paran verlassen hatten.

Vor drei Tagen waren sie zu ihrer Kundschafter-Tour aufgebrochen und hatten die rund siebzig Kilometer zwischen dem Negev und dem Hebräerlager in Kadesch-Barnea schnellstens hinter sich gebracht.

An diesem Morgen hatten sie das Hirtenland betreten und andere Kleidung angelegt. Sie trugen nun die langen Gewänder und die Kopfbedeckung der kanaanitischen Hirten und hofften, in dieser Verkleidung nicht als israelitische Kundschafter erkannt zu werden. Sie wollten auch so weit wie möglich vermeiden, mit anderen Menschen, denen sie begegneten, zu sprechen, damit ihr israelitischer Dialekt nicht auffiel.

Und obwohl sie jetzt ausruhten, waren sie dabei doch sehr wachsam. Es konnte ja zu jeder Zeit geschehen, daß eine Gruppe wirklicher Hirten mit ihren Herden auftauchten, denn die Hügel rundum waren voll davon, daß hatten sie während der Vormittagswanderung schon festgestellt. Und wenn andere eine Schar Hirten ohne Herde sahen, würde das sicherlich Verdacht erregen.

Wenn Hobabs Landkarte auch weiterhin zuverlässig war, mußten sie jetzt in der Nähe einer Straße sein, die direkt nach Hebron führte. Waren sie erst auf dieser Straße, konnten sie sich wahrscheinlich etwas freier bewegen, denn andere Reisende würden annehmen, sie seien die Ablösung anderer Hirten.

Doch trotz ihrer ständigen Wachsamkeit waren die jungen Israeliten dankbar für diese Stunden der Ruhe. Seit ihrem Aufbruch aus Ägypten hatten sie noch keine so grünen grasbewachsenen Hügel wieder gesehen, die sich erstreckten, so weit das Auge reichte. Und auch den Gesang der Vögel, der von allen Seiten zu hören war, hatten sie in dem öden Land, das sie durchzogen hatten, sehr vermißt. Doch diese Hügel des südlichen Kanaans waren jetzt im Frühling voller Blumendüfte, voller Farben und voller Harmonien. Überall wiegten sich Blumen im Wind, und in den engen Wadis zwischen den Hügeln sprudelten kleine Bäche.

Josua lag auf dem Rücken und hatte für einige Zeit die Augen geschlossen. Er ließ sich von der Sonne bescheinen und genoß dabei den leichten Wind. Er war gerade vom Bach zurückgekommen, der am Fuß des Hügels entlangfloß. Dort hatte er sich in dem kühlen und klaren Wasser gründlich von dem Schmutz der letzten drei Tage gesäubert. Nun ließ er sein nasses Haar in der Sonne trocknen.

Die ihn oft bedrückende Stimmung der Einsamkeit war seit ihrem Aufbruch aus dem Lager verflogen. Jetzt dachte er über den nächsten Abschnitt ihrer Reise nach und fragte sich, was ihnen wohl alles begegnen würde.

Als plötzlich ein Schatten auf ihn fiel, öffnete er die Augen und sah Kaleb, der sich anschickte, sich neben ihm niederzulassen. „Na", fragte er scherzhaft, „hast du dich auch endlich von dem Wasser trennen können? Wir anderen sind schon fast wieder trocken."

Kaleb schüttelte sein Haar, daß die Wassertropfen nach allen Seiten spritzten. „Weißt du", antwortete er, „ich hätte den ganzen Tag in dem Wasser liegen können. Es war wunderbar. Doch ich meine, wir sollten versuchen, Hebron noch vor Einbruch der Dunkelheit zu erreichen."

„So ist es!" nickte Josua und setzte sich. „Deshalb werden wir nun auch bald aufbrechen."

Kaleb bemerkte, während er über die grünen Hügel hinwegblickte: „Ich staune immer noch darüber, daß wir jetzt hier sind. Während unserer Wanderschaft habe ich manchmal daran gezweifelt, ob wir Kanaan je erreichen würden. Und ich kann es jetzt noch kaum glauben."

Josua strich mit der Hand durch das dick wachsende Gras und scheuchte dabei eine Biene auf, die ärgerlich summend davonflog. Irgendwo aus den Hügeln drang das Blöken von Schafen an seine Ohren, und der Klang von Glöckchen war zu hören, die gewöhnlich Milchziegen um den Hals trugen. Er mußte an ein Lied denken, das sie in Ägypten als Sklaven oft gesungen hatten. Leise flüsterte er: „Milch und Honig . . . "

Kaleb blickte ihn überrascht an. Doch dann flog ein Lächeln über sein Gesicht. „Ja, ein Land, in dem Milch und Honig fließt!" rief er. „O Josua, ich kann mich noch sehr gut an das Lied erinnern."

Und dann legten sich die beiden Männer die Arme um die Schultern, bewegten sich im Takt hin und her und begannen zu singen:

> Milch und Honig!
> Wir werden Milch und Honig haben
> in dem Land unseres Vaters Jakob!
> In dem Tale Jahwes
> werden wir ausruhen!

Den beiden wurde kaum bewußt, daß auch die anderen mit eingestimmt hatten in das alte Lied der Hoffnung, doch nun erscholl es aus zwölf kräftigen Männerkehlen den

Abhang entlang und erfüllte das kleine Tal. Und die Herzen der Sänger wurden ermutigt.

Ja, nun waren sie doch noch nach Kanaan gekommen! Während des Zuges durch die Einöde von Sinai und Negev war ihnen gar nicht mehr so bewußt gewesen, daß ihr Ziel ein Land war, in dem Milch und Honig flossen. Doch heute wurde ihnen inmitten dieses hügeligen und so schönen Weidelandes eindringlich klar, daß sie seit Jahrhunderten die ersten Israeliten waren, die dieses Land betraten, das ihren Vätern und ihnen von Gott für immer verheißen war.

Tränen der Freude liefen aus den Augen der Männer, als sie sich jetzt gegenseitig umarmten und im Takt zu dem Lied zu tanzen begannen wie kleine Kinder.

Da blieb Schammua aus dem Stamme Ruben plötzlich stehen. Seine trotzdem wachsamen Augen hatten auf einem entfernteren Hügelrücken eine Bewegung wahrgenommen. Er legte die Hand über die Augen und blickte aufmerksam in diese Richtung.

„Brüder", rief er dann, „seid still und schaut einmal da hinüber!"

Stille trat ein, und die Blicke der anderen folgten dem ausgestreckten Arm Schammuas. Alle sahen nun, daß eine Handvoll Leute jenen Hügelrücken überquerten.

Sie konnten sechs Männer zählen, die nicht wie Hirten gekleidet waren, sondern eher wie Soldaten. Sie trugen kurze Röcke, an den Unterschenkeln hochgebundene Sandalen und ein kurzes Wams. Zwei von ihnen trugen eine lange Stange auf ihren Schultern, an die sie, mit dem Kopf nach unten, eine große tote Antilope gebunden hatten.

Durch die große Entfernung hätten sie vielleicht den gigantischen Wuchs der fremden Männer gar nicht erkannt, doch da zwei von ihnen die Antilope zwischen sich trugen, deren ungefähre Größe dieser Art auch den Kundschaftern bekannt war, sahen sie, daß es sich buchstäblich um Riesen handeln mußte. Selbst wenn es sich um ein kleineres Exemplar dieser Antilopenart handeln sollte, mußten die Männer alle über zwei Meter groß sein, war es ein normal großes, dann waren auch die Jäger noch größer.

Josua und seine Männer hatten sich hinter einige Büsche geduckt und blieben dort, bis der letzte der Jagdgruppe hinter dem Hügel verschwunden war.

„Also ist es doch wahr", sagte Schaphat vom Stamm Simeon leise.

„Was soll wahr sein?" fragte der Benjaminiter Palti.

„Die Geschichten von den Riesen, die in Kanaan wohnen sollen", meinte Amiel, der Daniter.

Auch Josua hatte schon davon gehört, wollte aber keine sorgenvollen Gedanken aufkommen lassen. Deshalb sagte er schnell: „Also Männer, wir haben doch in diesen Tagen schon eine ganze Reihe Kanaaniter gesehen, aber sie waren alle keine Riesen."

„So ist es", stimmte Kaleb zu. „Wir wollen uns doch nicht selbst verrückt machen mit diesen dummen Geschichten."

„Dumme Geschichte?" wandte Geuel, der Gaditer, ein. „Willst du etwa das, was wir gerade gesehen haben, als *dumm* bezeichnen?"

„Richtig", bestätigten die anderen. „Wir können doch unseren Augen noch trauen."

Und schon begannen sie Geschichten von schrecklichen Unholden und riesigen gepanzerten Kriegern zu erzählen sowie von Kanaanitern, die Menschenfresser sein sollten, so daß ihre Aussichten vielleicht eher darin bestanden, gefressen zu werden, als zu ihrem Volk zurückzukehren.

Nur Josua und Kaleb beteiligten sich nicht an diesen Erzählungen. Doch es gelang ihnen andererseits auch nicht, ihre Begleiter zu bewegen, sich mit anderen Dingen zu beschäftigen. Endlich befahl Josua ärgerlich: „Packt eure Sachen zusammen, wir wollen weiter. Unser Plan ist, heute noch Hebron zu erreichen. Und wenn es dort Riesen gibt, werden wir es ja sehen und später Mose davon berichten.

31. KAPITEL

Von den Kanaanitern, die ihnen bisher begegnet waren und die sie weiterhin trafen, konnten Josua und seine Gefährten sagen, daß sie im allgemeinen eine gutgewachsene und ansehnliche Rasse waren. Doch keiner von ihnen war außergewöhnlich groß.

Nach Hebron hinauf, einer der am höchsten gelegenen Städte Kanaans, stieg der Weg beständig an. Auf der Straße begegneten sie Reisenden aus vielen Völkern, denn es war eine der drei Haupthandelsstraßen nach dem Osten. Doch obwohl auch die Kanaaniter, wie alle anderen Völker rundum, von der erstaunlichen Wanderung des Volkes Israel, von ihrem wundersamen Auszug aus Ägypten und dem großartigen Sieg über die Amalekiter gehört hatten, schöpfte niemand beim Anblick der Männergruppe Verdacht. Dazu war die Straße wohl zu belebt.

Hebron, die erste größere Stadt, die von den Israeliten betreten wurde, seit sie Ägypten verlassen hatten, war für sie ein aufregendes Erlebnis. Sie waren zwar vorsichtig, als sie die kanaanitische Stadt betraten, und benahmen sich so unauffällig wie möglich, trotzdem genossen sie das Stadtleben. Für sie war außerdem dieser Ort mehr als ein Zentrum des Handels und der Zerstreuung. Hier hatte ihr Patriarch Abraham lange gewohnt, und mit ihrer Rückkehr in diese Stadt schloß sich für sie der Kreis der jahrhundertelangen Wanderung Israels.

Obwohl sie nur Kundschafter waren und das Volk sich noch im Negev befand, fühlten sie sich doch wie Rückkehrer in die Heimat, die ihnen so lange versagt geblieben war. Zwar hatten sie das Land noch nicht wieder in Besitz genommen, doch sie waren überzeugt davon, daß sie es erobern würden.

Als sie von Hebron aus in nördlicher Richtung weiterzogen, die Straße führte von hier aus beständig abwärts, betrachteten sie die fruchtbaren Felder rundum mit großer Freude. Genau wie zu Abrahams Zeiten sah man auf den Hängen und Weiden überall Schafherden, und hier und da standen größere und kleinere Baumgruppen, unter denen viele Eichen waren. Hier auf diesen Feldern hatte auch Abraham seine Herden geweidet, und eine dieser schattigen Baumgruppen mochten die Eichen von Mamre sein, wo Abrahams Zelte lange Jahre gestanden hatten.

Außerdem mußte sich in einem der Hügel nahe der Stadt eine Höhle befinden, in der, wie die Überlieferung besagte, Abraham und seine Frau Sarah beerdigt waren.

Ja — diese Gegend war reich an historischen Erinnerungen für die zwölf israelitischen Kundschafter. Die jetzt hier wohnenden Kanaaniter mochte das zwar kaum interessieren, doch die zwölf Männer erinnerten sich gegenseitig immer wieder an diese alten Berichte, während sie die Straße weiterzogen.

Sie hatten allerdings keine Zeit, nach einem alten Höhlengrab oder den Eichen von Mamre zu fragen, da sie an jedem Ort nur kurz verweilen konnten. Denn Mose hatte ihnen nur vierzig Tage Frist gegeben. In dieser Zeit sollten sie das Land erkunden. Sie waren hier mit einem festen Auftrag, und nicht als Touristen. Außerdem konnte es sein, daß sie zu schnell Aufmerksamkeit erregten, wenn sie für bestimmte Dinge zu großes Interesse zeigten oder zu viele Fragen stellten.

Als die Straße sich mehr nach Nordosten wendete, durchzogen sie eine kleine ganz besonders fruchtbare Ebene. Da die überaus üppige Vegetation, die sich an den kleinen Bächen entlangzog, die alle in östliche Richtung flossen, sie besonders erfreute, beschlossen sie, sich hier für die Nacht einen geschützten Lagerplatz zu suchen.

Sie wählten eine Gruppe von Eichen aus, die in einer von einem Bach durchzogenen Senke standen. Jeder kannte seine Aufgabe, und schnell war Holz für das abendliche Feuer gesammelt. Im Bach schien es von Fischen nur so zu wimmeln, denn die drei Männer, die gegangen waren, um im Bach nachzuschauen, kamen schon nach kurzer Zeit mit einer überreichen Mahlzeit der besten Fische wieder. Es dauerte nicht mehr lange, da stieg vom Feuer her allen der verführerische Duft der bratenden Fische in die Nase.

Bald saßen sie beim Abendessen und ließen es sich schmecken. Igal vom Stamm Issaschar lehnte sich nach einiger Zeit genüßlich seufzend zurück und leckte sich die Finger ab. „Ich habe fast so etwas wie ein schlechtes Gewissen", meinte er lachend.

„Ich auch", nickte Gaddiel, der Sebuloniter. „Wenn ich an unsere armen Leute denke, die dort draußen im Lager immer mit Manna zufrieden sein müssen, frage ich mich, warum wir gerade die Glücklichen sind."

Kaleb kicherte leise, während er sein Nachtlager vorbereitete. „Überlegt einmal", erklärte er, „vielleicht haben wir unser Lager gerade an einer Stelle aufgeschlagen, an der auch der alte Abraham manchmal gelagert hat. Wäre das nicht etwas Denkwürdiges?"

Josua nickte. „Möglich ist es", meinte er, „denn der Platz hier eignet sich hervorragend zum Lagern."

Kaum hatte er die Worte ausgesprochen, da kam Nahbi vom Stamm Naphtali herbeigerannt und trat in den Lichtschein des Feuers. „Männer", rief er, „seht her, was ich gefunden habe!"

Er hatte seine beiden Hände wie eine Schale geformt. Und als die anderen sich jetzt um ihn drängten, erblickten sie darin die schönsten und größten Weinbeeren, die sie je gesehen hatten.

„Wo hast du die gefunden?" staunte Josua.

„Nur ein kurzes Stück weiter den Bach hinab", antwortete Nahbi. „Dort gibt es einen ganzen Weinberg davon."

Josua warf Kaleb einen überraschten Blick zu und fuhr alarmiert auf. „Ein ganzer Weinberg?" rief er. „Dann sind wir hier wohl auf privatem Land?"

Doch Nahbi schüttelte den Kopf. „Das glaube ich nicht", entgegnete er. „Es ist kein bearbeiteter Weingarten."

Nachdenklich betrachtete Josua die großen Beeren und schüttelte endlich den Kopf. „Das ist unmöglich", wandte er ein. „Solche prächtigen Früchte können nicht einfach wild wachsen."

„Doch, Josua", widersprach Nahbi. „Es muß so sein. Es gibt dort keine Einzäunung, keine Pfähle für die Weinstöcke und keine Stützen für die Reben. Die Reben an den Weinstöcken wuchern wild nach allen Seiten hin und sind sicherlich seit einigen Jahren nicht mehr gepflegt worden. Einige von ihnen hängen sogar in das Wasser des Baches."

Verwundert meinte Josua: „Das ist fürwahr ein heiliges Land, in dem Milch und Honig fließen. Wo anders, als auf heiligem Boden, könnten solche Früchte einfach wild wachsen, so daß ein jeder sie pflücken kann?"

32. KAPITEL

Obwohl die zwölf Hebräer weiterziehen mußten, merkten sie sich doch ihren nächtlichen Lagerplatz mit dem wilden Weingarten besonders genau. Als Mose sie aussandte, hatte er ihnen befohlen, sie sollten von den Früchten, die im Land Kanaan wuchsen, einige mitbringen. Bessere Beweise für die Fruchtbarkeit des Landes konnten sie wohl nicht finden, als diese prächtigen Weintrauben. Also beschlossen sie, auf dem Rückweg hier wieder Rast zu machen und eine besonders schöne Traube mitzunehmen.

Von hier war ihr nächstes Hauptziel die Stadt Jericho, die zwei Tagereisen entfernt in nordöstlicher Richtung lag. Es war die wichtigste Stadt im ganzen Jordantal. Mit seinen mächtigen Mauern und Türmen war sie eine strategische Festung, die den östlichen Eingang in das Land Kanaan bewachte, und außerdem auch die Kreuzung der drei wichtigen Handelsstraßen, die von Jericho aus nach Norden, Westen und Süden gingen. Keine Erkundung des Landes konnte auch nur annähernd vollständig sein ohne einen Bericht über Jericho. Wenn die Israeliten Kanaan einnehmen wollten, kamen sie nicht an Jericho vorüber.

Die Straße von Hebron aus zu der stark befestigten Stadt ging beständig abwärts. Hebron lag mehr als 800 Meter über dem Meeresspiegel, während Jericho in der Senke des Jordantals etwa 250 Meter unter dem Meeresspiegel lag. Die Reise führte zunächst noch durch Weideland, während das letzte Stück durch eine öde und dürre Gegend ging, die später einmal als Wüste Juda bekannt werden sollte.

Als die Kundschafter gegen Abend des zweiten Tages den ersten Blick auf die Stadt werfen konnten, blieb ihnen fast das Herz stehen. Wenn je Geschichten der riesigen Kanaaniter ihnen Angst gemacht hatten, so taten das jetzt die gewaltigen Mauern und riesigen Türme der Stadt noch viel mehr.

Jerichos Name hatte verschiedene Bedeutungen. Der Platz wurde auch *Palmenstadt* genannt, oder auch *Ort der Düfte.* Und ein weiterer Name war *Stadt des Mondes,* weil hier neben allen anderen Göttern auch noch dem Mondgott besondere Verehrung entgegengebracht wurde.

Obwohl es schon dunkel war, als die zwölf Kundschafter vor den Mauern anlangten, schien der Name *Stadt des Mondes* besonders zutreffend zu sein. Denn die Zinnen und Türme der Stadt wurden vom Silberlicht des Mondes übergossen und machten bei dieser Beleuchtung einen noch trotzigeren Eindruck als am Tage. Die Luft war tatsächlich voller Düfte, die aus den Gärten, die sich rund um die Stadt im Jordantal erstreckten, aufstiegen.

Als die Zwölf jetzt eng zusammengedrängt vor der Stadt standen, tauschten sie leise flüsternd ihre Beobachtungen aus. Dabei fragten sie sich, ob diese gewaltigen Mauern wohl überhaupt je bezwungen werden könnten?

Mehr wie eine Burg als eine Stadt, bedeckte Jericho nur eine Fläche von reichlich zweieinhalb Hektar. Seine Straßen waren so eng, daß in die meisten das Sonnenlicht nie hineinfiel. Gärten und Weinlauben gab es fast nur auf den flachen Dächern der Häuser. Der Palast des Königs krönte die Spitze des Hügels, auf dem die Stadt errichtet war. Viele Häuser waren buchstäblich auf die Stadtmauer gebaut oder hingen an den Mauern in den Zwischenräumen zwischen der äußeren und inneren Mauer der Stadt.

Eine ganze Zeit war kein Wort zu vernehmen, während die zwölf Späher die Stadt betrachteten, so beeindruckt waren sie von dem, was sie sahen. Dann meinte Josua leise: „Diese Mauern müssen etwa so hoch sein wie sechs Männer, die übereinander stehen.“

„Und sie scheinen auch sehr dick zu sein", fügte Kaleb hinzu. „Mir scheint, wenn fünf Männer, die nebeneinander stehen, ihre Arme ausstreckten, würde es knapp reichen für die Breite der Mauer."

Josua setzte sich neben der Straße in das Gras und forderte die anderen mit einer Handbewegung auf, es ihm nachzutun. Als sie noch eine Zeitlang die Stadt betrachtet hatten, schüttelte Josua den Kopf und meinte: „Da haben wir uns Angst machen lassen wegen der Riesen, die es hier geben soll. Doch was wir jetzt sehen, ist viel beeindruckender. Diese Stadt scheint von Riesen erbaut worden zu sein."

Seine elf Begleiter fanden immer noch keine Worte. Jeder grübelte darüber nach, wie sie wohl diese Mauern und Türme bezwingen sollten.

Auf dem freien Feld vor der Mauer war die Stadt umgeben mit einem breiten Gürtel scharfkantiger und spitzer Steine, so daß sich jede angreifende Armee daran die Füße zerreißen würde. Zwischen dem Steinfeld und der Mauer gab es noch einen breiten Wassergraben, der die Stadt ebenfalls völlig einschloß und nur auf Zugbrücken, jeweils an den Toren, überquert werden konnte.

„Herr", wandte sich jetzt Sethur von Asser an ihren Führer, „selbst wenn es möglich wäre, die Mauern niederzureißen, wie aber sollten wir vorher den Wassergraben bezwingen? Wer weiß, was für bösartige Kreaturen unter der Wasseroberfläche darauf lauern, sich an Menschenfleisch sattfressen zu können."

Eifriges Kopfnicken und zustimmendes Gemurmel bestätigte, daß die anderen ebenso dachten und daß ihre Phantasie wieder einmal mit ihnen durchging.

„Wir wollen uns mit dem beschäftigen, was wir wissen", versuchte Josua sie zu beruhigen, und nicht über Dinge nachgrübeln, die vielleicht gar nicht vorhanden sind."

„Aber selbst wenn wir uns an das halten, was wir sehen, so ist das schon schlimm genug", antwortete Gaddi vom Stamm Manasse. „Ich denke, wir sollten umkehren und

Mose berichten, was wir gesehen haben. Welchen Sinn hat es, noch weiterzugehen, wenn wir erkennen können, daß Israel niemals an Jericho vorbeikommt und es nicht bezwingen kann."

Erstaunt wandte Josua sich dem ihm unter den Zwölfen am nächsten Verwandten zu. „Gaddi!" rief er, „du bist wie ich ein Sohn Josephs! Ich hätte von dir mehr Mut erwartet."

Beschämt schlug Gaddi die Augen nieder, doch seine Gefährten verteidigten ihn.

„Mose hat uns aufgetragen, ihm Bericht zu erstatten", argumentierten sie. „Wir wissen jetzt genug und brauchen nicht mehr weiterzugehen. Wir können ihm ganz klar sagen, daß ein Angriff auf Jericho nichts anderes als Selbstmord ist."

Josua runzelte ärgerlich die Stirn. „Denkt ihr alle so?" grollte er.

„Ich nicht!" rief Kaleb. „Brüder", wandte er sich an die anderen, „wo ist euer Glaube geblieben? Denkt an das, was Gott den Ägyptern getan hat und welche Wunder Er in der Wüste für uns tat!"

Dieses Argument brachte die anderen zum Schweigen. Doch es war zu erkennen, daß Kaleb sie nicht überzeugt hatte.

Josua erhob sich. „Kommt", forderte er die anderen auf, „wir werden unser Nachtlager dort aufschlagen, wo auch die Karawanen lagern. Morgen werden wir in die Stadt gehen und sie auskundschaften."

Josua schlief in dieser Nacht nur sehr schlecht. Es war nicht der Lärm des Lagers, der ihn wach hielt, obwohl eine ganze Anzahl von Karawanen und Beduinen mit ihren Tieren vor den Toren der Stadt rasteten. Es war vielmehr die Haltung der anderen Kundschafter, die ihn so sehr in Unruhe versetzte, daß er kaum Schlaf fand.

Während seine Gefährten rundum schliefen, lag er vor innerer Unruhe schlaflos und starrte zu dem Sternenhimmel hinauf. Voller Ärger dachte er daran, wie oft die Israeliten sich in dem vergangenen Jahr schon gegen Gott aufgelehnt und gemurrt hatten, wenn die Lage einmal schwierig wurde.

Wäre Kaleb nicht gewesen, hätte er vielleicht auch aufgegeben und wäre nicht weitergezogen, so müde war er von dem fortwährenden Kampf mit dem Unglauben der anderen. Warum konnten diese Männer, die doch ausgewählte Führer ihrer Stämme waren, so leicht den Mut verlieren? Wie treffend waren Kalebs Worte doch gewesen, als er sie nach ihrem Glauben gefragt hatte. Waren sie nicht in der Lage, ihrem Gott zu vertrauen?

Er gab die Versuche, einzuschlafen, auf. Josua erhob sich und wanderte einige Schritte im Mondlicht hin und her. Überall rund um ihr eigenes Lager schliefen Reisende aus vielen Stämmen und Völkern, die auf den Morgen warteten, um in Jericho Geschäfte zu machen. Andere hatten ihre Geschäfte beendet oder übernachteten hier nur, um am Morgen weiterzuziehen. Es war das erste Mal, seit sie Ägypten verlassen hatten, daß er so vielen verschiedenen heidnischen Menschen so nahe war. Und doch fühlte er sich sehr allein und einsam unter diesen vielen Menschen.

Höchstwahrscheinlich hatten fast alle, die hier lagerten, schon von Israels wundersamer Flucht aus der vierhundertjährigen Gefangenschaft gehört. Und auch über ihren Marsch durch die Wüste wußten sie sicherlich Bescheid. Die meisten fragten sich wohl, was die Hebräer als nächstes unternehmen würden.

Würden die hier Lagernden Verdacht schöpfen und vermuten, daß es sich bei ihnen um israelitische Kundschafter handelte, dann war ihr Leben in größter Gefahr. Deshalb vermied Josua es sorgfältig, den anderen Lagerfeuern zu nahe zu kommen, um mit niemandem sprechen zu müssen. Es ist doch wie Ironie, überlegte er. Wenn die Kanaaniter wüßten, wie mutlos seine Kundschafter waren, würden sie wohl über sie lachen, statt sich vor ihnen zu fürchten.

Ich bin von einem Haufen von Feiglingen umgeben, murmelte er vor sich hin. *Diese Männer, die Vorbilder und Führer in ihren Stämmen sein wollen, machen mir das Leben genauso schwer, als wären es meine Feinde.*

Die Feinde? Josua dachte über dieses Wort nach. Er war der kommandierende General Israels, und deshalb sollte er sich besser um die Natur und Fähigkeit seiner künftigen Gegner kümmern, als sich über den Unglauben und die Feigheit seiner eigenen Männer zu ärgern.

Josua verließ das Lager und ging auf der Straße entlang zur Stadt hin bis zum Wassergraben, der jetzt nicht passiert werden konnte, da für die Nacht die Zugbrücke hochgezogen war. Nachdenklich betrachtete er die Mauern und die auf ihnen stehenden Häuser.

Was waren es für Menschen, die in solch einer Stadt wohnten? fragte er sich. Es mußten stolze Leute sein, stark und rücksichtslos. Nur solche Menschen konnten sich wohl eine solche Festung bauen und Zeit ihres Lebens darin wohnen. Es waren sicher kalte, herzlose und unbarmherzige Leute, die seit Jahrhunderten von ihrem befestigten Platz aus diesen Teil Kanaans beherrschten und diese Herrschaft gegen viele feindliche Angriffe behauptet hatten.

Eines wußte er ganz sicher: Die Bewohner waren Heiden — Götzenanbeter. Sie beteten zu einer ganzen Anzahl falscher Götter und Göttinnen und hatten sich schon lange einem ausschweifenden, unmoralischen und sündhaften Leben hingegeben. Er hatte schon genug von den schrecklichen Praktiken ihrer Religion gehört, zu der Blutvergießen und sexuelle Abartigkeiten gehörten, die mit ihren Zeremonien und Opfern zusammenhingen.

Der Israelit ballte seine Fäuste und dachte an die gerechten und heiligen Gebote des einzig wahren Gottes, dem sie dienten. Ihre Aufgabe würde es sein, diese sündhafte Stadt zu besiegen und die Gottlosigkeit zu vertreiben. Morgen würde er mit seinen Männern in die Stadt gehen. Dann würden auch sie erkennen, warum sie diese gefährliche Reise unternommen hatten und ihr Eifer, gegen solche furchtbaren Sünden zu kämpfen, würde alle kindischen Angstgefühle vertreiben.

Josua fühlte, wie bei diesen Gedanken die Unruhe aus seinem Herzen wich. Er hoffte, nun besser schlafen zu können. Als er noch einen letzten Blick auf die Mauern warf, nahm er in einem erleuchteten Fenster in einem der Häuser auf der Mauer eine Bewegung wahr. Als er aufmerksam hinschaute, sah er, daß sich dort eine junge Frau aus dem erhellten Fenster lehnte.

Offensichtlich wollte sie die kühler werdende Luft noch ein wenig genießen, denn sie hatte ihr Gesicht erhoben und blickte zum Mond hinauf. Was unter ihr vorging, schien sie nicht zu interessieren, deshalb bemerkte sie auch den einsamen Israeliten nicht, der bewundernd zu ihr hinaufstarrte.

Das Licht im Zimmer mußte so stehen, daß dadurch das Gesicht der jungen Frau direkt beleuchtet wurde, denn Josua konnte es deutlich erkennen. Er mußte zugeben, daß er sehr beeindruckt war, denn die junge Frau war überaus schön. Ihre Schönheit wurde noch unterstrichen durch ihr langes Haar, das sie jetzt offen trug und das ihr über die Schultern herunterhing und im Schein der Lampe rötlich schimmerte.

Irgendwie berührte der Anblick dieser jungen Frau sein Herz, und er fühlte ein eigenartiges Gefühl in sich aufsteigen, das ihm bisher fremd gewesen war. Da er sich unbemerkt fühlte, hatte er Zeit, die Fremde länger zu betrachten, was ja sonst unhöflich gewesen wäre. Er fragte sich, welche Gedanken sie wohl bewegten, während sie zum Mond hinaufblickte. Und dabei wurde ihm seine eigene Einsamkeit wieder einmal voll bewußt.

Doch dann wurde er durch eine rauhe Stimme aus seinen Gedanken gerissen. Der Wächter, der über dem Stadttor auf dem Turm stand, fragte sich wohl, warum der einsame Mann auf der anderen Seite des Wassergrabens so lange auf die Mauern starrte, und rief ihn nun an.

Josua fuhr aus seinen Gedanken auf. Ihm wurde plötzlich wieder bewußt, daß er ja auf feindlichem Boden stand und daß im Grunde genommen alle Bewohner dieser Stadt seine Gegner waren.

Er riß sich vom Anblick der jungen Frau los, machte eine beruhigende Handbewegung zu dem Wächter hin und ging zum Lager zurück. Ganz gleich, wie schön die junge Frau war und wie sehr sie ihn beeindruckt hatte, er mußte all solche Gefühle unterdrücken, denn sie war trotz allem eine Heidin. Und ein Israelit hatte kein Recht, nach heidnischen Frauen zu blicken.

33. KAPITEL

Im Sonnenschein des nächsten Morgens wurde auch die Farbenpracht der Stadt ins rechte Licht gerückt, die im bleichen Silberlicht des Mondes doch untergegangen war.

Als Josua sich vom Lagerplatz aus umschaute, fielen ihm vor allem die leuchtend rot blühenden Flamboyants (Feuerbäume) auf, die hier besonders zahlreich wuchsen und so der ganzen Gegend ein farbenprächtiges Gepräge gaben. An anderen Plätzen waren diese Bäume eher selten. Als Josua mit seinen Männern die Stadt betrat, fanden sie auch auf dem Marktplatz in jeder freien Ecke diese leuchtend rot blühenden Bäume.

Der weite Platz, auf dem gehandelt wurde und auch sonst alle möglichen Geschäfte getätigt wurden, war der einzige Ort der ganzen so sehr eng gebauten Stadt, auf den das Sonnenlicht ungehindert und voll fallen konnte. Deshalb konnten auch hier diese wunderschön rot leuchtenden Bäume blühen.

Es war noch früh am Tage, doch der Marktplatz war schon voller Leben, und die Wände der Häuser rundum hallten wider vom Geschrei und Feilschen der Händler.

Da über Jericho fast alle Straßen liefen, die in das Innere Kanaans führten, konnte man hier Händler aus allen Völkern finden, und Waren aus so entfernten Ländern wie Ägypten, Indien, Assyrien und Anatolien, um nur einige zu nennen, wurden angeboten. Josuas Männer merkten bald, daß sie sich hier ihrer Sprache wegen kaum Sorgen machen mußten, denn man hörte einen Kauderwelsch aus allen möglichen Sprachen durcheinander. Und da, wo die Verständigung trotzdem nicht klappen wollte, half man mit den Händen nach.

Doch es waren nicht nur landwirtschaftliche Produkte und Erzeugnisse der Handwerker, mit denen hier gehandelt wurde. Erinnerungen an Ägypten tauchten bei den Israeliten auf, als sie die Podeste der Sklavenhändler sahen, auf denen Menschen wie Vieh gekauft und verkauft wurden.

Mit tiefem Mitgefühl im Herzen beobachteten Josua und seine Männer, wie Kriegsgefangene oder Jugendliche, die als Sklaven geboren waren, hier versteigert wurden wie Schafe und Ziegen. Die Gesichter vieler von ihnen waren voller Angst. Andere wieder ließen alles in stoischer Ruhe über sich ergehen, weil sie sich mit ihrem Schicksal abgefunden hatten. Sie stiegen auf das Podest, lauschten, welcher Preis für sie geboten wurde, und ließen sich dann in Ketten von ihren neuen Eigentümern fortführen. Wenn ihre Augen zufällig denen der Israeliten begegneten, sahen sie darin ein Mitgefühl, das sie sonst nicht kannten. Doch es gab keine Gelegenheit zur Erklärung, und auch keine Möglichkeit zu helfen.

Manche der Sklaven, die verkauft und weggeführt wurden, bekamen gleich erst einmal die Peitsche ihrer neuen Herren zu fühlen, damit sie gar nicht auf den Gedanken kamen, sie könnten sich vielleicht auflehnen.

Vom entfernten Ende des Platzes, wo ein großer Tempel stand, waren Pauken, Tambourins und andere Musikinstrumente zu vernehmen. Menschen brachten dorthin Tiere zu den Götzenpriestern, damit sie auf den Altären Baals und seiner Götzengefährtin Astarte geopfert wurden. Menschenopfer wurden heute nicht dargebracht. Das geschah nur an einigen wenigen besonders hohen Festtagen im Jahr. Doch die Zahl der Opfertiere, die täglich zu den Priestern gebracht wurden, war so groß, daß um die Mittagszeit die Abwasserrinnen, die vom Tempel her kamen, voller Blut waren.

Manche Händler verkauften Götzenbilder. In den Gasthäusern rund um den Markt herrschte schon vom Morgen an reger Betrieb, so daß schon im Laufe des Vormittags manche Betrunkene grölend über den Marktplatz wankten, mit anderen Streit begannen, der hier und da auch in Schlägereien ausartete. Die Sünde und Unmoral in aller möglichen Gestalt feierte hier Orgien.

All das beobachtete Josua mit steigendem Abscheu. Gewiß, er hatte von Berichten her in etwa gewußt, was ihn hier erwartete. Das war auch einer der Gründe gewesen, weshalb er seine Männer in die Stadt gebracht hatte. Sie sollten selbst sehen, wie gottlos und sündhaft es hier zuging. Josua hoffte, daß sie daran erkennen würden, daß der Platz dem Gericht Jahwes verfallen war. Doch so schlimm wie es wirklich war, hatte auch er selbst es sich nicht vorgestellt.

Er war zwar Israels Feldherr, hatte aber nie Freude am Kriegsdienst gehabt. Doch heute spürte er den Wunsch in sich aufsteigen, diese gottlose Stadt mit ihren sündhaften Bewohnern zu vertilgen. Gewiß, Ägypten war auch grausam, lasterhaft und voller Sünde gewesen. Doch hatte man dort wenigstens noch versucht, die lasterhaften Seiten der Gesellschaft künstlich zu verstecken. Hier aber ließ man der Lust am Blutvergießen, den schlimmsten sexuellen Gemeinheiten und allen anderen üblen Sünden offen Raum und erfreute sich noch in aller Öffentlichkeit daran.

Denn es war nicht nur die Art der Opferdienste für Baal, die abstoßend wirkten. Hand in Hand mit dem blutigen Baal war überall die lüsterne Göttin Astarte zu sehen. Und an jeder Ecke und auch mitten auf dem Marktplatz boten die Prostituierten dieser Göttin ihre Körper am hellen Tag schon den Männern als käufliche Ware an.

„Männer“, sagte Josua leise zu den anderen, als sie dieses sündhafte Treiben betrachteten, „kann es einen Zweifel daran geben, daß Jahwe diese Stadt zerstören wird? Warum sollte Er unseren Vätern dieses Land für immer als ihr Eigentum versprochen haben und trotzdem erlauben, daß weiterhin solche Verderbnis und Sünde darin existieren kann?“

Nachdenklich nickten die anderen, denen anzusehen war, wie abstoßend sie das fanden, was sich hier vor ihren Augen abspielte.

Josua führte sie jetzt zur Mitte des Platzes, wo sich ein großer Brunnen befand, der aus drei Quellen gespeist wurde, deren Wasser in dem Becken hoch aufsprudelte. Sie setzten sich an den Brunnenrand und erfrischten sich mit dem kühlen Wasser.

Nahbi wandte sich Josua zu und sagte: „Ich glaube, du hast mit deinen Worten recht, Herr. Doch da sind trotzdem diese gewaltigen Mauern, und die sind unbezwingbar. Wie sollte es unserem Heer gelingen, auch nur einen Fuß in die Stadt zu setzen?“

„Wie konnten wir all die Dinge tun, die wir getan haben, seit Mose zu uns kam und uns aus Ägypten geführt hat?“ argumentierte Josua. Jahwe ist allmächtig. Er ist ein Gott der Wunder. Das haben wir doch schon oft erlebt. Er wird auch hier eine Möglichkeit wissen.“

Wieder stimmten die Männer zu und erinnerten sich gegenseitig an all die Wunder, die sie miterlebt hatten, von den Plagen über die Ägypter angefangen bis hin zur Versorgung durch Manna und Wachteln und den Sieg über die Amalekiter und vieles andere.

Während sie sich noch leise darüber unterhielten, wurden sie durch eine Gruppe von Prostituierten unterbrochen, alle in rote Gewänder gekleidet, die anzeigten, daß es sich um Tempelprostituierte der Astarte handelte. Die Frauen hatten die Männergruppe am Brunnen gesehen und beschlossen, sich ihnen anzubieten.

Sie wußten nicht, in welcher Sprache sie die fremden Männer anreden sollten. Doch die Art, wie sie mit ihren Körpern vor ihnen posierten, sprach lauter, als es alle Worte hätten tun können.

Josua machte eine energische Handbewegung, die den Frauen klarmachen sollte, daß hier kein Interesse an ihnen bestand. Zu seinen Männern sagte er: „Denkt an Sodom und

Gomorrah. Gott versprach unserem Vater Abraham, er wolle die Städte verschonen, wenn sich auch nur zehn Gerechte darin finden ließen." Er machte eine weit ausholende Handbewegung über das hinweg, was sich alles hier auf dem Markt abspielte, und erklärte: „Ich bezweifle, daß wir hier auch nur einen Gerechten finden könnten."

Als er seine Männer jetzt aus der Stadt führen wollte, begannen die Prostituierten zu lachen und laut zu rufen und versuchten, einzelne der Männer aus der Gruppe zu sich zu locken. Sie machten einen solchen Lärm, daß auch andere Leute rundum schon aufmerksam wurden, so daß Josua sich Sorgen machte, man könne sich näher um sie kümmern.

Zu seiner Erleichterung wurden die Prostituierten jetzt von einer anderen Männergruppe abgelenkt, die sich ihnen offensichtlich in der Absicht näherte, ihre Dienste in Anspruch zu nehmen. Als die Frauen mit den anderen Männern davongingen, blieb eine von ihnen zurück und betrachtete die Israeliten mit ungewöhnlicher Freundlichkeit.

Josua war es, als würde ihm jemand ins Herz stechen, denn nun erkannte er die junge Frau, die ihm unter der ganzen Gruppe nicht aufgefallen war. Doch als sie nun allein vor ihm stand und ihn anblickte, begann sein Herz schneller zu schlagen. Jawohl, das war die schöne junge Frau, die er gestern nacht im Schein ihrer Zimmerlampe am Fenster gesehen hatte.

Sie war wie die anderen mit dem roten Gewand der Astarte-Prostituierten bekleidet. Gestern nacht am Fenster hatte sie es wohl nicht mehr getragen. Doch nun wurde es Josua klar: Die junge Frau, die diese seltsamen Gefühle in ihm geweckt hatte, war eine Tempel-Prostituierte — eine Hure.

Erschrocken wich er einen Schritt zurück. In seinem Hals bildete sich ein Kloß, und er schämte sich darüber, daß er an diese Frau überhaupt seine Gedanken verschwendet hatte.

Als er zurückwich, überzog sich das Gesicht der Frau mit einer leichten Röte, und ihre Augen schienen trauriger zu blicken. Sie wandte sich dem Brunnen zu und fragte freundlich: „Möchtest du gern etwas Wasser trinken?“

Ungläubig über das, was er gehört hatte, starrte Josua seine Männer an, die ebenfalls alles staunend beobachteten.

„Sie spricht Hebräisch“, flüsterte Kaleb überrascht.

„Tatsächlich, so ist es“, stimmte Josua atemlos zu.

„Wie kann das nur sein?“ wunderte sich sein Freund.

Die anderen Männer erschraken zutiefst. „Man hat uns erkannt“, murmelten sie untereinander. „Die Frau wird hingehen und uns verraten.“

Aufgeregt bedrängten sie ihren Führer, schnellstens zu gehen. Doch er nahm erst noch das kühle Wasser dankend entgegen, das die junge Frau ihm nun in einem kleinen Gefäß, das sie am Gürtel getragen hatte, anbot. Dabei sagte sie leise, aber freundlich: „Kommt wieder. Mein Haus ist auch euer Haus.“

Josua trank das Wasser und reichte ihr das Gefäß mit einer dankbaren Verbeugung zurück. Auch sie verneigte sich leicht vor ihm, wandte sich dann um und verschwand eilig in dem Getriebe des Marktes.

„Laß uns gehen!“ forderten die Männer und zerrten an seinem Gewand. Josua stimmte zu, und sie verließen eilig die Stadt.

Als er jetzt schweigend vor seinen Männern herging, meinte Josua, jetzt weniger über die Stadt zu wissen als vorher. Das sanfte und freundliche Gesicht der schönen rotgekleideten Frau hatte in seinem Herzen einen Aufruhr der Gefühle erzeugt und ein Hindernis vor ihm aufgetürmt, das ihm schwerer zu überwinden schien als die Mauern der lasterhaften Stadt.

34. KAPITEL

Ehe Josua nach Jericho kam, hatte er keinerlei Furcht noch Bedenken gehabt, obwohl seine Männer, seit sie in der Nähe von Hebron die *Anakim,* oder Riesen, gesehen hatten, immer wieder von Furcht ergriffen wurden. Doch Jericho hatte auch Josuas Herz besorgt gemacht.

Diese Besorgnis hatte allerdings nichts zu tun mit den mächtigen Befestigungen Jerichos, noch mit der Wildheit und Lasterhaftigkeit seiner Bewohner. Die Ursache dafür lag vielmehr in der Tatsache, daß sein Herz beunruhigt war und auch sein Geist sich in einem Dilemma befand.

Die beiden Begegnungen mit der jungen Frau im roten Gewand hatten in ihm Fragen über die Natur seiner Gegner wach werden lassen. Er fragte sich nicht nur, wo diese junge Frau Hebräisch gelernt hatte, sondern auch, wie jemand, die so nett und so freundlich war, denn wohl böse sein konnte.

Gewiß, sie war eine Prostituierte. Und Huren waren böse — oder etwa nicht? Und ohne Zweifel betete sie eine heidnische Göttin an. Und sie betete die Astarte nicht nur an, sondern diente ihr sogar, indem sie im Namen der Göttin Prostitution beging.

Doch irgendwie spürte er, daß in der Seele dieser jungen Frau eine verborgene Sehnsucht lag. Er fragte sich, wie er sich mit der israelitischen Armee gegen diese Stadt wenden konnte, wenn dies auch den Untergang der jungen Frau bedeutete und noch anderer, die vielleicht eine ähnliche Gesinnung hatten wie sie.

Als er in Rephidim die Amalekiter besiegte, hatte er gegen die wildesten Krieger kämpfen müssen, die man sich denken konnte, gegen Männer, die Freude am Blutvergießen hatten und die voller Haß waren. Es war relativ leicht gewesen, in ihnen Feinde zu sehen und ihnen mit der Waffe in der Hand entgegenzutreten. Doch in Jericho wohnten ganze Familien. Da waren zwar tüchtige Kriegsleute, aber eben auch Frauen und Kinder. Wie er den rechten Eifer zum Kampf gegen sie finden sollte, war ihm noch nicht klar.

Solche und ähnliche Gedanken bewegten ihn während ihrer weiteren Reise durch Kanaan.

Die Gruppe der Kundschafter folgte von Jericho aus dem Jordan nordwärts. Dabei vermieden sie die große Straße, soweit es ihnen möglich war, und schlugen auch ihre Nachtlager in versteckt liegenden Tälern oder kleinen Wäldern auf.

Mose hatte ihnen vierzig Tage Zeit gegeben für ihre Kundschaftertour. Sie versuchten nun, jeden Tag eine Strecke von etwa 20 Kilometern zu bewältigen, wobei sie auch noch hier und da kurz anhalten mußten, um sich Eindrücke über die Beschaffenheit des Landes und der Ansiedlungen zu verschaffen. Dies taten sie bis nach Rehob, der am weitesten nordwärts gelegenen Stadt ihrer Reise.

Während die Amalekiter und andere kriegerische Stämme hauptsächlich südlich und südöstlich von Jericho lebten, wurde der nördliche Teil des Landes von den Kanaanitern beherrscht. Auch sie waren tüchtige Krieger. Doch sie wohnten hauptsächlich in Städten und Dörfern und beschäftigten sich mehr mit Ackerbau und Handwerk; während die weniger seßhaften Völker im Süden eher nomadisierende Hirten waren.

Josua und seine Männer sahen, daß die meisten Städte mit Mauern geschützt waren. Allerdings war keine von ihnen so stark befestigt wie Jericho. Trotzdem würde jede einzelne ein Hindernis sein, das nur schwierig einzunehmen war.

Zu ihrer Erleichterung sahen sie keine der riesenhaften *Enakiter* mehr auf ihrem Zug nach Norden. Wahrscheinlich wären sie ihnen gar nicht mehr begegnet, wenn sie nicht, als sie sich wieder südwärts wandten, noch einen Bogen zur Küste des Mittelmeeres hin geschlagen hätten.

Als die Kundschafter sich nun südwestwärts wandten, um sich einen Eindruck von den Städten in der Ebene der Philister zu verschaffen, kamen sie in Berührung mit den dort eingewanderten Nachkommen der Seevölker, die diese Gegend bevölkerten. Diese wiederum hatten sich in den vergangenen Jahrhunderten vermischt mit den Überresten einer riesigen Rasse, den *Sammsumitern;* und daraus war eine außergewöhnlich körperlich große und starke Bevölkerung entstanden.

Voller Angst und Sorge zogen die zwölf Israeliten vom Philisterland aus wieder nach Kadesch-Barnea zum Lager des Volkes. Hatte Josua schon von Hebron an viel Mühe gehabt, seine Gefährten nicht ganz mutlos werden zu lassen, so war es ihm, nachdem sie die Menschen und Städte der Philister gesehen hatten, gar nicht mehr möglich, sie aufzumuntern. Er hoffte, ihr für die Rückkehr noch geplanter Besuch in dem wilden Weingarten, um von dort für Mose Früchte mitzunehmen, würde ihre gegenwärtige schlechte Laune doch noch etwas bessern, sonst würde ihr Bericht vor dem Volk sehr negativ ausfallen.

Es war ein schöner, sonniger Tag, als die Männer zu dem verwilderten Weingarten kamen, der ein wenig nördlich von Hebron lag. Lachend erfrischten sie sich zuerst in dem Bach, ehe sie darangingen, zunächst einmal für sich selbst eine ganze Anzahl der reifen Beeren abzupflücken.

Josua saß auf einem Stein am Rand des Gartens und aß eine Anzahl der Weinbeeren. Kaleb gesellte sich zu ihm und meinte: „Wir haben auf unserer Reise sehr viel gesehen, doch dieser Platz hier beeindruckt mich am meisten.“

„Auch mehr als die Riesen?“ versuchte Josua ihn zu testen.

Der Mann aus dem Stamm Juda zuckte nur mit den Achseln. „In Kanaan wohnen tatsächlich in manchen Gegenden riesige Menschen", räumte er ein. „Doch wenn der Herr uns dieses Land zum Besitz geben will, dann werden wir sie mit Seiner Hilfe auch besiegen."

„Das hast du gut gesagt", lobte Josua. „Auf dich kann ich mich wenigstens verlassen."

Kaleb nahm das Kompliment dankbar entgegen und meinte lächelnd: „Wir sollten diesem Ort einen Namen geben. Wenn wir dann Mose von diesem Platz erzählen und die mitgebrachten Früchte vorweisen, sollten wir auch einen Namen dafür haben."

Josua nickte zustimmend. „Das ist ein guter Gedanke", meinte er. „Hoffentlich fällt uns ein passender ein."

Nachdenklich saßen die beiden Männer eine Weile dort und aßen ihre Trauben. Dann sprang Kaleb auf und rief: „Ich hab's: *Eschkol* ist der richtige Name!" Übersetzt bedeutet das Wort *Traubental.*

„Das ist ein guter Name, so soll der Platz heißen", stimmte Josua zu. „Doch nun laß uns noch Ausschau halten nach einer ganz besonders großen und schönen Weintraube, an der sehr viele Beeren sind. Die wollen wir mitnehmen."

Mittlerweile hatten sich die anderen auch wieder um sie versammelt. Nahbi sagte: „Ich habe dort drüben eine ganz besonders große gesehen. Vielleicht wäre das die richtige."

„Schauen wir sie an", stimmte Josua zu. „Führe uns hin, Nahbi."

Als die Männer vor der großen Traube standen, waren alle der Meinung, daß sie kaum noch eine größere finden könnten. Kaleb zog sein Messer aus dem Gürtel und begann sie abzuschneiden. „Haltet sie fest, damit sie nicht runterfällt und Schaden nimmt", forderte er die anderen auf.

Zwei der Männer hielten sie kurz darauf vorsichtig in den Händen. Kaleb meinte: „Sie ist so groß und schwer, daß einer allein sie kaum tragen kann."

Er lief zu einem am Bach stehenden Baum und schnitt einen langen, geraden Ast ab. An diesem befestigten die

Männer die riesige Traube, und Kaleb und Nahbi legten sich den Ast auf den Rücken und trugen sie zwischen sich.

Josua lachte anerkennend, als er das sah, und rief: „Mose bat uns, einige von den Früchten des Landes mitzubringen. Ihr habt euch ja fast einen ganzen Weinberg aufgeladen.“ Er schaute sich noch einmal um und fügte dann hinzu: „Wir haben uns alle im Bach erfrischt und reichlich von den Weinbeeren gegessen, nun sollten wir uns wieder auf den Weg machen. Es wird Zeit, daß wir nach Kadesch-Barnea kommen.

Zustimmendes Gemurmel wurde laut, und Josua erkannte befriedigt, daß sich die Laune der Männer erheblich gebessert hatte.

Doch gerade als sie ihre bisherigen Sorgen fast vergessen hatten, wurde die neu gefundene Freude von einem Geräusch unterbrochen, das weniger angenehm war. Tief und grollend war der Ton, der vom hinteren Hang her an ihre Ohren drang. Die Männer meinten, es handele sich um das Knurren eines gereizten Raubtiers. Sie sprangen auf und griffen zu ihren Schwertern.

Doch nun erschien auf dem Hügelkamm über ihnen ein Wesen, von dem sie meinten, es müsse fast die Sonne verdunkeln können. Mit offenem Mund betrachteten die Israeliten die näherkommende Gestalt. Das war kein Tier, sondern ein Mensch. Und er war ungeheuerlich. Ganz sicher war er mindestens einen dreiviertel Meter größer als der Größte unter ihnen. Er mußte größer als zweieinhalb Meter sein!

Und sein Körperbau war so gewaltig wie die Mauern von Jericho. Mächtige Muskeln wuchsen an den Armen und Beinen, und unter den breiten Schultern wölbte sich ein Brustkorb von ungeheuren Ausmaßen. Dabei kam keinesfalls der Eindruck auf, der Gigant sei dick, sondern alles an seiner Figur machte den Eindruck von Kraft und Riesenhaftigkeit. In seiner enormen Faust trug er einen Speer, der länger war als er selbst.

Diesen Speer schüttelte er jetzt wütend und schrie die Israeliten dabei so an, daß es wie das Gebrüll eines Löwenrudels klang.

Die meisten der Männer wichen entsetzt zurück und ließen ihre Schwerter fallen, als der Koloß sich ihnen näherte. *Nephilim!* schrien sie, *Nephilim!* weil sie in ihm einen der legendären Giganten erkannten.

„Bleibt stehen!" schrie Josua ihnen zu. „Wir sind in des Herrn Schutz!"

Doch außer Kaleb, der genug Mut hatte und neben Josua aushielt, flohen alle anderen und suchten sich zu verstecken. Nur Nahbi, der gemeinsam mit Kaleb die große Traube trug, konnte nicht davonlaufen. Doch man konnte ihm ansehen, daß er es am liebsten auch getan hätte.

Kurz vor den drei Männern blieb der Riese stehen und senkte seinen Speer. Josua erwartete, er würde ihn jetzt damit durchbohren. Doch zu seinem Erstaunen deutete der Gigant auf die große Weintraube und begann wieder zornig zu schimpfen.

Josua verstand ihn zwar nicht, nickte aber und sagte so ruhig wie möglich: „Ich sehe: Das ist dein Land und dein Weingarten?"

Auch der Nephilim hatte ihn natürlich nicht verstanden. Er zeigte nun mit der Hand zu dem Garten hin, wies mit dem Speer in die Richtung, in die die anderen schon geflohen waren, und begann mit den Füßen zu stampfen, als wolle er sagen, sie sollten schleunigst davongehen.

„Ja, ja", nickte Josua, dem das Herz bis zum Hals schlug, „wir werden gehen, und wir werden keine Weintrauben mehr pflücken."

Josuas Ton schien den Titan zu überzeugen. Die drei Israeliten begannen vorsichtig rückwärts zu gehen, um sich auf diese Weise ein Stück zu entfernen. Sie erwarteten, der Riese würde bleiben, bis sie gegangen waren. Statt dessen rief er ihnen noch einige drohend klingende Worte zu, schüttelte nochmals seinen Speer, drehte sich dann um und ging davon.

Staunend blickten Josua, Kaleb und Nahbi ihm nach. Sie konnten kaum glauben, daß sie noch am Leben waren. Eine Zeitlang blieben sie still stehen, weil sie nicht wußten, ob der Gigant zurückkehren würde.

Mittlerweile senkte sich die Sonne im Westen dem Horizont zu, und es begann zu dämmern. Nun fanden sich nach und nach auch die anderen wieder ein und sammelten ihre Waffen und anderen Habseligkeiten.

„Wir wollten zwar heute nacht hier lagern", sagte Josua leise, „doch ich meine, es ist besser, wir machen uns sofort auf den Weg und gehen im Schutz der Nacht weiter."

Zustimmendes Gemurmel wurde laut. Die Männer schienen bei diesem Entschluß sehr erleichtert zu sein.

„Die Traube nehmen wir natürlich mit", sagte Kaleb fest. „Nahbi und ich werden sie weiter tragen."

„Aber was ist, wenn der Riese uns beobachtet und es nicht zulassen will?" fragte einer ängstlich.

„Du weißt, was Mose uns befohlen hat", erinnerte Josua ihn. „Wir sollen Früchte aus dem Land mitbringen. Also werden wir die Traube mitnehmen."

Eilig machten sie sich nun auf den Weg und waren bald in der zunehmenden Dunkelheit verschwunden.

35. KAPITEL

Schon lange bevor sie das Lager erreichten, drang Musik und Gesang von dort an ihre Ohren. Späher, die nach ihnen Ausschau gehalten hatten, waren ins Lager zurückgeeilt und verkündeten ihre Rückkehr. Aus dem ganzen Lager lief das Volk nun zusammen, um sie willkommen zu heißen und ihren Bericht von dem Land zu hören, das der Herr ihnen versprochen hatte.

Vier Jahrhunderte war es her, seit Jakob mit seiner Familie das verheißene Land verlassen hatte und nach Ägypten gezogen war. Das Volk, das lange in Ägypten und in letzter Zeit auch noch während der Wüstenwanderung viele schwere Prüfungen ertragen hatte, sehnte sich voller Eifer danach, das Land endlich in Besitz zu nehmen. Sie waren überzeugt, daß ihnen nun nichts mehr im Wege stand.

Gewiß, sie hatten oft versagt und den Herrn betrübt. Ihr Glaube war meist sehr schnell geschwunden, und Zweifel und Murren hatten begonnen. Doch mittlerweile hatten sie ihre Lektion wohl gelernt. Sie waren ja angelangt an der Grenze des verheißenen Landes, oder etwa nicht? Wenn sie erst das Land betraten, in dem Milch und Honig floß, würden sie nie mehr zurückschauen.

Josua hätte sich freuen sollen, weil sie sicher zurückgekehrt waren. Doch statt dessen war sein Herz schwer und voller Sorgen, als er jetzt auf die riesige Schar von Menschen blickte, die sich erwartungsvoll versammelt hatten und ihnen freudig zuwinkten und jubelten.

Seit ihrer Begegnung mit dem Riesen in Eschkol hatten

seine Begleiter nur noch von Aussichtslosigkeit und Niederlagen gesprochen. Josua wußte, daß der Bericht dieser Männer voll Mutlosigkeit und Verzweiflung sein würde. Zwar wollte er sein Bestes tun, um das Volk zu inspirieren, doch er würde fast allein stehen gegen den Bericht der anderen.

Als er nun vor Mose und anderen führenden Männern des Volkes stand, versuchte er durch die freudige Begrüßung seines Meisters und durch sein entschlossenes Auftreten seine eigene Unsicherheit zu verbergen.

„Ich grüße dich, Herr!“ sagte er, „und auch dich, Aaron“, wandte er sich dem Bruder des Propheten zu, „und euch alle! Wir danken unserem Gott, daß wir sicher zurückgekehrt sind!“

Jubelnd erwiderten die Israeliten den Gruß Josuas und der anderen Kundschafter.

Mose umarmte seinen Mitarbeiter, machte dann eine weit ausholende Handbewegung zum Volk und schob Josua nach vorn. Sie standen wieder auf der kleinen Erhöhung in der Nähe des Bundeszeltes. „Wir sind alle gespannt, was ihr im Land unserer Väter gesehen habt“, rief der Mann Gottes. „Wir möchten wissen, was uns erwartet, wenn wir unsere Erbschaft in Besitz nehmen wollen.“

Wieder erfüllten Applaus und Jubel die Luft. Josua wandte sich nun an das Volk und versuchte einen zuversichtlichen und freudigen Eindruck zu machen.

Als wieder Ruhe eingekehrt war, begann er: „Wir haben das Land erkundet, wie ihr uns aufgetragen habt. Und ich muß sagen: Es ist wirklich so, wie unsere Väter immer sagten. Es ist ein Land, in dem Milch und Honig fließt!“

Er winkte Kaleb und Nahbi zu sich heran, die immer noch die große Weintraube zwischen sich trugen. „Seht her!“ rief er. „So groß und schön sind die Früchte des Landes!“

Erstaunt über den Anblick der riesigen Weintraube schwiegen die Leute einen Augenblick. Dann brach wieder der Jubel aus. Und schon hörte man hier und da die ersten singen. Und bald sang das ganze Volk:

Milch und Honig!
Wir werden Milch und Honig haben
in dem Land unseres Vaters Jakob!
In dem Tale Jahwes
werden wir ausruhen!

Freudig klatschten sie dazu in die Hände und begannen im Takt zu tanzen, denn sie sahen die Erfüllung des jahrhundertealten Traumes ihres Volkes ganz nahe. Endlich erhob Mose die Hände und forderte wieder Ruhe.

„Ihr habt eure Aufgabe gut erfüllt", lobte Mose die Kundschafter. „Und nun berichtet von den Bewohnern des Landes und ihren Städten!"

Kaleb wollte nun erzählen. Doch ehe er ein Wort sagen konnte, drängten die anderen sich vor und begannen den positiven Bericht ihres Führers in das Gegenteil zu verkehren. Dabei übertrieben sie gewaltig und logen schamlos. Sie malten Kanaan so schwarz, wie es nur ging.

„Es ist tatsächlich ein Land, in dem Milch und Honig fließt", begann Schaphat. „Doch die Bewohner des Landes sind sehr stark, und ihre Städte sind sehr groß und stark befestigt."

„Und außerdem", fuhr Igal fort, „haben wir die Kinder Enaks, die Enakiter, dort gesehen."

Bei der Erwähnung dieses Namens spürte man, wie eine Welle von Furcht durch das Volk ging. Der freudige Jubel ging in ängstliches Murmeln über.

Nun ergriff Palti das Wort: *„Im Negev wohnen die Amalekiter; die Hetiter, Jebusiter und Amoriter wohnen im Gebirge, und die Kanaaniter wohnen am Meer und am Ufer des Jordans."*

Nun erfaßte Verzweiflung die Menschen. Alte Männer rauften sich den Bart, viele Frauen begannen zu weinen, und die Kinder klammerten sich ängstlich an die Gewänder ihrer Mütter. Starke junge Männer begannen den Mut zu verlieren und zitterten.

Als Kaleb sah, wie die Stimmung umschlug, hielt es ihn nicht mehr. Er legte die Stange mit der Traube nieder, drängte sich nach vorn und versuchte die Menschen zu beruhigen: „Brüder und Schwestern", rief er, „laßt euch durch diese üblen Berichte nicht entmutigen. Kanaan ist das Land unserer Väter Abraham, Isaak und Jakob, und unser Gott hat es uns und unseren Kindern versprochen! Ganz gleich, welche Herausforderungen und Schwierigkeiten uns dort erwarten, wir sollten hinaufziehen und es einnehmen. Unser Gott wird mit uns sein, und deshalb werden wir die Schwierigkeiten gewiß bezwingen!"

Diese Worte schienen das wetterwendische Volk wieder zu ermutigen. Doch nur für einen Augenblick. Denn kaum hatte Kaleb geendet, schob Gaddi ihn zur Seite und rief: „Seid nicht töricht! Wir können nicht gegen diese Feinde kämpfen, sie sind zu stark für uns!"

„So ist es!" stimmte Ammiel ihm zu. „Das Land, durch das wir gegangen sind, frißt seine Bewohner. Und alle Leute, die wir dort sahen, sind Riesen!"

Verblüfft wegen dieser enormen Übertreibung, die keinesfalls der Wahrheit entsprach, versuchte Josua sich wieder Gehör zu verschaffen. Doch es war zu spät. Die alten Erzählungen über die gewaltigen Kanaaniter und ihre Nachbarn hatten sich zu tief in das Bewußtsein der Israeliten eingegraben. Vergebens versuchte Josua, den Leuten wieder Vertrauen einzuflößen. Als Sethur jetzt noch begann, war die Menge nicht mehr zu halten.

„Wir haben dort auch *Nephilim* gesehen!" schrie er. „Und wir waren vor ihnen in unseren eigenen Augen wie Heuschrecken!"

Die *Nephilim!* Die Sache mit den Enakitern war schon schlimm genug. Doch *Nephilim?!* Erzählungen über diese riesigen Wesen gehörten ans Lagerfeuer und verursachten Alpträume. Denn sie waren die schlimmsten Wesen in den Überlieferungen der Hebräer. Man sah in ihnen die Nachkommen jener titanischen Rasse, die vor der Sintflut auf der

Erde lebten und halb menschlich und halb dämonisch gewesen waren. Man sah in ihnen Wesen von riesenhaften Dimensionen, die kaum bezwingbar waren.

Lautes Schreckensgeschrei erhob sich. Es dauerte nun auch nicht mehr lange, bis die Angst in Verzweiflung und Zorn umschlug. Josua blickte hilflos auf die immer wütender werdende Menge, die weinte, schrie und tobte. Und nun schrien sie: *„Wären wir doch in Ägypten oder wenigstens hier in der Wüste gestorben! Warum will uns der Herr in jenes Land bringen? Etwa damit wir durch das Schwert umkommen und unsere Frauen und Kinder eine Beute der Feinde werden? Wäre es für uns nicht besser, wir würden nach Ägypten zurückkehren?!"*

Schon sammelten sich die Ältesten und die Mutlosen der Kundschafter und berieten miteinander. „Wir wollen uns einen anderen Führer wählen und nach Ägypten zurückkehren!" riefen sie bald.

Zustimmung wurde überall laut, und schon drängte die Menge nach vorn, auf Mose und Aaron zu, die umringt und zu Boden geworfen wurden. Doch da warf sich Josua dazwischen und schrie die wildesten der Aufrührer an. Bald merkte er, daß auch Kaleb ihm half. Und gemeinsam gelang es ihnen, einen Freiraum zu schaffen, so daß Mose und Aaron sich wieder erheben konnten.

„Zurück, zurück mit euch!" schrie er die Israeliten an. „Was tut ihr, Brüder? Wie könnt ihr euch zu solchen Übeltaten hinreißen lassen?!"

Als den Männern, die über Mose und Aaron hergefallen waren, bewußt wurde, was sie getan hatten, wichen sie noch weiter zurück, und Josua fand Gehör.

„Das Land, durch das wir gezogen sind, ist über die Maßen gut und fruchtbar!" rief er. „Wenn wir dem Herrn gefallen, dann wird Er uns in das Land bringen, wie Er es verheißen hat — in ein Land, in dem Milch und Honig fließt!"

„Hört auf Josua!" rief jetzt auch Kaleb und breitete beschwörend seine Arme aus. „Rebelliert nicht gegen den

Herrn, und fürchtet euch nicht vor den Einwohnern des Landes! Wißt ihr nicht mehr, wie Gott mit den Ägyptern verfahren ist? So wird er uns auch die Bewohner Kanaans zum Raub geben. All ihre Befestigungen werden ihnen nichts nützen, denn mit uns ist der Herr! Fürchtet euch nicht vor ihnen!“

Wieder schien es so, als ob das Volk zu überzeugen wäre. Doch es bedurfte nur des kleinsten Anlasses, um ihre Stimmung wieder umschlagen zu lassen. Wer damit begann, konnte später niemand mehr sagen. Doch von irgendwo aus der Menge kam ein Gegenstand geflogen — vielleicht ein Stück Holz oder ein Stein? Genau wußte es niemand. Doch diesem Gegenstand folgte ein kleiner Stein, dann ein größerer und dann mehrere . . .

„Steinigt sie!“ schrie jemand, und schon nahm die Menge den Ruf auf.

Wie Aussätzige wurden Mose, Aaron, Josua und Kaleb nun durchs Lager gejagt. Hier und da blutend, wo sie von Steinen getroffen waren, flohen sie hinaus in die Wildnis, wo die Amalekiter wohnten. Doch in diesem feindlichen Gebiet schienen sie sicherer zu sein als unter ihrem eigenen Volk.

36. KAPITEL

Während des ganzen nächsten Tages ließ Mose seine drei Gefährten allein. Er zog sich zwischen einige Felsbrocken zurück, die herumlagen, und verbrachte seine Zeit im Gebet. Da sie ihren Führer nicht verlassen wollten und auch nicht wagten, ins Lager zurückzukehren, blieben Aaron, Josua und Kaleb eng beieinander. Sie hofften, der Herr würde Moses Gebete bald erhören und ihm zeigen, was zu tun war.

Aus Erfahrung wußte Josua, daß der Prophet oft einige Tage mit dem Herrn allein blieb. Dies war ja nicht das erste Mal, daß er auf seinen Meister wartete, während dieser im Gebet von Gott Weisung suchte. Doch diesmal war er wenigstens nicht allein. Doch das war in dieser wilden Gegend nur ein geringer Trost. Denn auch die Amalekiter würden sie eher töten als mit ihnen reden, wenn sie von ihnen gefunden würden.

Die drei Männer waren deshalb sehr erleichtert, als der Prophet schon am nächsten Morgen zu ihnen kam und versicherte, sie könnten ohne Gefahr in das Lager zurückkehren.

„Die Herrlichkeit des Herrn ist den Kindern Israel begegnet“, sagte er. „Sie werden uns nichts tun, obwohl die Botschaft, die ich ihnen von Gott ausrichten muß, für sie sehr betrüblich ist.“

Moses Worte bestätigten nur, was seine Gesichtszüge ebenfalls sagten. Sein Gebetskampf mit Gott war mühsam gewesen, und das Ergebnis entmutigend. Tiefe Sorgenfalten durchzogen Moses Gesicht. Der Mann, der nach Tagen in der Gemeinschaft mit Gott und im Gebet stets mit neuem Mut und freudiger Hoffnung zurückgekehrt war, schien diesmal eine schwere Last zu tragen und war vor Kummer niedergedrückt.

Doch außer diesen wenigen Worten sagte er nichts weiter zu seinen drei Gefährten. Welch traurige Nachricht er auch zu überbringen hatte, er würde sie erst mitteilen, wenn das Volk vor ihm versammelt war.

Zwar hätte Josua seinen Meister gern gefragt, was der Herr ihm aufgetragen hatte. Doch er hielt sich zurück, weil er sah, wie Mose litt. Es war ein Hauch von hoffnungsloser Resignation, die den Propheten diesmal umgab. Josua verstand wohl, daß der Herr sehr hart reagieren würde. Denn so oft die Israeliten bisher auch rebelliert und sich aufgelehnt hatten, so schlimm, daß sie ihren von Gott bestimmten Führer steinigen wollten, war es mit ihnen noch nie gewesen. Israel hatte die Lektionen, die Jahwe sie lehren wollte, noch nicht gelernt. Und wenn er Moses Gesicht betrachtete, mußte er sich eingestehen, daß kaum noch Hoffnung auf Änderung bestand.

Als sie jetzt das Lager vor sich hatten, war es genau so, wie Mose es vorausgesagt hatte. Es bestand keinerlei Gefahr für sie. Die gleichen Leute, die sie am Tag zuvor noch töten wollten, waren nun sanft wie die Lämmer. Statt nach einem neuen Führer zu rufen, begrüßten sie Mose mit Tränen der Reue. Alte Männer saßen in Säcken vor ihren Zelten und hatten Asche auf ihr Haar gestreut. Junge Frauen und Kinder drängten sich zusammen, weinten und baten um Vergebung. Und die Männer, die versucht hatten, Mose die Leiterposition streitig zu machen und ihn mit dem Tod bedroht hatten, verbeugten sich vor ihm und suchten seine Gunst.

Doch kein Wort kam von den Lippen des Propheten, während er durchs Lager ging. Erst als er wieder auf der kleinen Erhebung in der Nähe des Bundeszeltes stand, forderte er das Volk auf, sich zu versammeln. Diese Aufforderung wäre allerdings nicht nötig gewesen, denn von allen Seiten kamen die Menschen schweigend und niedergedrückt herbei.

Schweigend drängten sich nun alle so nahe wie möglich heran. Völlige Stille lag jetzt über dem weiten Lager. Und selbst der Wind, der sonst meist über die Wüste strich, hatte sich gänzlich gelegt. Kein Hauch war mehr zu spüren, als Mose mit lauter Stimme, einer Trompete gleich, schrie: *„Wie lange soll es mit dieser bösen Gemeinde so weitergehen, die immer über Mich murrt? Ich habe Mir das Murren der Israeliten jetzt lange genug angehört!"*

Alle wußten, die Worte, die der Prophet jetzt sprach, waren des Herrn Worte, und nicht seine eigenen. Zu oft hatten sie schon gehört, wenn er auf diese Weise redete, um das nicht zu wissen.

Einen kurzen Augenblick schwieg Mose. Josua war es, als müsse er sich erst überwinden, um das zu sagen, was nun folgen würde. Dann fuhr er fort: *„Doch so wahr Ich lebe und die Herrlichkeit des Herrn das ganze Land erfüllt: Alle Männer, die Meine Herrlichkeit und Meine Zeichen gesehen haben, die Ich in Ägypten und in der Wüste vollbracht habe und die Mich jetzt schon zum zehntenmal auf die Probe gestellt und doch nicht auf Mich gehört haben, sie alle werden das Land nicht zu sehen bekommen, das Ich ihren Vätern mit einem Eid zugesichert habe. Keiner von denen, die Mich verachtet haben, wird es zu sehen bekommen!"*

Die Menge war noch dabei, den Sinn der Worte zu verarbeiten, die sie eben aus dem Mund des Mannes Gottes gehört hatten, und sie schienen noch nicht recht verstanden zu haben, was Gott ihnen da gesagt hatte, da trafen sie wiederum harte Worte:

„So wahr Ich lebe, spricht der Herr, Ich will euch das antun, womit ihr Mir die Ohren vollgeschrien habt: Hier in der Wüste sollen eure Leichen liegenbleiben, alle ohne Ausnahme; jeder von euch, der gemustert worden ist, wird sterben, alle Männer von zwanzig Jahren und darüber, die über Mich gemurrt haben.

Keiner von euch wird in das Land kommen, auch wenn Ich Meine Hand erhoben und geschworen habe, euch darin wohnen zu lassen, außer Kaleb, der Sohn Jephunnes, und Josua, der Sohn Nuns. Eure Kinder aber, von denen ihr gesagt habt, sie würden eine Beute der Feinde werden, sie werde Ich in das Land bringen. Sie werden das Land kennenlernen, das ihr verschmäht habt. Eure Leichen aber werden in dieser Wüste liegenbleiben. Eure Söhne müssen vierzig Jahre lang ihr Vieh in der Wüste weiden lassen. Sie haben so lange unter eurer Untreue zu leiden, bis ihr alle tot in der Wüste liegt."

Von Ehrfurcht und gleichzeitig von Entsetzen gepackt, blickten die Menschen einander an. Sie hofften, die Worte falsch verstanden zu haben. Doch als sie in den Gesichtern der anderen die gleiche Verzweiflung sahen, begannen sie Mose zu bitten, für sie Fürsprache bei Jahwe einzulegen. Sicher würde Er noch einmal gnädig sein. Er hatte sich doch in der Vergangenheit schon manchmal umstimmen lassen, wenn Mose Ihn ernstlich darum gebeten hatte.

Doch der Prophet änderte weder durch flehen und bitten noch durch Argumente seine Meinung. Er blieb so hart wie ein Fels. Als er endlich seine Hand hob und Schweigen gebot, geschah es nur, um hinter das soeben Gesagte nochmals Nachdruck zu setzen:

„*Ich, der Herr, habe gesprochen! Unwiderruflich werde Ich es mit dieser ganzen bösen Gemeinde so machen, die sich gegen Mich zusammengerottet hat: In dieser Wüste finden sie ihr Ende. Hier müssen sie sterben!*"

Wie Hammerschläge trafen diese Worte die Herzen der Israeliten. Selbst Josua und Kaleb, von denen ausdrücklich gesagt war, daß allein sie aus dieser Generation überleben würden, fielen auf ihre Knie und waren entsetzt über das Schicksal, das ihr Volk treffen sollte.

Weinen und Klagen in einer Intensität wie noch nie zuvor stieg an diesem Tag aus dem Volk zum Himmel empor. Vielleicht würde Gott Seinen Beschluß doch noch ändern? Hatte er in der Vergangenheit nicht oft mit Strafe gedroht, die Er dann nicht kommen ließ?

Doch diesmal ließ sich Gott zu nichts mehr bewegen. Nicht einmal Mose, der doch die ganze Nacht zu Ihm gefleht hatte, konnte noch etwas ausrichten. Als er das weinende Volk sah und ihre Tränen, die den Sand befeuchteten, ließ er seine Schultern hoffnungslos sinken. Tief nach vorn gebeugt, verließ er die kleine Erhöhung und verschwand schweigend, wie ein Schatten, in der Wüste.

TEIL VI

WÜSTENZEIT

37. KAPITEL

Staub, Sand, Schirmakazien und Dornbüsche. Manchmal hatte Josua das Gefühl, er würde noch durchdrehen von diesem beständigen Einerlei der Landschaft.

Zwanzig Jahre Beduinenleben in der Wüste Zin, abwechselnd mit der Sinai-Wüste und der Wüste von Paran sollten eigentlich genügen, sich an das Knirschen von Sand zwischen den Zähnen und dem heißen Wüstenwind auf dem Gesicht zu gewöhnen. Doch das war nicht so.

Josua war von Natur aus kein Stadtmensch. Obwohl er in Ra-Amses in Ägypten aufgewachsen war, waren seine Vorfahren Hebräer gewesen, und die Liebe für das weite Land lag ihnen im Blut. Doch das Land ihrer Vorväter war keine Wüste gewesen, sondern das Land der grünen Weiden, der Eichenhaine und Wasserbäche, eben das Land, in dem Milch und Honig flossen. Doch sie würden noch weitere zwanzig Jahre warten müssen, ehe sie es betreten konnten.

Dabei war das Leben in einem nicht ortsfesten Lager keineswegs langweilig. Der Umgang mit so schwierigen Menschen wie den Israeliten brachte täglich neue Herausforderungen mit sich. Doch dieses Leben hatte andererseits unaufhörlich mit Sand und dem Einerlei des Hirtendaseins zu tun. Es wurde schwer, dieses Leben manchmal noch zu ertragen; und dies vor allem deshalb, weil das Volk aus all diesen Beschwernissen scheinbar nichts lernte, sondern sich immer wieder gegen den Willen Gottes und Seine Führungen auflehnte.

Wenigstens konnte man das von der älteren Generation sagen. Die Jüngeren, die in der Wüste aufwuchsen, schienen besser in der Lage zu sein, das entbehrungsreiche Leben zu ertragen. Als Josua das Heranwachsen der jüngeren Generation verfolgte, faßte er in ihrem Erwachsenwerden wieder Hoffnung für die Zukunft ihres Volkes.

Doch heute war er besonders mutlos. Er war vom Lager aus ein Stück nordwärts gegangen zu dem Ort, wo das Volk vor achtzehn Jahren einen seiner größten Fehler gemacht hatte.

Als er durch den losen Sand ging, war sein Fuß an etwas Hartes gestoßen. Als er es ausgrub, erkannte er einen amalekitischen Kriegshelm; ein Überbleibsel von einem Ereignis, das er am liebsten ganz vergessen hätte.

Der Helm war ohne Zweifel nach der zweiten Schlacht der Israeliten gegen die Söhne Amaleks hier liegengeblieben. Als sie das erste Mal mit den wilden Wüstenbewohnern zusammengerieten, hatte Josua das Volk bei Rephidim zum Sieg geführt. Gott selbst hatte ihnen im Kampf beigestanden. Und das ganze Volk war seither davon überzeugt, daß niemand anders als Josua der Heerführer Israels sein konnte.

Doch das zweite Mal, als sie sich gegen Amalek wandten, war es zu einer Katastrophe gekommen, da sie nicht nach dem Willen Gottes gefragt hatten. Da es ein Helm mit den Zeichen der südlichen Amalekiter-Stämme aus dem Sinai war, hatte ihn wahrscheinlich ein Israelit getragen, der ihn bei der ersten Schlacht erbeutet hatte. Denn hier an diesem Ort hatten sie gegen die nördlichen Stämme der Amalekiter gekämpft. Der Träger des Helms war wahrscheinlich zusammen mit zehntausend anderen Israeliten im Kampf getötet worden.

Als die Israeliten damals zum Kampf auszogen, hatten weder die Bundeslade noch die Wolkensäule das Lager verlassen. Am Tag nachdem Mose dem Volk Gottes harten Beschluß verkündigt hatte, daß die ältere Generation das verheißene Land nicht betreten würde, sondern in der Wüste sterben mußte, war eine Abordnung zu ihm gekommen, um vielleicht eine Änderung der Absicht Gottes zu erreichen.

„Wir sind gekommen", hatten sie ihrem Führer erklärt, „um uns unter unsere Schuld zu beugen und Gottes Willen zu tun. Wir wissen, daß wir gesündigt haben, und bereuen es. Nun sind wir auch bereit, in das Land zu ziehen, das Gott uns verheißen hat."

Josua war bei Mose gewesen, als die Abordnung zu ihm kam. Er wußte recht gut, wie dickköpfig die Kinder Israels sein konnten, und sah an ihren Gesichtern, daß sie entschlossen waren, ihre Absicht auszuführen. Deshalb erinnerte er sie an den Bericht, den er und die anderen Kundschafter gegeben hatten: „Brüder", sagte er, „vor uns in den Hügeln leben starke Stämme der Amalekiter und auch viele Kanaaniter. Sie wissen sicher um unser Lager hier und haben sich auf unser Kommen vorbereitet."

„Aber wir haben die Amalekiter bei Rephidim schon einmal besiegt", widersprachen sie. „Wenn du uns wieder führst, werden wir sicher auch diesmal gewinnen."

„Warum wollt ihr euch schon wieder gegen den Willen Gottes stellen?" hatte Mose sich eingemischt. „Ihr werdet keinen Erfolg haben. Zieht nicht hinauf, sonst werdet ihr von unseren Feinden niedergeschlagen. Denn der Herr wird nicht mit euch sein."

Doch in ihrer typischen Art hatten sie sich versteift und argumentiert: „Wie kann Gott gegen uns sein, wenn wir doch nur das Erbe Jakobs in Anspruch nehmen wollen. Hat Jahwe es uns nicht verheißen?"

An die daraufhin folgenden Stunden dachte Josua nicht gern zurück. Die Männer waren zornig geworden und hatten den Propheten als einen senilen alten Mann beschimpft, der den Überblick verloren hatte. Sicherlich sollten auch sie das Land schon besitzen, und nicht erst ihre Kinder. Welches Recht sollte Mose also haben, ihnen ihr Erbteil zu verweigern?

Und Josua — würde er nicht mit ihnen kommen? Würde er sie nicht in die Schlacht führen? Er war doch auch einer von ihrer Generation und war ihr anerkannter Heerführer.

Wie konnte er sie jetzt allein lassen, wo sie doch nur tun wollten, was Jahwe befohlen hatte?

Selbst jetzt noch, fast zwei Jahrzehnte später, klopfte Josuas Herz heftiger, als er an die damalige Situation dachte. Er war hin und her gerissen zwischen seinem Auftrag, Israels Armee zu führen, und den Worten des Mannes Gottes, der sie warnte, nicht hinaufzuziehen, weil das gegen den Willen Gottes sei. Er hatte sich daran erinnert, wie diese gleichen Männer in Rephidim unter seiner Führung tapfer gekämpft hatten, und er sah, wie sie jetzt auf ihn hofften. Wie konnte er ihre Bitte abschlagen und nicht mit ihnen hinaufziehen. Doch wenn sie zogen, dann gingen sie in die sichere Niederlage. Schwer war ihm damals die Entscheidung geworden, doch er war bei Mose im Lager geblieben.

Als er jetzt den Helm betrachtete und den Staub der achtzehn Jahre abwischte, mußte er an die tapferen und doch so törichten Krieger denken, die ausgezogen waren. Noch in der gleichen Nacht waren die ersten als Flüchtlinge in das Lager zurückgekehrt, besiegt, aus manchen Wunden blutend und beschämt. Mehr als die Hälfte ihrer Kameraden lagen tot oder verwundet weit verstreut auf dem Kampffeld oder waren auf der Flucht noch von den Amalekitern eingeholt worden. Über eine Strecke von mehr als zwei Kilometern, bis südlich von Hormat, lagen Waffen und andere Ausrüstungsteile verstreut, die sie weggeworfen hatten, um schneller fliehen zu können.

Wessen Helm war das wohl gewesen? fragte er sich. Welcher der vielen Tausende, die gefallen waren, hatte ihn getragen? Oder vielleicht war der israelitische Krieger gar nicht tot, sondern war gefangen worden und in die Sklaverei verkauft? Auch das war durchaus möglich. Vielleicht mußte er seit achtzehn Jahren unter der Peitsche hart arbeiten als Sklave eines Amalekiters oder Kanaaniters.

Josua ballte seine Fäuste und blickte nordwärts, wo das verheißene Land lag. Es war für sie noch immer fremdes Land, bewohnt von ihren Feinden. Der Gedanke, daß manche von denen, die damals nicht wiedergekommen waren, jetzt vielleicht noch Sklavendienste in den ummauerten Städten Kanaans taten, betrübte sein Herz. Der Soldat in ihm verlangte danach, mit dem Schwert in der Faust die Städte zu erobern und die Gefangenen zu befreien. Würde Gott erlaubt haben, jetzt das Land einzunehmen, Josua wäre auf der Stelle losgezogen.

Doch während er diesen Gedanken nachhing, kam ihm plötzlich die rotgekleidete junge Frau aus Jericho wieder in den Sinn. Wie oft in den vergangenen Jahren hatte die Erinnerung an sie ihn beunruhigt. Im Inneren mußte er sich zugeben, daß der Eindruck, den sie damals auf ihn gemacht hatte, heute noch genauso stark war, und irgendwie weckte das in ihm stets zwiespältige Gefühle.

Verwirrt und ein wenig beschämt nahm er den Helm unter den Arm und ging kopfschüttelnd zum Lager zurück. Er wußte genau: Der Tag würde kommen, da mußte er Israels Armee gegen Jericho führen, und ganz gewiß würde der Herr dann keine Weichheit den Feinden gegenüber dulden. Deshalb hatte er oft gebetet, der Herr möge ihm die Gefühle für jene junge Frau aus Jericho aus dem Herzen nehmen. Doch bis heute war das nicht geschehen. Ihm war auch jetzt wieder, als stünde er unter Jerichos Stadtmauer und würde in der Dunkelheit bewundernd zu jenem hell erleuchteten Fenster hinaufschauen.

38. KAPITEL

Die Sonne war schon einige Zeit untergegangen, als Josua ins Lager zurückkehrte. Da der Sabbath mit Sonnenuntergang begonnen hatte, war es ungewöhnlich still. Diese Ruhe würde anhalten bis zum Sonnenuntergang des nächsten Tages.

Josua war noch nicht lange in seinem Zelt und wollte sich gerade mit seinen Angehörigen zum Abendessen niedersetzen, als er von draußen erregtes Gemurmel und das Geräusch vieler Füße hörte. Verwundert schaute er hinaus und sah eine Schar junger Israeliten, die für ihren nationalen Eifer bekannt waren, wie sie einen Mann wie einen Gefangenen mitschleppten, den sie offensichtlich vor den Rat bringen wollten. Josua wußte nicht, was sein Vergehen war. Doch einer der jungen Leute trug einen großen Sack mit Eichenzweigen, der vielleicht als Beweis dienen sollte.

„Wir haben ihn erwischt, als er am Sabbathabend noch Holz sammelte", erklärte einer der jungen Leute auf Josuas Frage. Eilig schloß er sich der Gruppe wieder an, und Josua folgte ihnen, weil er sich fragte, wie Mose auf diese Anschuldigung reagieren würde.

Während der Jahre, seit der Sabbath von Gott als Ruhetag bestimmt war, hatte es kaum Verstöße gegen das Ruhegebot gegeben. Das erste Mal, als die Leute am Sabbath Manna sammeln wollten, hatten sie nichts gefunden. Seither waren sie überzeugt davon, der Herr würde keinerlei am siebten Tag getane Arbeit segnen. Die Strafe für Übertretung des Sabbathgebots war auch bekannt. Und die jungen Männer schienen die Absicht zu haben, ihre Durchsetzung zu verlangen.

Angstschlotternd stand der Holzsammler nun vor dem Versammlungszelt. Seine Hände hatte man auf dem Rücken zusammengebunden, und der Sack mit dem Holz stand vor ihm. „Mose!" riefen die Eiferer. „Mose, komm heraus, wir haben gegen einen Mann Klage zu bringen!"

Nach einigen Augenblicken erschien der Prophet und betrachtete stirnrunzelnd die jungen Männer und ihren zitternden Gefangenen.

„Dieser Mann", begann der Wortführer der jungen Leute, „wurde gefangen, weil er nach Beginn des Sabbaths noch Holz gesammelt hat. Wir meinen, es ist gerecht, wenn er dafür bestraft wird, damit ganz Israel daran erkennt, daß der Herr ein heiliger Gott ist."

„So ist es", fügte ein anderer hinzu und zitierte als Bestätigung das vierte Gebot: *„Gedenke des Sabbaths, halte ihn heilig! Sechs Tage sollst du arbeiten und jede Arbeit tun. Der siebte Tag ist ein Ruhetag, dem Herrn, deinem Gott, geweiht. An ihm darfst du keine Arbeit tun; du, dein Sohn und deine Tochter, dein Sklave und deine Sklavin, dein Vieh und der Fremde, der bei dir ist!"*

Und ein anderer erinnerte Mose noch an Gottes Strafandrohung: *„Jeder, der am Sabbath arbeitet, soll mit dem Tod bestraft werden"*, wiederholte er Gottes Vorschrift.

Es war nicht das erste Mal, daß diese jungen Eiferer in einer Sache Anklagen vorbrachten. Anders als die ältere Generation, von der immer wieder gegen das Gesetz und den Willen Gottes verstoßen wurde und man damit die Geduld Gottes auf die Probe stellte, gehörten diese Burschen zu einer wachsenden Zahl der jungen Generation, die Israel wirklich zu einem heiligen Volk machen wollten. Sie hatten miterlebt, welches Unheil der Ungehorsam ihrer Väter über eine ganze Generation gebracht hatte, und hatten es sich zur Aufgabe gemacht, das Volk von Sünden und Übertretungen zu säubern.

Was Mose von ihnen dachte, war Josua nie ganz klar gewesen. Die meisten Fälle, die sie vor den Propheten brachten, waren von geringer Bedeutung und konnten schnell entschieden werden. Doch sie hatten immerhin dazu beigetragen, das ganze Volk an seine heiligen Wurzeln zu erinnern.

Josua selbst betrachtete die Absichten der jungen Eiferer mit gemischten Gefühlen, denn manchmal artete es in regelrechten Fanatismus aus. Doch andererseits konnte er sie nicht tadeln, denn ihre Liebe zu den Gesetzen Gottes war ein willkommener Kontrast zu der rebellischen Gesinnung der älteren Generation, die Gott oft zum Zorn reizte.

Einige Minuten stand Mose schweigend vor der Gruppe und betrachtete den Angeklagten. Josua allerdings, der seinen Meister gut kannte, bemerkte den inneren Konflikt in Moses Herz. Da war einerseits Mitgefühl mit dem Gefangenen, der noch nach Sonnenuntergang versucht hatte, für seine Familie Feuerholz zu beschaffen. Andererseits aber war da die Achtung vor Jahwes Geboten, die es nicht zuließen, den Mann einfach freizulassen.

Als er endlich sprach, tat er es, um Zeit zu gewinnen. „Ihr habt recht gehandelt, die Übertretung von Gottes Sabbathgebot ernst zu nehmen", lobte er die jungen Eiferer. „Eure Sorge um Gerechtigkeit ist wirklich eine Tugend. Doch da dies ja wirklich der Sabbath ist, wäre es auch nicht recht, heute Gericht zu halten. Der Mann soll in Gewahrsam bleiben, bis der Sabbath vorüber ist. Dann kommt, und bringt eure Klage vor."

Der Prophet wandte sich nach diesen Worten ab und verschwand wieder im Zelt.

Die jungen Männer schauten sich verdutzt an. Sie mußten zugeben, daß Mose recht hatte, fragten sich aber, ob er solche Übertretungen tolerieren wollte. Eifrig miteinander redend, brachten sie den Mann zu den Wachen, die für Gefangene zuständig waren.

Josua ging zum Zelt seiner Familie zurück. Er bewunderte wieder einmal die Fähigkeit seines Meisters, in solchen Situationen schnell einen Ausweg zu finden. Doch er wußte auch, daß Mose mit dieser Frage zu Gott gehen würde und nicht ruhte, bis er Antwort erhielt. Nein, er, Josua, würde keinesfalls mit Mose tauschen wollen. Die Last, die der Mann Gottes trug, schien ihm zu schwer. Wie würde er in dieser Frage nun den richtigen Ausgleich zwischen Gerechtigkeit und Barmherzigkeit finden?

Josua betrat vorsichtig das ziemlich düstere Versammlungszelt. Er zögerte, obwohl Mose ihn hatte rufen lassen. Es war ein sehr trüber Tag, trotzdem brannte keine Lampe im Zelt, so daß es darin ziemlich dunkel war. Aus der kleinen abgeteilten Ecke, in der das Bett des Propheten stand, hörte Josua leises Weinen.

Es war der Tag nach dem Sabbath — und es war ein trauriger und schrecklicher Tag geworden. Es hatte damit begonnen, daß Mose den Richterspruch über den Holzsammler verkündete. Obwohl seine Handlung keine ernste Übertretung des Sabbathgebots zu sein schien, hatte der Allmächtige doch bestimmt, der Übertreter müsse gesteinigt werden. Draußen vor dem Lager sollte das Volk ihn steinigen, bis er tot war.

Abgesehen von einigen Radikalen hatte sich die Menge nur halbherzig versammelt, um Gottes Richterspruch auszuführen. Auch er, Josua, konnte immer noch das Gewicht des einzigen Steins fühlen, den er in die Hand genommen und in die Richtung des auf dem Boden kriechenden Opfers geworfen hatte.

Nun stand er in dem ziemlich dunklen Zelt und sagte leise: „Meister, ich bin es, Josua. Du hast mich rufen lassen."

Das Weinen verstummte, und der Prophet kam aus der Ecke hervor. „Josua", seufzte er, „ich habe mich lange nicht mehr so einsam gefühlt."

Der Diener setzte sich und schwieg respektvoll. Hätte er gewußt, was er sagen sollte, so hätte er trotzdem geschwiegen, denn er spürte, daß sein Meister jetzt nur jemand brauchte, der ihm zuhörte.

„Ach", stöhnte der Mann Gottes, „ich habe immer danach gestrebt, die Wege des Herrn zu erkennen und Seinen Bund zu verstehen. Doch Seine Wege sind oft schwer, Josua. Was hätte ich tun sollen? Ich hätte den Mann verschont und freigelassen, aber Gott erlaubt uns nicht, unserem eigenen Herzen zu folgen. Die Gefühle unseres Herzens können manchmal wie Huren sein, die sich an jeden hängen und allem nachlaufen. Doch wir haben dem Willen und den Geboten Gottes zu folgen und vor Ihm heilig zu sein."

Josua schwieg immer noch. Er würde weiter zuhören, bis Mose sich alle Gedanken und Probleme vom Herzen geredet hatte. Doch es gab andere im Lager, die nicht soviel Verständnis und Sympathie für ihren Führer hatten. Es waren diejenigen, die sich auch bei der Steinigung des Gesetzesübertreters zurückgehalten hatten oder gar nicht dabeigewesen waren, die Unzufriedenen, die im stillen schon lange gegen Mose und seinen, ihn in der Führung des Volkes unterstützenden Bruder Aaron murrten.

Ihre Stimmen waren jetzt vor dem Zelt zu hören. Josua wußte, wer die Leute draußen waren, denn es waren angesehene und bekannte Männer unter dem Volk, die er an ihrer Stimme erkannte. Da waren Führer aus dem Stamm Levi, Mitglieder der Priesterschaft, und auch leitende Männer aus dem Stamm Ruben, der immer eine bevorzugte Stellung eingenommen hatte, weil Ruben der Erstgeborene der Söhne Jakobs gewesen war.

Obwohl die Anzahl der jungen Gesetzeseiferer im Volk immer mehr zunahm, waren diese Männer, die jetzt draußen standen, immer noch die anerkannte Elite Israels, und ihr Wort hatte unter dem Volk Gewicht.

„Mose! Aaron!" schrien sie. „Wir haben jetzt genug von eurer diktatorischen Herrschaft! Kommt heraus und verantwortet euch vor uns!"

Mose gab einen undefinierbaren Laut von sich, wischte die Tränen aus den Augen und ging zum Eingang des Versammlungszeltes. Josua versuchte ihn zurückzuhalten, doch Mose wies ihn zurück.

Als Josua hinter seinem Meister aus dem Zelt in den trüben Tag hinaustrat, sah er eine große Anzahl Männer warten. Es waren alles angesehene und führende Leute aus vielen Stämmen. Josua schätzte, daß es etwa 250 Männer sein mochten. Ihre Sprecher waren der Levite Korah und Dathan und Abiram, zwei Führer aus dem Stamm Ruben.

Aaron, der auf die Versammlung aufmerksam geworden war, eilte jetzt ebenfalls herbei und stellte sich neben seinen Bruder. Gemeinsam lauschten sie erstaunt den vorgebrachten Beschuldigungen der Aufrührer.

„Mose und Aaron, ihr nehmt euch zuviel heraus!“ schrie Korah. „Alle sind heilig, die ganze Gemeinde, und der Herr ist mitten unter ihnen! Warum erhebt ihr euch über die Gemeinde des Herrn?“

Diese Worte schienen für Mose zuviel zu sein, der schon zwei Tage mit sich und Gott gekämpft hatte der Steinigung des Gesetzesbrechers wegen. Das harte Urteil, von dem Gott nicht abgegangen war, hatte ihm schon genug zu schaffen gemacht, und nun kamen noch die Anschuldigungen, er erhebe sich über das Volk Gottes.

Mose sank nieder und fiel auf sein Gesicht und weinte und schrie zu Gott. Als er sich wieder aufrichtete, schaute er die Männer an und sagte:

„Hört, ihr Leviten! Ist es euch noch zu wenig, daß euch der Gott Israels aus der Gemeinde Israels herausgehoben hat, um euch in seine Nähe zu holen, damit ihr an der Wohnstätte des Herrn Dienst tut, vor die Gemeinde tretet und für sie euren Dienst verrichtet? Er hat dich und alle deine Brüder, die Leviten, die bei dir sind, in Seine Nähe geholt. Doch nun wollt ihr auch noch das Amt des Hohenpriesters.“

Er schwieg einen Augenblick und wandte sich dann direkt an Korah. *„Deshalb rottet ihr, du und dein ganzer Anhang, euch gegen den Herrn zusammen. Denn über Ihn, nicht über Aaron, murrt ihr.“*

Doch Korah antwortete ihm: „Du hast dich selbst schon hoch genug über das ganze Volk erhoben. Einen Mann hast du steinigen lassen wegen eines geringen Vergehens. Eure Macht ist euch in den Kopf gestiegen. Wir fragen uns, wohin euch euer Stolz noch treiben wird!"

Die Worte trafen Mose hart. Aaron, der dies auch bemerkte, ergriff den Arm seines Bruders, um ihn zu stützen. Doch der Mann Gottes riß sich los. „Glaubst du, ich hätte mir diesen Auftrag selbst ausgesucht?" rief er mit einer Stimme, die wie Donner grollte. „Die Hand des Herrn liegt mit dieser Last schwer auf mir, und ich würde lieber sterben, als sie weiter zu tragen. Ihr habt es nun weit genug getrieben, ihr Söhne Levis. Gern wäre ich bereit, meinen Auftrag an euch abzugeben, wenn Jahwe es so will."

Einige Augenblicke schwieg er, und etwas ruhiger fuhr er dann fort: *„Morgen früh wird der Herr zeigen, wer zu Ihm gehört, wer der Heilige ist und wer sich Ihm nähern darf. Wen der Herr erwählt, der darf sich Ihm nähern. Du, Korah, und dein ganzer Anhang, macht folgendes: Nehmt eure Räucherpfannen, tut Feuer hinein, und legt Weihrauch für den Herrn darauf, und zwar morgen! Dann wird sich zeigen, wen der Herr erwählt."*

Nach diesen Worten wandte sich Mose abrupt um und ging in das Versammlungszelt zurück, das er den ganzen Tag und die folgende Nacht nicht mehr verließ.

39. KAPITEL

Am nächsten Morgen war vor dem Bundeszelt ein Bild zu sehen, wie es den Israeliten von religiösen Festlichkeiten her bekannt war. Korah stand mit den 250 Leviten vor dem Eingang des Bundeszeltes. Die ganze Schar sang religiöse Lieder. Jeder von ihnen hielt seine bronzene Räucherpfanne in den Händen, in der glühende Kohlen lagen und Weihrauch darauf, der aus allen Pfannen in leichten Rauchsäulen in die Luft stieg.

Gewöhnlich begannen alle religiösen Feste in Israel auf diese Weise. Doch an diesem Morgen war kein Fest angekündigt. Mose hatte ihnen nur gesagt, sie sollten an diesem Morgen mit ihren Räucherpfannen vor dem Zelt des Bundes erscheinen. Auf eine nicht näher bestimmte Art würde Jahwe jemand bezeichnen, der ihr Führer sein sollte.

Es fiel allen auf, daß Dathan und Abiram, die beiden leitenden Männer aus dem Stamm Ruben, die gestern noch gemeinsam mit Korah vor dem Versammlungszelt Mose und Aaron so herausgefordert hatten, nicht anwesend waren. Der Prophet hatte sie ausdrücklich nochmals einladen lassen, da sie auch unter den Kandidaten für den von Gott zu bestimmenden Führer sein sollten. Doch sie hatten abgelehnt und beschuldigten Mose, nur Übles gegen sie zu planen.

„Wir kommen nicht hinauf“, hatten sie antworten lassen. *„Ist es nicht genug, daß du uns aus einem Land, in dem Milch und Honig fließen, hergeholt hast, um uns in der Wüste sterben zu lassen? Willst du dich auch noch als unser Herrscher aufspielen? Du hast uns nicht in ein Land gebracht, in*

dem Milch und Honig fließen, und hast uns keine Felder und Weinberge zum Besitz gegeben. Hältst du diese Männer hier etwa für blind? Wir kommen nicht!"

Mose war über diese Antwort zornig geworden und hatte sich nun ebenfalls zum Zelt des Bundes begeben. Neben ihm ging Aaron. Er hatte seine eigene Räucherpfanne in der Hand und trug die Gewänder und die Kopfbedeckung des Hohenpriesters.

Als der Prophet vor den singenden Leviten stand, hob er eine Hand, und sie verstummten. Atemlose Stille legte sich nun über die ganze Menge, die sich versammelt hatte, um zu sehen, auf welche Weise der Herr einen Leiter erwählen würde.

Josua konnte sich nicht mit dem Gedanken abfinden, einen anderen Mann als Leiter des Volkes zu akzeptieren. Er hatte die ganze Nacht gebetet. Wie sollte jemand gefunden werden, der diese Aufgabe besser bewältigen konnte als Mose? Er hatte auf den Thron Ägyptens verzichtet um dieses Volkes willen. Er hatte sie aus der Sklaverei befreit! Und doch hatten sie nie recht anerkannt, welch großer Mann er war, und waren ihm nie dankbar gewesen.

Auch er stand nun dabei und wußte nicht, was geschehen würde. Aufmerksam schaute er sich nach allen Seiten um und blickte auch zum Himmel hinauf, ob irgendwo ein Zeichen Gottes zu sehen sei. Vielleicht ein Lichtstrahl, der vom Himmel herab auf den fallen würde, den Gott zum Führer bestimmte? Oder würde eine Stimme aus dem Himmel einen Namen rufen? Oder würde die Glut in einer der Räucherpfannen plötzlich zu einer hoch auflodernden grellweißen Flamme werden?

Gott hatte sicher noch mehr Möglichkeiten, einen neuen Führer auszuwählen, als alle Versammelten sich vorstellen konnten. Hatte Mose ihm nicht oft gesagt, daß die Wege des Herrn anders sind als die der Menschen. Vielleicht würde das auch heute wieder so sein.

Während nun alle vor dem Eingang des Bundeszeltes warteten, erschien über dem Zelt selbst ein großes Licht, und eine Stimme sprach vom Himmel herab. Doch statt einen Führer zu bestimmen, waren es Worte des Gerichts, die Gott verkündete.

„Mose! Aaron!“ dröhnte es vom Himmel her, und dabei bebte die Erde unter ihren Füßen, *„Sondert euch von dieser Gemeinde ab. Ich will ihr mit einem Schlag ein Ende bereiten!“*

Erschrocken warfen sich die beiden Brüder auf die Erde, und ohne an ihre eigene Sicherheit zu denken, flehten sie für das Volk um Gnade. *„Gott, Du Gott der Geister, die alle Menschen beleben“*, riefen sie. *„Ein einzelner Mensch sündigt, und Du willst der ganzen Gemeinde dafür zürnen?“*

Doch Jahwe wollte sich nicht beruhigen lassen. *„Sagt der Gemeinde: Entfernt euch aus der Nähe der Zelte Korahs, Dathans und Abirams. Geht weg von den Zelten dieser niederträchtigen Leute, und rührt nichts von all dem an, was ihnen gehört; sonst werdet auch ihr wegen ihrer Sünden mit hinweggerafft!“*

Nun machten sich Mose und Aaron, gefolgt von Josua, auf den Weg zu den Zelten Dathans und Abirams, in deren Nähe auch die Zelte der Sippe Korahs standen. Die 250 Leviten und das Volk folgten ihnen, um zu sehen, was geschehen würde.

Dathan und Abiram traten mit ihren Familien vor ihre Zelte, als der Prophet sich ihnen näherte. Und auch Korah mit seiner Sippe gesellte sich dazu. Alle fragten sich, was der furchterregende Ausdruck auf Moses Gesicht zu bedeuten hatte.

Der Mann Gottes wandte sich dem Volk zu und sagte bekümmert: „Was ihr erleben werdet, geschieht nicht nach meinem Wunsch und Willen. Aber Jahwe will von dem, was Er beschlossen hat, nicht mehr weichen.“

Er hob den Arm und rief laut: *„Daran sollt ihr erkennen, daß der Herr mich gesandt hat, damit ich alle diese Taten vollbringen, und daß ich nicht aus eigenem Antrieb gehandelt habe: Wenn diese Leute sterben, wie jeder Mensch stirbt,* *und wenn sie nur so wie jeder andere Mensch Rechenschaft ablegen müssen, dann hat der Herr mich nicht gesandt. Wenn aber der Herr etwas ganz Ungewöhnliches tut, wenn die Erde ihren Rachen aufreißt und sie verschlingt zusammen mit allem, was ihnen gehört, wenn sie also lebend in die Unterwelt hinabstürzen, dann werdet ihr erkennen, daß diese Leute den Herrn beleidigt haben!"*

Entsetzt wich die Volksmenge weiter zurück, als sie begriffen, was diese Worte bedeuteten.

Als wäre dies das Stichwort gewesen, begann die Erde zu beben, und direkt unter den Zelten der drei rebellischen Männer öffnete sie sich weit und verschlang die drei Männer mit ihren gesamten Familien und all ihrem Besitz, so daß sie lebendig hinunter in die Unterwelt fuhren. Kaum war alles, was den Sippen Korahs, Datans und Abirams gehörte, in die weit offene Grube gestürzt, da schloß sich die Erde auch schon wieder, so daß der Platz nun so aussah, als sei hier nie etwas gewesen.

Den Zuschauern war der Schrecken so in die Glieder gefahren, daß sie für eine Weile wie versteinert standen. Doch plötzlich fuhr Feuer vom Herrn aus und verzehrte die 250 Leviten, die gemeinsam mit Korah gegen Mose und Aaron rebelliert hatten.

Nun erwachte das Volk aus seiner Erstarrung. Voller Entsetzen rannten alle davon, so schnell sie konnten. Keiner fragte mehr, wer von nun an ihre Führer sein sollten. Gott hatte eindeutig klargemacht, daß dies immer noch Mose und Aaron waren.

40. KAPITEL

Dies sollte nun endgültig genug gewesen sein, überlegte Josua. Ganz gewiß würde das Volk die Autorität von Mose und Aaron von nun an nie mehr in Frage stellen. Doch wann hätte es schon eine rebellischere Nation gegeben als Israel?

Gewiß, die Sünden und Ungerechtigkeiten der Heidenvölker waren geradezu abstoßend. Das war auch der Grund, daß Gott sich Israel unter all diesen Völkern auserwählt hatte. Aber gerade die Tatsache, daß Israel das auserwählte Volk Gottes war, machte ihr störrisches und rebellisches Wesen noch bitterer. Denn sie hatten Gottes Gesetze und Seinen Bund erhalten. Sie wußten um die Patriarchen, die mit Gott in Gemeinschaft gelebt hatten, und zu ihnen sandte Gott Seine Propheten. Ihre Berufung war sehr alt. Sie ging zurück bis Noah, Sem und Abraham. Und die Wahrheiten der Lehren Gottes waren in ihrer Mitte durch alle Generationen hindurch lebendig erhalten worden.

Es war deshalb höchst widerlich, daß sie fortwährend den Willen Gottes in Zweifel zogen und sich gegen Ihn auflehnten. Trotz des Todes von Korah, Dathan und Abiram und ihrer Sippen murrte das Volk schon am nächsten Tag wieder gegen Mose und Aaron und gab ihnen die Schuld am Untergang dieser drei Familien und der 250 Leviten.

Gott wurde darüber so zornig, daß er eine Krankheit unter dem Volk ausbrechen ließ, an der innerhalb weniger Stunden viele Tausende starben. Aaron, als Hoherpriester, mußte sich mit seiner Räucherpfanne in die Mitte des Volkes stellen und vor Gott den Weihrauch aufsteigen lassen, um das Volk zu entsühnen, damit Gott versöhnt wurde und die Plage aufhörte. Doch trotzdem waren in den wenigen Stunden schon 14 700 Menschen daran gestorben.

Und als wäre das noch nicht genug gewesen, tat Gott noch ein anderes Zeichen, um Aarons Amt als Hoherpriester zu bestätigen. Er ließ aus Aarons altem Stab neue Zweige wachsen, ließ ihn blühen und grünen und Mandeln tragen, und das alles in einer Nacht. Zum Gedenken an diese Bestätigung Gottes wurde der Stab dann im Bundeszelt in das Allerheiligste gebracht und dort in die Bundeslade gelegt.

Doch das Volk blieb dickköpfig und lehnte sich trotzdem fortwährend gegen Gottes gesalbten Propheten auf, so daß eines Tages auch Mose in höchster Verzweiflung und Frustration ungehorsam wurde. Das war ein furchtbarer Tag für Israel, und auch für Josua, denn an diesem Tag verlor Mose das Recht, das Volk in das verheißene Land zu führen. Und von diesem Tag an legte sich ein Schatten über seine Seele und über die Seele seines treuen Dieners.

Dabei sah es so aus, als sei es nur ein kleines und recht harmloses Vergehen, über das man leicht hinwegsehen oder es schnell vergeben könnte, so wie der Ausrutscher jenes Mannes, der nach Anbruch des Sabbaths noch Holz gesammelt hatte. Doch die Konsequenz von Moses Ungehorsam war genauso niederschmetternd wie die Strafe, die jenem Mann den Tod gebracht hatte.

Es geschah, als das Volk Israel auf seiner Wanderung wieder einmal die Wüste Zin betreten hatte. Außerdem hatte kurz vorher Mose noch einen persönlichen Verlust zu verschmerzen, denn seine geliebte Schwester Miriam war gestorben. In den zurückliegenden Jahren waren schon Moses Vater Amram und seine Mutter Jochebed durch den Tod von ihnen gegangen. Doch seine Schwester gehörte zu seiner eigenen Generation. Sie war es gewesen, die über ihn gewacht hatte, als er als Baby in dem kleinen Kästchen auf dem Nil schwamm, so daß er sicher in die Arme der ägyptischen Prinzessin gekommen war.

Wegen ihrer temperamentvollen Persönlichkeit war es nicht immer leicht gewesen, mit ihr auszukommen. Vor allem Zipporah, Moses Frau, hatte oft Streit mit ihr gehabt. Doch weil sie stets für Sorgen ein offenes Ohr hatte und die Menschen ermutigen konnte, war sie allseits beliebt gewesen. Ihr Tod hinterließ eine schmerzliche Lücke in Moses Herzen.

Dieser schmerzliche Verlust und der folgende Zwischenfall mit dem störrischen Volk waren es, die zu Moses Ungehorsam führten.

Es gab in der Wüste Zin so gut wie kein Wasser, wenigstens nicht dort, wo das Volk lagerte. Und drei Millionen Menschen mit all ihrem Vieh verbrauchten eine große Menge davon. Immer bereit, ihre Unzufriedenheit zum Ausdruck zu bringen, wandten sich die Israeliten auch jetzt wieder gegen ihren Führer und beschuldigten ihn, sie umkommen zu lassen.

Mose redete mit dem Herrn über den Wassermangel. Als er aus Gottes Gegenwart zurückkam, führte er das Volk zu einem großen Felsen. Gott hatte ihm aufgetragen, er und Aaron sollten zu dem Felsen reden, damit Wasser aus ihm hervorsprudeln sollte.

Mose benutzte diese neue Gelegenheit, seine Macht zur Schau zu stellen, um dem Volk endlich genügend Respekt einzujagen, und ging dabei zu weit. Er hielt sich nicht an den Befehl des Herrn, zu dem Felsen zu reden, sondern er hielt dem Volk eine Strafpredigt und rühmte sich damit, aus dem Felsen Wasser fließen zu lassen. Dann hob er seinen Arm und schlug mit seinem Stab zweimal auf den Felsen.

Daraufhin kam tatsächlich in breitem Strom Wasser hervorgestürzt. Doch Gott tat dies nur aus Mitleid mit dem Volk. Zu Mose und Aaron sagte Er tadelnd: *„Weil ihr Mir nicht geglaubt habt und Mich nicht vor den Augen der Israeliten als den Heiligen bezeugen wolltet, darum werdet ihr das Volk nicht in das Land hineinführen, das Ich ihm geben will.“*

Und so hatte Mose, der große Befreier und Führer seines Volkes, in einem Augenblick des Stolzes und des Zornes die Chance verspielt, seinen ursprünglichen Auftrag selbst zu Ende bringen zu können.

Dieser Vorfall lag nun schon neunzehn Jahre zurück, und es waren mittlerweile 39 Jahre vergangen, seit Mose die Israeliten aus Ägypten geführt hatte. Von Moses Generation lebten nur noch einzelne, und auch von Josuas und Kalebs Generation waren die meisten schon gestorben.

Mose hatte Gottes Urteilsspruch wegen seines Ungehorsams am *Haderwasser,* so nannte er seither die aus dem Felsen entsprungene Quelle, dem Volk nicht mitgeteilt, sondern nur seinem treuen und vertrauten Mitarbeiter und Diener Josua wissen lassen. Doch der Kummer darüber hatte seither immer sein Herz bedrückt, das hatte Josua gemerkt. Als nun auch noch sein geliebter Bruder und Mitstreiter Aaron starb, befürchtete Josua, die Seele seines Meisters würde sich von diesem Schlag nie mehr erholen.

Das traurige Ereignis trug sich an einem Punkt zu, der ein Markstein in der Geschichte Israels und seines großen Führers werden sollte. Nach 39 Jahren der Wanderschaft war das Volk nun bereit, endgültig zu seinem ursprünglichen Ziel zu ziehen. Mose glaubte, es sei besser, durch die Gegend östlich des Jordans in das verheißene Land einzuziehen und nicht den Weg durch den Negev zu wählen. Deshalb führte er das Volk an die Grenze Edoms, das Land, in dem die Nachkommen Esaus wohnten. Durch die Jahre hindurch hatte es immer gute Beziehungen zwischen den beiden Völkern gegeben, seit sich Jakob wieder mit seinem älteren Bruder Esau versöhnt hatte. Deshalb hoffte Mose, bei den Edomitern offene Ohren zu finden, als er Boten zu ihnen sandte mit der Bitte, das Volk Israel auf seinem Weg nach Norden durch ihr Land ziehen zu lassen.

Zu seiner und des Volkes Überraschung schlugen ihnen die Edomiter diese Bitte rundweg ab. Mose benutzte all sein diplomatisches Geschick, um sie zu überreden. Er erinnerte sie an die schweren Jahrhunderte Israels in Ägypten, an die wundersame Hilfe Gottes bei ihrer Befreiung und seither während der Wüstenwanderung. Und außerdem versicherte er ihnen, daß sie in Edom beim Durchzug keinerlei Schaden anrichten würden. Doch die Edomiter verschlossen sich ihnen.

„Wir möchten durch dein Land ziehen", bat Mose den König von Edom. *„Wir werden eure Felder und Weinberge nicht betreten und kein Brunnenwasser trinken. Wir werden die Königsstraße benutzen und weder rechts noch links davon abbiegen, bis wir dein Gebiet durchzogen haben."*

Doch alle Überredungskunst half nichts, sondern die Söhne Esaus erklärten, sie würden Israel mit Waffengewalt daran hindern, durch ihr Land zu ziehen. Sie begannen, ihre Grenze zu befestigen und ihre Armee zu sammeln.

An diesem Punkt stellte der Herr Mose auf eine schwere Probe. Sie hatten ihr Lager am Fuß des Berges Hor aufgeschlagen. Dieser Berg steht genau im Dreiländereck, wo die Grenzen Kanaans, Edoms und der Wüste Zin zusammenstießen. Hier wurde Mose noch einmal nachdrücklich daran erinnert, daß er selbst das Volk nicht in das verheißene Land führen würde, was auch für Aaron zutraf. Ja mehr noch, es war nun der Augenblick gekommen, daß auch Aaron von der Erde würde scheiden müssen.

Als Mose wieder einmal Gottes Angesicht suchte, sagte Jahwe zu ihm: *„Aaron wird jetzt mit seinen Vätern vereint. Er wird nicht in das Land kommen, das Ich für die Israeliten bestimmt habe, denn ihr habt euch am Wasser von Meriba gegen Meinen Befehl aufgelehnt. Nimm Aaron und seinen Sohn Eleasar, und führe sie auf den Berg Hor hinauf. Dann nimm Aaron seine Gewänder ab, und lege sie seinem Sohn Eleasar an. Aaron wird dort mit seinen Vätern vereint werden und sterben."*

Josuas Füße schienen wie Blei zu sein, als er seinem Meister an einem dunstigen Morgen die Hänge des Berges hinauf folgte. Mit ihnen gingen Aaron und sein Sohn Eleasar. Mose hatte seinem Diener nicht mitgeteilt, was der Herr ihm gesagt hatte. Doch Josua konnte an dem tiefen Kummer, der über Moses Antlitz lag, erkennen, daß sie auf dem Berg kein Fest feiern wollten.

Aaron und sein Sohn schienen zu wissen, daß der Hohepriester von diesem Leben Abschied nehmen mußte. Wenn Josua daran zurückdachte, wurde ihm klar, daß die Art, wie Vater und Sohn Arm in Arm miteinander gingen, schon anzeigte, daß sie voneinander scheiden mußten.

Als die Gruppe einen etwas ebeneren Platz ein wenig unterhalb des Gipfels erreicht hatte, blieb Mose stehen. Er wandte sich seinem Bruder zu und sah ihn eine ganze Weile schweigend und bekümmert an. Dann nahm er ihm seinen Stab aus der Hand und überreichte ihn Eleasar, der ihn mit bebenden Händen ergriff. Ohne ein weiteres Wort oder irgendwelche Formalitäten fuhr der Prophet fort, Aaron von allen Gewändern, die zu seinem hohepriesterlichen Amt gehörten, zu entkleiden, ihm auch die Brustplatte mit den zwölf Edelsteinen abzunehmen und die hohepriesterliche Kopfbedeckung.

Mit all diesen Dingen bekleidete er nun Eleasar, der auf den Befehl Moses hin seine eigene Kleidung abgelegt hatte, die nun Aaron trug. Dann erhob der Mann Gottes seine Hände, blickte zum Himmel empor und rief: „In Deine Hände, mein Gott, befehle ich den Geist meines Bruders. Tröste seine Seele in Deinem Palast der ewigen Ruhe!“

Ein leichtes Zittern ging durch Aarons Körper, und ganz sanft, wie ein Kind, das gerade einschläft, fiel er in die weit geöffneten Arme seines Bruders. Mose, dem nun die Tränen über das Gesicht liefen, forderte Eleasar und Josua auf, ihm zu helfen. Vorsichtig trugen sie den toten Körper des Hohenpriesters hinunter ins Lager.

Als die Israeliten die drei Männer mit dem Toten zurückkehren sahen, liefen sie zusammen. Überrascht von der Tatsache, daß Aaron nun nicht mehr unter ihnen weilte, standen sie schweigend und niedergedrückt. Viele Jahre hatten sie, neben Mose, auch Aaron das Leben schwer gemacht. Oft hatten sie ihn verantwortlich gemacht für ihre Probleme und Mühsale und hatten die Autorität der beiden Brüder in Frage gestellt. Nun war er von ihnen gegangen — ganz plötzlich, ohne daß vorher jemand auch nur eine Andeutung gemacht hätte. Und nun begannen sie langsam zu erkennen, daß sein Tod in ihrer Mitte eine Lücke hinterließ, von der sie noch nicht wußten, ob jemand sie würde ausfüllen können.

Trauer, Schuldbewußtsein und Reue ergriff die meisten, als die drei Männer den Toten schweigend an ihnen vorübertrugen. In vielen Augen konnte man Tränen sehen. Und es dauerte nicht lange, da begannen sie laut über den Tod Aarons zu klagen.

Lange beweinten sie den Verlust Aarons und klagten lange und laut über ihre eigenen Sünden. Dreißig Tage blieben sie im Lager am Fuße des Berges Hor und beweinten den, dem sie so oft das Leben schwer gemacht hatten.

In diesen dreißig Tagen wich Josua nicht von Moses Seite. Obwohl seine eigene Seele voller Kummer war, spürte er doch, daß sein Meister jetzt jemand brauchte, der zu ihm stand und an den er sich halten konnte.

41. KAPITEL

Die nächsten Tage hinterließen nur eine nebelhafte Erinnerung in Josuas Gedächtnis. Er erfüllte seine täglichen Pflichten, die das Leben forderte, doch ihm war manchmal, als sei in ihm selbst kaum noch Leben. Das vorherrschende Gefühl, an das er sich erinnerte, war Angst. Es war eine Furcht davor, daß Jahwe sich als unbarmherziger Tyrann erweisen könnte, der jeden Augenblick seinem Meister, und damit auch ihm und dem ganzen Volk, weitere Schicksalsschläge austeilen würde. Oder mußte er gar damit rechnen, daß Gott auch Mose noch hinwegnahm? Ein entsetzlicher Gedanke!

In den vergangenen 39 Jahren hatte er all seine Kräfte eingesetzt und sein Bestes getan, um Gott zu dienen. Er war auch immer der Meinung gewesen, er habe im Dienst des Mannes Gottes nach und nach mehr von den Wegen und dem Wesen Gottes gelernt. Doch nun schien es ihm manchmal, er wisse weniger von dem Gott seiner Väter als zu dem Zeitpunkt, da er Ihm zu dienen begann.

Und jetzt, da er selbst auf einem inneren Tiefpunkt angekommen war, wurde er unglaublicherweise auch noch gefordert, Israels Heer in den Kampf zu führen. Es war schon fast vier Jahrzehnte her, seit er mit den Kämpfern des Volkes jenen großen Sieg über die Amalekiter errang. Doch immer noch war er der anerkannte Heerführer und wurde für ein militärisches Genie gehalten. Sein Sieg über die Amalekiter in Rephidim, nunmehr schon eine Generation zurück, war zu so etwas wie einer Legende im Volk geworden. Und obwohl nunmehr nur noch ganz wenige Männer zur Streitmacht

Israels zählten, die damals schon dabeigewesen waren, achteten ihn alle als den General, der dem Volk militärische Tugenden beigebracht hatte.

Weil Edom sich weigerte, Israel durch sein Land ziehen zu lassen, sahen sie sich gezwungen, einen weiteren Bogen nach Osten zu schlagen und durch den Negev zu ziehen. Die dort wohnenden Amoriter und Kanaaniter würden ihnen freiwillig den Durchzug auch nicht erlauben. Deshalb war Krieg unvermeidlich. Und Israel erwartete, daß ihr berühmter Heerführer auch diesmal die Armee in den Kampf führen würde.

Wenn Josua auf diese Kämpfe zurückblickte, fragte er sich immer noch, wie sie damals siegreich gewesen waren. Er erinnerte sich noch an das Kampfgetöse, an die unvermeidlichen Staub- und Sandwolken über dem Schlachtfeld, an die Schreie der Verwundeten und das Aufeinanderschlagen von Waffen und Schilden; doch Einzelheiten waren seinem Gedächtnis entschwunden.

Niedergeschlagen und innerlich hin und her gerissen, wurde er wie auf Flügeln durch die Zeit des Kampfes getragen. Eine Kraft, die sicher nicht aus ihm selbst gekommen war, trug ihn und seine Männer durch die großen und kleineren Schlachten zum Sieg. Als die Kampfzeit vorüber war, besaßen sie die Städte des Negev.

Mitten im Kampf war Josua die Hilfe der Hand Gottes nicht bewußt geworden. Erst als er darauf zurückblickte, wurde ihm das klar. Auch die Ehren, die ihm zuteil wurden, als sie siegreich zurückkehrten, nahm er in äußerlich guter Haltung entgegen, wie sich das für einen siegreichen General gehörte. Innerlich aber fühlte er keine Genugtuung, sondern er ertrug den Beifall mehr als daß er ihn genoß.

Die Israeliten feierten die Siege lange und nachhaltig. Waren es doch die ersten militärischen Erfolge, die sie in der Nähe der Grenzen des ihnen verheißenen Landes errangen. Doch Josua kamen all diese Festlichkeiten leer und hohl vor, da er innerlich noch nicht mit seinen Zweifeln fertig geworden war, die an seinem Glauben nagten.

An diesem Abend hatten sich im Versammlungszelt die Ältesten des Volkes eingefunden. Voller Eifer berieten sie die nächsten Schritte, die zu tun waren, und überlegten, wie sie am besten mit ihren heidnischen Nachbarn fertig werden konnten, die noch zwischen ihnen und dem verheißenen Land standen. Doch Josua war nicht zu der Beratung gegangen, sondern war in seinem eigenen Zelt geblieben. Er hatte noch Zweifel daran, daß die errungenen Siege nun der Anfang vom Ende ihrer Wanderschaft waren. Zu oft hatte Gott in der Vergangenheit Wunder für sie getan, und dann waren durch die Verstocktheit des Volkes doch wieder Fehlschläge daraus geworden.

Alles Interesse an militärischer Taktik und strategischen Überlegungen schien ihm entschwunden zu sein. Er fragte sich, warum Gott ausgerechnet ihn aus seiner Generation ausersehen hatte, der noch weiterleben konnte. Gewiß, auch seinem Jugendfreund Kaleb war dieses Vorrecht von Gott zuteil geworden. Josua überlegte, wie sein langjähriger Freund diese Ehre wohl verarbeitete.

Kaleb seinerseits dachte gerade in diesen Augenblicken an Josua. Er hatte unter den Versammelten Umschau gehalten und konnte Josua nicht entdecken. Deshalb kam er kurze Zeit später, um ihn zu holen.

„Wie können wir die nächsten Schritte unseres Heeres planen, wenn unser General nicht dabei ist?“ fragte Kaleb, als er Josuas Zelt betrat und ihn im matten Schein einer kleinen Öllampe sitzen sah. „Komm mit, wir brauchen dich bei unseren Beratungen.“

„Die Ältesten kommen auch ohne mich ganz gut zurecht“, antwortete Josua.

Kaleb setzte sich ihm gegenüber und studierte das düstere Gesicht seines Freundes. „Hat dich etwa wieder die Erschlaffung gepackt, die großen Anstrengungen und Siegen meist folgt?“ vermutete er.

Josua zuckte mit den Achseln. „Vielleicht“, seufzte er.

„Aber das kann nicht alles sein“, meinte Kaleb nachdenklich. „Ich beobachte dich schon eine ganze Zeit recht besorgt. Seit Aarons Tod bist du nicht mehr derselbe. Was bedrückt dich, mein Freund?“

Wenn es überhaupt jemand gab, dem er seine innerste Zerrissenheit anvertrauen konnte, dann Kaleb, das wußte Josua. Trotzdem schämte er sich zuzugeben, welche Befürchtungen er hegte.

„Dein Glaube ist ja stets unerschütterlich“, antwortete er zögernd. „Er ist wohl viel stärker als der meine. Ich kann nicht recht verstehen, warum Jahwe mich auserwählt hat, unser Heer zu führen, und nicht dich.“

Bei diesen Worten schüttelte Kaleb stirnrunzelnd den Kopf. „Was hast du nur, Josua“, redete er ihm zu. „Du bist ja nicht nur ein Kriegsheld. Du warst auch ein großartiger Führer, als wir Zwölf vor vielen Jahren auszogen, um Kanaan zu erkunden. Du bist der Mann, der seit fast vierzig Jahren Mose gedient hat, und bist sein engster Vertrauter. Auf dich hat Gott Seine Hand gelegt, das ist uns allen klar, und du wirst eines Tages sicherlich der Führer unseres Volkes sein. Warum also bist du so verzagt?“

Plötzlich war es Josua, als ob alle angestauten Gefühle der letzten Zeit in einer gewaltigen Welle über ihm zusammenschlagen wollten. Er sprang auf. „Ich?“ schrie er. „Ich sollte Moses Platz einnehmen? Niemals! Lieber würde ich sterben, als ihn auf diese Weise zu verraten!“

Überrascht von diesem seelischen Ausbruch blickte Kaleb seinen Freund an. „Verraten?“ staunte er. „Wieso wäre es Verrat, Moses Nachfolger zu sein?“

„Das ist doch klar!“ rief Josua. „Warum sollte ich das Vorrecht haben, Israel in das uns verheißene Land zu führen, wenn meinem von mir verehrten und geliebten Meister diese Ehre nicht zuteil wird? Ich würde lieber sterben, als diese Ehre für mich in Anspruch zu nehmen!“

Da war es geschehen! Unter dem Druck, unter dem er bei seinem Gefühlsausbruch stand, hatte er gesagt, was er nicht hätte sagen dürfen, weil er seinem Meister versprochen hatte, darüber zu schweigen, bis es Zeit war. Nun hatte er Mose tatsächlich verraten und sein Vertrauen mißbraucht. Niemand sonst in Israel wußte bisher, daß Gott seinem treuen Knecht verwehrt hatte, die Kinder Jakobs in das Land Kanaan zu führen.

Verwundert versuchte Kaleb die Erregung seines Freundes und dessen Worte zu verstehen. „Was redest du da eigentlich?“ fragte er. „Wieso sollte Mose diese Ehre nicht zuteil werden?“

Verzagt und bleich setzte sich Josua wieder und stützte den Kopf in die Hände. „Seit neunzehn Jahren habe ich das Geheimnis nun für mich behalten“, stöhnte er. „Und ich hätte es dir auch jetzt nicht sagen dürfen. Versprich mir, daß meine Worte nicht über dieses Zelt hinausgehen.“

Kaleb schwieg und versuchte, die Worte seines Freundes zu verarbeiten. Da packte Josua ihn heftig am Arm, zerrte daran und forderte: „Versprich es!“

Kaleb zuckte zusammen. „Natürlich“, bestätigte er kopfnickend. „Du weißt doch, daß ich ein Geheimnis für mich behalten kann.“

Josua zog seine Hand zurück und berichtete leise: „Vor neunzehn Jahren erzählte mir mein Meister von der Strafe, die Jahwe über ihn und seinen Bruder Aaron verhängt hatte. Du erinnerst dich sicher daran, wie er in der Wüste Zin den Felsen mit dem Stab zweimal schlug, und anschließend floß ein breiter Strahl Wasser aus ihm hervor. Weil er und Aaron damals dafür nicht dem Herrn die Ehre gaben, sondern den Anschein erweckten, sie hätten das aus eigener Machtvollkommenheit getan, verweigerte Gott ihnen die Möglichkeit, mit nach Kanaan einzuziehen.“

Kaleb lehnte sich weit nach vorn. Staunend fragte er: „Wie kann das sein? Waren sie denn ungehorsam?“

Wieder zuckte Josua mit den Achseln. „Gott hat ihnen wohl gesagt, sie sollten mit dem Felsen reden, damit er sein Wasser gibt. Doch die beiden wollten wohl zeigen, was sie selbst konnten. Deshalb gebrauchte Mose den Stab auf falsche Weise." Es fiel dem treuen Diener schwer, dies zuzugeben. Er war selbst erst nach vielen inneren Kämpfen zu dieser Ansicht gelangt.

„Aber, ist nicht das Urteil Jahwes in diesem Punkt viel zu hart?" fuhr er fort. Man konnte seinem Gesicht dabei ansehen, daß er sich noch immer nicht damit abgefunden hatte. „Ich kann verstehen, daß Er Korah und die anderen Aufrührer vernichtete. Doch für eine so kleine Entgleisung den beiden besten Männern Israels eine solch harte Strafe aufzulegen . . .? Der eine ist mittlerweile schon gestorben, statt das verheißene Land zu sehen."

Kopfschüttelnd saß Kaleb auf dem Stuhl und hing seinen Gedanken nach. Nun konnte er Josuas Frustration und seine innere Not verstehen. Ihm wäre es an der Stelle seines Freundes wohl genauso gegangen.

Kaleb erhob sich und legte seinem Freund tröstend die Hand auf die Schulter. „Das ist eine Sache, die man wirklich nur sehr schwer verstehen kann", stimmte er ihm zu. „Doch es ist in Zeiten wie dieser, daß wir uns an die großen Wundertaten Gottes erinnern sollten und auch daran, daß Gottes Wege nicht immer die unseren sind. Ich glaube, Jahwe liebt Mose mehr, als jemand von uns ihn je lieben könnte. Gott weiß am besten, was Er tut. Und zur rechten Zeit wird Er deinen Meister noch mehr erhöhen, als Er es bisher schon getan hat."

Josua hatte die Augen geschlossen und kämpfte mit den Tränen. „Ich hoffe, du hast recht", flüsterte er. „Denn wenn du nicht recht hast, dann ist für keinen von uns Hoffnung."

42. KAPITEL

Ein leichter Wind wehte vom Golf von Akaba her über Israels Lager. Während ihrer vierzigjährigen Wanderschaft waren sie schon einige Male für längere Zeit hier gewesen. Jedesmal fiel Josua dann die Unterhaltung wieder ein, die er hier mit Mose geführt hatte, bevor dieser ihn mit den anderen elf Kundschaftern nach Kanaan sandte.

Josua erinnerte sich genau. Damals war er noch viel jünger gewesen, und es war eine Zeit voller Erwartung und Eifer. Und bei jener Unterhaltung hatte Mose ihm nicht nur Erfolg für die Kundschafterreise gewünscht, sondern er hatte hinzugefügt: „Ich wünsche dir, daß du in Kanaan ein ebenso erfülltes Leben und Liebe findest, wie ich es gefunden habe."

Nun saß Josua wieder am gleichen Platz und blickte über den Golf hinweg. Unter ihm breitete sich das riesige Lager Israels nach allen Seiten aus. Mehr als die Hälfte der Israeliten dort unten war erst nach ihrer Flucht aus Ägypten geboren worden. Sie kannten kein anderes Leben als das der unruhigen Wanderschaft. Sie hatten keine der Wunder gesehen, mit denen Jahwe sie aus der Hand Pharaos befreit hatte, und hatten den großen Sieg über Amalek nicht miterlebt. Sie waren auch nicht dabeigewesen, als Gottes Stimme vom heiligen Berg im Sinai zu ihnen redete, und sie hatten die Gesetze und Ordnungen, nach denen ihr Volk lebte, sozusagen aus zweiter Hand empfangen.

Und heute waren sie nun wieder an diesem Platz. In all den Jahren ihrer Wanderschaft waren sie nicht weitergekommen, sondern hatten nur Enttäuschungen, Sand, Hitze und Aufruhr und Rebellion von seiten der Israeliten erlebt.

Vor einer Woche etwa hatte Mose dem Volk verkündet, daß sie nun zum Golf von Akaba ziehen würden, und dann in einem großen östlichen Bogen um Edom herum nordwärts direkt zur Grenze von Kanaan. Das hätte neue Freude und Eifer unter dem Volk hervorrufen sollen, weil sie nun so kurz vor ihrem Ziel standen. Statt dessen hatten sie sich in ihrer typischen Art wieder beklagt, weil sie immer noch das Einerlei des Mannas essen mußten, weil das Wasser nicht frisch genug war und über alle möglichen anderen Dinge.

Josua fragte sich, wie lange Mose das Murren des unzufriedenen Volkes noch würde ertragen können, bis auch er endgültig die Geduld und den Mut verlor. Während er noch darüber nachdachte, bemerkte er plötzlich, daß es unten im Lager große Aufregung gab und ein Geschrei, das bis zu ihm herauf zu hören war.

Er sprang auf und eilte so schnell wie möglich nach unten. Was er erblickte, als er das Lager erreichte, war nahezu unglaublich. Als ob die Erde selbst das ewige Murren der Israeliten nicht mehr ertragen wollte, spie sie aus allen möglichen Löchern, Rinnen und Verstecken giftige Schlangen aus. Es waren Tausende, ja vielmehr Zehntausende von ihnen, die zischend und sich aufbäumend und jeden beißend, den sie erreichen konnten, überall im Lager herumkrochen.

Überall lagen schon Männer, Frauen und Kinder herum, die gebissen worden waren und in deren Körpern das Gift wie Feuer brannte. Bei manchen hatte es so stark gewirkt, daß sie schon im Sterben lagen.

Jene, die bisher noch nicht gebissen waren, weinten und schrien laut wie hilflose Kinder. „Mose! Mose!“ riefen sie und vergaßen schnell, daß sie kurz vorher noch über ihn gemurrt hatten. „Mose, hilf uns, sonst müssen wir sterben!“

So schnell er konnte, eilte Josua durch das Lager, um Mose zu finden. Dabei mußte auch er sich fortwährend vor den Schlangen in acht nehmen. Doch als er dann zum Versammlungszelt kam, mußte er zu seinem Kummer feststellen, daß Mose nicht anwesend war.

„Er ist dort drüben", sagte der am Zelt Wachende, als er bemerkte, daß Josua nach dem Propheten suchte. „Er ist zum Altar im Bundeszelt gegangen."

Als Josua den Hof des Bundeszeltes betrat, sah er Mose am Brandopferaltar stehen, auf dem ein heißes Feuer brannte. Bei ihm waren neben einigen Priestern auch Handwerker, von denen Josua wußte, daß sie Metall zu verarbeiten verstanden.

„Macht schnell, Männer, macht schnell!" hörte er, als er näherkam, wie der Prophet die Handwerker antrieb, die gerade geschmolzenes Metall in eine Form gossen.

„Es braucht jetzt eine Zeit, bis es abkühlt, Herr", antwortete einer der Handwerker.

„Dann holt kaltes Wasser herbei und schüttet es darüber", forderte Mose. „Es muß schnell gehen, denn in jeder Minute sterben Menschen an dem Gift der Schlangen."

„Meister!" rief Josua atemlos, „die Menschen im Lager sterben zu Hunderten."

„Ich weiß", nickte Mose. „Es ist der Stachel der Sünde, der die Israeliten umbringt. Aber der Herr hat mir gesagt, wie es Hilfe dagegen gibt und Rettung."

Bisher hatte sich der Prophet mit den Handwerkern beschäftigt. Nun wandte er sich seinem Diener zu und befahl: „Geh, Josua, und bring die Fahne des Stammes Juda her. Jene, die sie im Kampf vor ihren Streitern hertragen. Aber es muß die Fahne des Stammes Juda sein, denn der Herr will die Sünde selbst auf sich nehmen."

Ziemlich verwirrt fragte sich Josua, was eine Fahne wohl gegen das Gift der Schlangen ausrichten sollte. Doch ohne weiter zu fragen, eilte er davon, da er wußte, wie dringend Hilfe gebraucht wurde. Sorgfältig wich er dabei wieder den Schlangen aus und kam endlich zu dem Teil des Lagers, der dem Stamm Juda gehörte.

Er hatte keine Ahnung, warum Mose gerade auf der Fahne des Stammes Juda bestanden hatte. Zu anderen Stämmem wäre es näher gewesen, so daß eine Fahne schneller hätte beschafft werden können. Doch nun rief er laut nach Kaleb, dem Führer des Stammes.

Als dieser herbeieilte, übermittelte Josua ihm den Befehl des Propheten. So schnell er konnte, holte Kaleb die Fahne. Er rief Salmon, einen jungen Mann seines Stammes, zu sich. „Wir werden sie tragen", bot er Josua an.

Dankbar nickend nahm Josua die Hilfe an, und schnell machten sich die drei Männer auf den Rückweg zum Bundeszelt. Es war für die beiden, die die Fahne trugen, nicht einfach, sich einen Weg durch die wie wild herumrennenden Menschen zu bahnen und dabei auch noch auf die tödlichen Schlangen zu achten.

Als sie zum Bundeszelt kamen, schien dort die Arbeit gerade beendet zu sein, denn ein Handwerker nahm eine schmale längliche Figur aus der Form, die im Sonnenlicht leicht golden glitzerte, und hielt sie hoch. Mose nickte zustimmend, als er das Werk betrachtete.

„Eine bronzene Schlange?" staunte Kaleb. „Aber warum . . . ?"

„Bringt die Fahne her!" rief Mose.

Zu den Handwerkern sagte er: „Befestigt die Schlange am oberen Ende der Fahnenstange. Aber es muß schnell gehen, und trotzdem muß sie fest sitzen!"

„Kommt!" rief Mose, als die Arbeit getan war. Er führte die Männer zu einer leichten Erhöhung in der Nähe des Bundeszeltes. „Grabt ein Loch in die Erde, und richtet die Fahne auf!" forderte er. „Seht aber zu, daß sie fest steht!"

Die Männer taten, wie ihnen befohlen wurde, und zwar in höchster Eile, obwohl sie immer noch nicht wußten, wozu dies alles dienen sollte.

Als die Fahne fest stand, wandte Mose sich dem Volk zu und schrie laut: „Der Herr ist unsere Rettung! Heute nimmt er die Sünden des Volkes selbst auf sich, und zwar in dem Bild der Schlange, dem Urbild der Sünde! Kommt alle her und blickt die bronzene Schlange an! Wer sie anschaut, wird leben! Der Biß der Sünde kann ihm nichts mehr anhaben!“

Zwar verstand niemand so recht die Bedeutung der Worte, die Mose rief. Doch in ihrer Verzweiflung drängten die Israeliten alle herzu und blickten auf das schimmernde Bild. Und wenn sie es taten, wich das feurige Brennen des Gifts aus ihren Gliedern, und sie spürten, wie neue Kraft und Gesundheit den Körper durchzog. Das Weinen wich immer mehr Freudenrufen und Jubelgesang.

Boten eilten nach allen Seiten durch das Lager und forderten alle Gebissenen auf, zum Bundeszelt zu eilen und dort auf die bronzene Schlange zu blicken. Die, welche schon zu schwach waren, wurden von Gesunden getragen, um auch ihnen noch die Möglichkeit der Rettung zuteil werden zu lassen. Mütter brachten ihre Kinder und hielten sie vor die Schlange hin. Und alle priesen Gott für die wunderbare Rettung.

Ein weiteres Wunder geschah im Lager. Denn die Schlangen verschwanden nun so schnell wieder, wie sie gekommen waren.

Rund um die Fahne mit der bronzenen Schlange kniete eine große Menschenmenge mit zum Himmel emporgehobenen Armen. Sie sangen Lobgesänge zur Ehre ihres Gottes. Auch Josua war unter ihnen. Er kniete in der Nähe des Mannes Gottes, der hochaufgerichtet vor der Fahne stand.

Als Josua seinen Meister jetzt betrachtete, stellte er fest, daß seine Haltung plötzlich eine ganz andere war als in den letzten Jahren. Er stand nicht mehr gebeugt. Seine Schultern wirkten straffer, und in seinen Augen stand wieder das frühere Leuchten, das Zuversicht und Glaube in seinen Gott zeigte.

Da wußte Josua, daß auch in der Seele seines Meisters ein Wunder der Heilung stattgefunden hatte. Kalebs Worte waren wahr geworden. Gott hatte dafür gesorgt, daß Sein Mann wieder die alte ehrenvolle Position unter dem Volk einnahm und daß die Menschen nicht mehr über ihn murrten, sondern ihm vertrauten.

TEIL VII

DER KRIEGER

43. KAPITEL

Als sich am östlichen Horizont der erste rötliche Schimmer des anbrechenden Morgens zeigte, bewegte Josua sich unruhig im Sattel seines Pferdes hin und her. Ungewöhnliche Gedanken gingen ihm durch den Kopf, während er das volle Tageslicht erwartete. Es waren Gedanken an seine Jugendzeit in Ägypten, als er mit Kaleb die Pferde ihres Herrn morgens zur Tränke bringen mußte. Damals waren ihre jugendlichen Köpfe voller Gedanken von Eroberungen und Siegen, wenn sie mit den Pferden durch die Straßen von Ra-Amses ritten.

Es schien ihm kaum glaublich, daß er nun an diesem Morgen, die Zeit eines ganzen Lebens später, im Sattel eines Kriegspferdes saß, und Kaleb auf einem ebensolchen Pferd neben ihm. Und beide sahen voller Eifer dem Zusammenprall der Waffen und dem Kampfgeschrei entgegen.

Josua konnte auch noch immer nicht ganz fassen, daß er nach so langer Zeit niederschmetternder Erlebnisse, Rebellion und Mutlosigkeit des Volkes und seiner eigenen Depressionen wegen der jahrzehntelangen ziellosen Wanderung, nun innerhalb kurzer Zeit neuen Mut und neue Hoffnung gefaßt hatte und sich, während sie auf das Tageslicht warteten, wieder so jung fühlte wie vor fast vierzig Jahren, als sie von Ägypten aufgebrochen waren.

Doch nicht nur sein eigener Geist, sondern der des ganzen Volkes schien erneuert zu sein, seit sie das Erlebnis mit den giftigen Schlangen gehabt hatten und die wunderbare Errettung durch die bronzene Schlange erlebten. Der tiefe

Sinn ihres Bundes mit dem allmächtigen Gott hatte für das Volk eine ganz neue Bedeutung erhalten.

Kurz nach diesem Erlebnis waren sie aufgebrochen, hatten zuerst die östliche Richtung eingeschlagen und waren dann nach Norden umgebogen. Sie zogen nun den direkten Weg nach Kanaan mit einem Eifer wie damals beim Auszug aus Ägypten. Der Unterschied dabei war der, daß sie damals vor einem verfolgenden Feind flohen, während sie jetzt selbst in der Offensive waren und jeden Feind überwinden wollten, der sich ihnen auf dem Weg zum Land ihrer Väter in den Weg stellte.

An diesem Morgen hielten Josua und sein tüchtiger Stellvertreter Kaleb auf dem Rücken eines langgestreckten Bergzugs, der zwischen den Flüssen Nahaliel und Arnon im wilden Grenzlandgebiet der Amoriter lag. Hinter ihnen, in der von Wadis durchzogenen Ebene, lagerten die Millionen des Volkes Israel. Doch ihre gut geordnete Armee stand in Schlachtordnung unmittelbar hinter dem Höhenzug, auf dem die beiden Heerführer mit ihren Pferden hielten, in einem tiefer eingeschnittenen Tal verborgen, so daß ein Ausschau haltender Feind das kampfbereite Heer noch nicht sehen konnte.

In einiger Entfernung vor ihnen lag die amoritische Grenzfestung Jahas. Da sich dort nichts zu rühren schien, machte sie den Eindruck eines schlafenden Löwen.

„König Sihon ist ein kluger Bursche", flüsterte Kaleb. „Die Festung scheint unbemannt zu sein. Warum wohl, wenn es so sein sollte?"

„Vielleicht will man uns nur täuschen und die Besatzung verbirgt sich", antwortete Josua nachdenklich. „Es kann aber auch sein, daß König Sihon alle verfügbaren Truppen zusammengezogen hat, um uns mit seiner ganzen Armee an einem günstigen Platz entgegenzutreten."

Man konnte Kalebs Miene ansehen, daß ihn diese Antwort nicht befriedigte. Josua fügte hinzu: „Ich glaube, wenn wir weiter scharf nach Norden Ausschau halten, werden wir bald mehr Amoriter zu sehen bekommen, als uns lieb ist."

Als vor einer Reihe von Monaten die Edomiter sich trotz der Bitten Moses geweigert hatten, Israel durch ihr Land ziehen zu lassen, war der Prophet mit dem Volk südostwärts ausgewichen und eine ganze Zeit zögernd in dem Gebiet zwischen dem Negev und dem Golf von Akaba geblieben. Dort hatte Josua mehrere Kämpfe mit den Stämmen des Negev erfolgreich bestanden. Doch trotzdem hatten sie nicht den rechten Mut gefunden, weiterzuziehen.

Erst nach dem Erlebnis mit der bronzenen Schlange hatten der Mann Gottes und auch Josua und mit ihm das ganze Volk neuen Mut gefaßt. Und nun hatten sie auch keine Furcht mehr gezeigt vor der Weigerung der Edomiter, sondern waren auf dem geraden Weg durch Edom und Moab, immer die Königsstraße entlang, nach Norden gezogen. Nun standen sie an der Grenze des Amoriterlandes und waren entschlossen, sich auch weiterhin nicht aufhalten zu lassen.

Mose hatte Boten zu dem Amoriterkönig Sihon gesandt, die ihm die Bitte um freien Durchzug für das Volk Israel vortrugen. Doch Sihon hatte das verweigert und sie wissen lassen, er würde sich ihnen mit seinem ganzen Heer entgegenstellen, wenn sie doch sein Land betreten sollten.

Josuas Herz schlug heftiger in Erwartung dessen, was vor ihnen lag. Hinter ihm, im tief eingeschnittenen Arnontal, wartete seine kampfbereite Armee. Vor ihm lag an strategisch günstiger Stelle zwischen den beiden Flüssen die Festung Jahaz.

Sollte Sihon Späher ausgesandt haben, dann würden diese wohl das Lager des Volkes entdecken, das hinter dem Arnon weit ausgebreitet lag. Doch die im Arnontal selbst verborgene Armee konnten sie deshalb leicht übersehen. Damit rechnete Josua, und er erhoffte sich somit den Vorteil der Überraschung, sollte das amoritische Heer auftauchen, um seine Grenze zu schützen.

Die eigenen, von Josua ausgesandten Späher hatten mitgeteilt, daß auf der anderen Seite, im hinter der Festung liegenden Tal des Flusses Nahaliel, keine versteckten amoritischen Truppen lauerten. Deshalb rechneten die beiden Heerführer auf dem Hügelrücken damit, daß sie die anrückende amoritische Armee rechtzeitig sehen würden und dann den Überraschungsvorteil auf ihrer Seite hatten.

Trotzdem blieb ein wenig Sorge im Herzen des israelitischen Generals erhalten, denn es war das erste Mal, daß seine Armee in einem so unübersichtlichen, von tiefen Tälern und Hügeln durchzogenen Gelände zu kämpfen hatte. Die Schlacht vor vielen Jahren gegen die Amalekiter hatte sich in völlig ebenem weiten Wüstenland abgespielt. Die Kämpfe gegen die Völker und Stämme im Negev hatten in einem sanften Hügelland stattgefunden, das auch sehr übersichtlich war. Doch dies hier war ein Land, in dem es viele Möglichkeiten für Verstecke und Hinterhalte gab. Und König Sihon und seine Amoriter kannten ihr Land besser als die Israeliten und würden sicherlich versuchen, diesen Vorteil auszunutzen.

Doch Josua wußte, daß sie nicht mehr umkehren würden. Der Mut und die Energie, die ihn und das ganze Volk neu ergriffen hatten, kannte nur noch ein Ziel, endlich das verheißene Land zu erreichen.

Gerade als die Morgendämmerung in volles Tageslicht überging, wurde weiter nördlich, hinter der Festung, Bewegung erkennbar. Die beiden Reiter verließen ihre Pferde und sandten sie mit einem Klaps hinter den Hügelrücken hinunter, wo wartende Soldaten sie hielten. Josua und Kaleb selbst verbargen sich hinter einigen niedrigen Büschen und beobachteten das anrückende amoritische Heer.

Bei dem Anblick, der sich ihm bot, fühlte Josua, wie es ihm kalt den Rücken hinunterlief. Das heranziehende amoritische Heer schien riesig zu sein. Immer neue Truppen tauchten auf und füllten die Ebene zwischen der Festung und dem Nahaliel-Tal. In der Mitte marschierte, nach Abteilungen geordnet, das Fußvolk. An den beiden Flanken gab es große Streitwagenkontingente. Und dahinter starke Heerhaufen auf Pferden und Kamelen.

Doch Josua erkannte auch, daß seine Taktik aufzugehen schien. Denn ein Stück vor der feindlichen Armee ritten Kundschafter, die aber sehr sorglos zu sein schienen. Man hatte also offensichtlich die im Arnontal verborgenen Streiter Israels nicht entdeckt, sondern nur das Lager Israels, in dem das Volk scheinbar ruhig seinen alltäglichen Beschäftigungen nachging.

Dieses Lager war ja noch jenseits des Arnon, der die Grenze des Amoriterlandes war. Offensichtlich schien der amoritische König zu glauben, daß die Israeliten es nicht wagten, in sein Land einzurücken, und deshalb so lange zögerten. Waren die Amoriter doch zu jener Zeit die mächtigste Nation der Gegend und hatten alle umliegenden Völker tributpflichtig gemacht.

Im Lager hinter ihnen herrschte ebenfalls gespannte Erwartung. Ganz vorn, fast schon am jenseitigen Arnonufer, stand Mose mit dem Hohenpriester Eleasar und den anderen Priestern und der Bundeslade. Sie wurden von einer Abteilung Soldaten gut bewacht.

Außerdem war etwas Erstaunliches geschehen. Die sie stets begleitende Wolken- und Feuersäule Gottes, die auf ihren Märschen beständig an der Spitze des wandernden Volkes über ihnen schwebte und nur wenn sie lagerten sich in die Mitte begab und dann über dem Bundeszelt stand, hatte sich diesmal von dem schon am amoritischen Ufer versteckten Heer zurückgezogen und stand am jenseitigen Ufer bei Mose und der Bundeslade.

Es schien so, als wolle Jahwe sich auch an der Kriegslist Josuas beteiligen und nicht durch den Standort der Wolkensäule verraten, daß die Streiter Israels doch schon auf dem amoritischen Ufer standen und sich dort versteckt hielten.

Für einen Augenblick kam Josua ein anderer Gedanke, als er zur Wolkensäule zurückblickte. Sollte Gott, indem die Säule auf dem anderen Ufer blieb, damit etwa andeuten wollen, daß Er heute nicht mit ihnen in den Streit ziehen werde? Doch schnell verwarf er diesen Gedanken wieder und konzentrierte sich nun auf das anrückende feindliche Heer.

Bei den Amoritern schien sich Sorglosigkeit auszubreiten. Da ihre Späher sich schon dem Hügelrücken näherten, auf dem Josua und Kaleb lagen und hinter dem die Armee verborgen war, und sich noch nichts rührte, glaubten sie wohl, es sei kein Feind zu befürchten. Sie winkten der Armee zu. Und nun geschah, was Josua gehofft hatte. Die starre Schlachtordnung der amoritischen Verbände löste sich langsam auf, weil keine Gefahr zu bestehen schien.

Als die feindlichen Späher so nahe waren, daß eine Entdeckung unvermeidlich wurde, gab Josua das Zeichen zum Angriff. Die beiden Führer sprangen auf ihre wieder herangebrachten Pferde, und hinter ihnen brachen mit lautem Kriegsgeschrei die geordneten Abteilungen der israelitischen Armee über den Hügelkamm hervor, bis zu dem sie während der letzten Minuten schon hochgerückt waren.

Welle auf Welle stürzten sie sich nun auf den überraschten Feind. Die Führer der amoritischen Verbände versuchten überhastet, die gelockerte Ordnung wiederherzustellen. Doch dadurch wurde die Unordnung erst richtig groß, da die Israeliten nun schon auf ihre Feinde einstürmten.

Auf diese Weise wurde das Fußvolk im Zentrum des amoritischen Heeres auseinandergerissen und wich in großem Durcheinander nach rechts und links und nach hinten. Dadurch wiederum wurde den Streitwagenabteilungen der Amoriter und den berittenen Truppenteilen der Weg ziemlich versperrt, mit voller Wucht in den Kampf einzugreifen. Sie wurden von ihren eigenen Fußsoldaten nun daran gehindert.

Noch etwas war geschehen, das die Verwirrung des Feindes noch vergrößerte: Im gleichen Augenblick, in dem das Heer Israels auf Befehl Josuas hin hinter dem Hügelrücken hervorbrach und die Amoriter angriff, erhob sich am jenseitigen Arnonufer die Wolkensäule und kam nach vorn geschwebt, wo sie nun direkt über den vordersten Angreifern der Israeliten dem Feind entgegenzog.

Ein solcher Anblick war den bisher sieggewohnten amoritischen Soldaten fremd. Sie wurden dadurch so erschreckt, daß ihnen fast ihr Schlachtruf, mit dem sie den Israeliten auf deren Kampfgeschrei antworteten, im Hals steckenblieb und nur zu einem kläglichen Gekrächze wurde. Auch die Pferde der Streitwagengespanne und der amoritischen Kavallerie scheuten vor diesem furchterregenden und unbekannten Gebilde zurück. Das Durcheinander wurde so groß, daß die Heerführer der Feinde ihre Truppen nicht mehr in der Hand hatten.

Als Josua bemerkte, daß die Wolke wieder zu ihnen gekommen war und nun mit ihnen vorrückte, rief er seinem Gefährten zu: „Kaleb, siehst du, Jahwe ist mit uns! Wir werden siegen!"

Auch die israelitischen Streiter hatten die Wolke bemerkt und jauchzten darüber vor Freude. Nichts konnte sie nun mehr aufhalten.

Aus dem anfänglichen Rückzug der amoritischen Verbände wurde bald eine ungeordnete Flucht. Die Amoriter sahen sich besiegt, und jeder versuchte nur noch sein Leben zu retten.

Josua, der an der Spitze seiner Soldaten voranritt, schrie laut, indem er mit dem Schwert nach Norden deutete: „Vorwärts, Männer! Wir haben zwar mit der Hilfe unseres Gottes den Sieg schon errungen, aber jetzt ist keine Zeit zu rasten und zu feiern. Wir müssen den geschlagenen Feind verfolgen bis nach Hesbon, ihrer Hauptstadt!"

Den ganzen Tag, die Nacht hindurch und auch noch den nächsten Tag bis in die Dunkelheit hinein verfolgte die siegreiche Armee Israels die geschlagenen und nach allen Seiten zerstreuten Truppen der Amoriter. Entlang der Königsstraße vom Arnon bis nach Hesbon lagen umgestürzte Streitwagen, zerschlagene Kriegsmaschinen, weggeworfene Waffen und getötete oder verwundete Feinde. Auf einer Länge von mehr als zwanzig Kilometern erzählte dieses Trümmerfeld die Geschichte von Josuas und seines Heeres Sieg und der Macht des Gottes Israels.

Die Israeliten nahmen das ganze Land der Amoriter ein, und das nachrückende Volk wohnte für einige Zeit in ihren Städten. Die Macht der Amoriter war somit für lange Zeit gebrochen.

Doch der neu in ihnen erwachte Eifer hielt weder Mose noch Josua, noch das Heer lange auf, ihren Sieg zu feiern. Sie waren auf dem Weg in das verheißene Land. Hinter sich ließen sie eine Straße ihrer Siege zurück, und der Ruf, unbezwingbar zu sein, ging ihnen voraus, so daß viele ihrer Feinde zu zittern begannen, noch ehe Israels Heer bei ihnen auftauchte.

44. KAPITEL

Eine angenehme Müdigkeit hüllte Josua ein, als er mit etwas schweren Schritten zu seinem Zelt ging und sich am Eingang gegen den starken Pfosten lehnte. Unter ihm, auf den terrassenförmig angelegten Feldern Moabs, feierte seine siegreiche Armee noch immer den neuesten Erfolg, den sie errungen hatten.

Auch er hatte sich ausgiebig an der Feier beteiligt. Ja, er war sogar der Mittelpunkt dieses Festes gewesen, da er auf diesem Feldzug die größte Heldentat vollbracht hatte. Deshalb hatte man ihm immer wieder von allen Seiten zugetrunken, und er hatte sich dadurch genötigt gesehen, auch immer wieder zu seinem Becher zu greifen. Wenn er auch im Laufe des Abends, immer vorsichtiger werdend, stets nur noch einen Schluck genommen hatte, wenn ein neuer Toast auf ihn ausgebracht wurde, war es wohl doch ein wenig zuviel Wein geworden. Jedenfalls empfand er die dringende Notwendigkeit, jetzt auszuruhen und zu schlafen. Er war schließlich auch ein ganzes Stück älter als die meisten seiner Soldaten, wenn man einmal von Kaleb absah.

Nach dem Kampf gegen Sihon und sein Heer hatten die Israeliten ihr Hauptquartier in der von grüner Vegetation umgebenen Hauptstadt des Amoriterlandes aufgeschlagen. Von hier war die Armee Israels ausgezogen, um auch noch das Königreich Basan zu erobern, das sich im Norden an das Amoriterland anschloß. Und von diesem Feldzug war Josua mit seiner Armee heute siegreich zurückgekehrt.

Das Ergebnis dieses siegreichen Feldzugs war, daß Israel nun ein großes Stück Land beherrschte, das im Süden beim

Arnon-Fluß, am Toten Meer, begann und sich nordwärts bis zur Grenze Syriens erstreckte, nicht sehr weit von Damaskus entfernt. All das hatte Josua durch die Hilfe Gottes mit der Armee Israels eingenommen.

Aber ein Mann zu sein, der so verehrt und bewundert wurde, war ziemlich anstrengend. Josua war froh für den kühlen Abendwind, der vom Jordan und den Bergen Galiläas herüberwehte. Würde Gott bestimmen, daß er den Rest seines Lebens hier verbrachte, wäre er damit ganz zufrieden gewesen. Doch er wußte, daß es für ihn noch keine Ruhe gab, solange das verheißene Land Kanaan nicht eingenommen war.

Josua rutschte an dem Zeltpfahl herunter, setzte sich und benutzte ihn als Stütze für seinen Rücken. Es war gut, noch ein wenig hier draußen zu sitzen. Im Zelt selbst war die Luft noch stickiger und wärmer. Sein Kopf konnte die kühle Brise vertragen. Nach und nach fielen ihm die Augen zu, und er schlief ein.

Doch plötzlich fuhr er auf, weil er im Traum einen ungeheuren Riesen auf einem Pferd gesehen hatte, der mit einem mächtigen Speer in der Hand auf ihn zuritt.

Er wußte nicht, ob er erst einige Augenblicke oder schon länger geschlafen hatte. Er richtete sich etwas auf und fühlte, daß seine Stirn voller Schweiß war, den er sich schnell abwischte. Dann tastete er mit der Hand nach dem Speer, der neben dem Eingang seines Zeltes stand. Er hatte ihn nicht hineintragen können, weil er dafür zu lang war.

Diesen Speer hatte er den ganzen Weg zurück von Basan selbst getragen. Keinem der Soldaten hatte er ihn anvertrauen wollen und auch nicht in die Halterung am Sattel seines Pferdes gesteckt. Die ganze Strecke hatte er ihn auf der Schulter getragen und mit der Hand festgehalten; denn dieser Speer war der Beweis des gefährlichsten Abenteuers, aber auch der größten Heldentat seines Lebens.

Er hatte einen Riesen getötet! Und dieser Speer war nun sein Andenken an diese Tat. Josua betrachtete die mächtige Waffe von der Seite und strich mit den Fingern über seinen Schaft.

„Ist das der Speer Ogs?" fragte da eine bekannte Stimme.

Josua fuhr herum und sprang auf die Füße. Das plötzliche Erscheinen Moses überraschte ihn. „Ja, Herr", antwortete er.

Erstaunt über die Größe der mächtigen Waffe betrachtete Mose sie aufmerksam. Auch er strich mit den Fingern darüber hin. „Sie ist aus Eisen", wunderte er sich. „Ich dachte, nur die Philister haben Eisen und wissen, wie man es bearbeitet."

„Das war auch meine Meinung", bestätigte Josua. „Doch man sagt, König Og und seine Söhne seien die letzten Nachkommen der *Rafaiter,* vielleicht hat er diesen Speer noch von seinen Vorvätern geerbt."

Mose nickte nachdenklich und erinnerte sich an das, was man über diese Rasse der Riesen wußte. „Vor langer Zeit waren sie ein Teil des Philistervolkes", bestätigte er. „Man sagt ja, Ogs Bett sei auch aus Eisen hergestellt; und es soll etwa viereinhalb Meter lang sein und zwei Meter breit."

Josua nickte bestätigend. Immer wieder stand die gigantische Gestalt seines Feindes vor seinen Augen. Während des ganzen Festes hatten seine feiernden Soldaten an den einzelnen Lagerfeuern viele Male die Geschichte erzählt, wie ihr Anführer mit dem riesigen König Og auf der Ebene von Basan gekämpft hatte.

Es war am Morgen der großen Schlacht gewesen, und leichter Dunst hatte über der Ebene gelegen. Da war Ogs Heer aus der befestigten Stadt hervorgebrochen. An ihrer Spitze auf einem mächtigen Pferd König Og selbst, und rechts und links von ihm Mitstreiter, die ebenfalls alle überdurchschnittlich groß waren. Doch König Og hatte sie alle noch um ein gutes Stück überragt. Sie waren alle in schwarze Rüstungen gekleidet, und das Stampfen ihrer Pferde dröhnte über das Feld, als sie gegen Israels Armee anritten.

König Og hatte wohl in Josua den Anführer Israels erkannt und ihn als Ziel seines ersten Angriffs gewählt. Doch

Josua war nicht gewichen, als des Riesen Pferd auf ihn losstürmte und der mächtige Speer auf seine Brust zielte. Und dann war etwas ganz Unwahrscheinliches geschehen: Mit einer leichten Körperdrehung hatte sich Josua dem Speerstoß entzogen, aber gleichzeitig den Schaft des Speers mit beiden Händen gepackt und ihn dem Riesen aus den Händen gerissen.

König Og hatte den Schwung seines Pferdes nicht mehr abbremsen können, und der Schlag seines Speeres hatte ihn aus dem Sattel geworfen. Josua, der nun den Speer in seinen Händen hielt, hatte ihn umgedreht und damit den Giganten erstochen. So erzählten es überall die Soldaten.

Ob sich alles genau so abgespielt hatte oder ein wenig anders, wer konnte es genau sagen. Soldaten schmückten ihre Geschichten gern ein wenig aus. Vielleicht war auch König Ogs Pferd in ein Loch getreten und ein wenig gestrauchelt. Ganz sicher hatte der Gott Israels dafür gesorgt, daß Josua in diesem Kampf Sieger blieb. Auch Josua selbst konnte nicht genau sagen, wie es im einzelnen gewesen war. Dafür war alles viel zu schnell gegangen.

Aber auf die Einzelheiten kam es eigentlich auch gar nicht an. Wichtig war nur, daß der scheinbar so unbesiegbare Gigant nun tot vor Israels Heerführer lag.

Als die anderen Basaniter sahen, daß ihr König und stärkster Kämpfer tot war, wurden sie von Furcht erfüllt und ergriffen kopflos die Flucht.

Israels Streiter machten sich unter der Führung Josuas an die Verfolgung, die sie so lange fortsetzten, bis es kein basanitisches Heer mehr gab. Auch die restliche Familie Ogs, seine Söhne und alle anderen Angehörigen, wurden getötet, und das ganze Land wurde von den Israeliten besetzt.

Mose hatte die Geschichte von Ogs Tod schon von den Soldaten gehört. Doch als er jetzt den riesigen Speer betrachtete, wurde ihm erst richtig bewußt, welche Heldentat Josua da begangen hatte. Er sagte zu ihm: „Der Herr, unser Gott, ist mit dir gewesen, Josua. Er hat deinen Arm geführt, daß du den Riesen töten konntest."

Josua nickte schweigend. Beide Männer erhoben nun gemeinsam ihre Arme, blickten zum Himmel hinauf und begannen den Gott Israels zu preisen für all Seine großen Taten und Seine Hilfe im Kampf.

Danach legte Mose die Arme auf die Schultern seines Freundes, blickte ihm tief in die Augen und sagte: „Ich habe nun schon viele Jahre gelebt, und manchmal habe ich auch Dinge getan, die dem Herrn nicht gefielen. Doch ich habe es noch nie bereut, daß ich dich vor so langer Zeit, noch in Ägypten, zu meinem Diener gemacht habe. Das war eine sehr kluge Wahl."

Josua fühlte sich sehr geehrt bei diesen Worten. Doch gleichzeitig spürte er, wie ein Gefühl der Besorgnis sein Herz ergriff. Und während er sagte: „Vielen Dank, Herr", dachte er: *Was wollte der Meister mit diesen Worten wohl sagen?*

Doch Mose hatte sich schon wieder an Gott gewandt und spürte nichts von Josuas bangen Gedanken. Er begann wieder zu beten:

„O Herr, Du, der Gott der Geister, die alle Menschen beleben, setze einen Mann als Anführer der Gemeinde ein, der vor ihnen her in den Kampf zieht und vor ihnen her wieder in das Lager einzieht, der sie zum Krieg hinausführt und sie zurückführt; die Gemeinde des Herrn soll nicht sein wie Schafe, die keinen Hirten haben."

Diese Worte machten Josua nur noch unruhiger. Doch er wagte nicht, seinen Meister zu unterbrechen. Erst als Mose sein Gebet beendet hatte und sich wieder seinem Vertrauten zuwandte, stammelte Josua: „Herr, du bist ihr Hirte, sie brauchen keinen anderen."

Doch Mose schüttelte den Kopf und sagte: *„Josua, du hast mit eigenen Augen alles gesehen, was der Herr, euer Gott, mit dem König Sihon und dem König Og getan hat. Das gleiche wird der Herr mit allen Königreichen tun, zu denen du hinüberziehst. Ihr sollt sie nicht fürchten; denn der Herr, euer Gott, ist es, der für euch kämpft."*

Mit einem Seufzer betrachtete Josua wieder den Speer Ogs. „Ja, Herr“, sagte er zögernd, aber in seinem Herzen dachte er: *Kannst du nicht trotzdem auch mit uns ziehen?*

Doch es würde keine Antwort auf diese unausgesprochene Frage geben. Der Prophet verabschiedete sich von Josua, um zu seinem eigenen Zelt zu gehen.

Als er einige Schritte gegangen war, drehte er sich nochmals um und rief seinem ihm nachblickenden Diener zu: „Josua, wir wollen uns morgen früh bei Sonnenaufgang vor dem Lager treffen. Der Herr hat mir gesagt, ich soll auf den Berg Nebo steigen, und du sollst mich begleiten. Gemeinsam werden wir von da aus das verheißene Land betrachten.“

45. KAPITEL

Niemand kam, um Josua bei Tagesanbruch zu wecken. Aber die Geräusche, als würden viele Menschen aufbrechen, weckten ihn. Er blickte aus dem Zelt und sah, wie die Israeliten ostwärts zum Lagerende liefen, in die Richtung, in der der Berg Nebo lag.

Schnell bekleidete er sich und rannte durch die vielen Menschen ebenfalls nach dort, wo er ja seinen Meister treffen sollte. Zu seinem Erstaunen bemerkte er, daß man das Versammlungszelt während der Nacht ebenfalls nach dort versetzt hatte.

Offensichtlich war nach Beendigung des Festes noch verkündigt worden, daß am nächsten Tag ein großes Ereignis am Nebo stattfinden sollte. Josua hielt aufgeregt Ausschau nach Mose, weil er hoffte, von ihm eine Erklärung zu erhalten.

Als er ihn endlich sah, erkannte er gleichzeitig erschrocken, daß der Prophet schon ein gutes Stück den Berg hinaufgegangen war. Begleitet wurde er vom Hohenpriester Eleasar. So schnell er konnte, rannte Josua ihm nach. Als er ihn endlich erreichte, faßte er Mose am Ärmel und fragte atemlos: „Was ist geschehen? Warum hast du mir nicht gesagt, daß ...“

Doch Mose schaute ihn nur erleichtert und dankbar an. „Habe vielen Dank, daß du gekommen bist“, sagte er nur und schritt weiter. Offensichtlich würde im Augenblick nichts weiter über den Zweck dieser Besteigung des Berges und der Versammlung des Volkes unten zu erfahren sein.

Hilflos blickte Josua über seine Schulter zurück auf die Volksmenge, die zu ihnen heraufblickte. Und dann schaute er sich um und mußte feststellen, daß der Ausblick von hier immer großartiger wurde, obwohl sie erst ein kleines Stück höher waren.

Doch als sein Blick jetzt nach Westen ging, über den Jordan hinweg, blieb er überrascht stehen. Ihm war, als schnüre sich sein Hals zusammen und er bekäme keine Luft mehr. Dort drüben, weit entfernt in der Ebene, auf der Westseite des Flusses, leuchteten weiße Mauern im morgendlichen Sonnenlicht, und auf ihnen standen mächtige zum Himmel emporragende schimmernde Türme.

„Jericho!" staunte er. Dann rief er: „Meister, Jericho liegt direkt gegenüber, auf der anderen Seite des Jordans!"

Im gleichen Augenblick spürte er aber auch schon, wie ihn Ratlosigkeit und Besorgnis ergriffen. Eins hatte er immer gewußt, wenn er auch stets versucht hatte, es zu verdrängen: Wenn er die Millionen Israels nach Kanaan führen würde, dann mußte er sich gegen diese gewaltige Stadtfestung wenden, deren Mauern er in der Ferne sah. Und wie jedesmal, war es nicht die Stärke der Mauern, sondern die Erinnerung an jene junge Frau in Rot, die seinen Puls schneller schlagen ließ.

Doch er wollte jetzt seinem Meister weiter folgen und versuchte deshalb, sie aus seinen Gedanken zu verdrängen. *Vielleicht lebt sie gar nicht mehr,* dachte er. Doch er konnte sich damit selbst nichts vormachen, das war ihm klar, denn jene Frau war viel jünger gewesen als er, fast noch ein Mädchen. Wahrscheinlich wohnte sie immer noch in ihrem Haus auf der Mauer und lebte — für Astarte.

Da kam ihm noch ein anderer Gedanke: *Das war also der Grund gewesen, warum Mose mit ihm hier heraufging. Er will mit mir den Plan zur Eroberung Jerichos besprechen.*

Wie wenig das stimmte, fand er schnell heraus. Als er sich jetzt wieder nach seinem Meister umdrehte, sah er, daß dieser und Eleasar ebenfalls stehengeblieben waren. Gerade hier machte der schmale Pfad eine Ausbuchtung, so daß so etwas wie eine kleine Plattform entstand. Mose trat nun an den Rand dieses Vorsprungs und schaute auf das Volk hinab. Und Josua erkannte, daß man von hier aus sehr gut zu der versammelten Menge reden konnte. Und das tat Mose dann auch.

Sein Gesicht strahlte vor Eifer und Freude. Mit weit ausgebreiteten Armen rief er laut: „*Höre, Israel! Jahwe, unser Gott, Jahwe ist einzig! Darum sollst du den Herrn, deinen Gott, lieben mit ganzem Herzen, mit ganzer Seele und mit ganzer Kraft.*

Diese Worte, auf die ich dich heute verpflichte, sollen auf deinem Herzen geschrieben stehen. Du sollst sie deinen Söhnen wiederholen. Du sollst von ihnen reden, wenn du zu Hause sitzt und wenn du auf der Straße gehst, wenn du dich schlafen legst und wenn du aufstehst. Du sollst sie als Zeichen um das Handgelenk binden. Sie sollen zum Schmuck deiner Stirn werden. Du sollst sie auf die Türpfosten deines Hauses und in deine Stadttore schreiben.“

Tiefe Stille hatte sich unter der riesigen Menge unter ihnen ausgebreitet. Alle lauschten ehrfürchtig, weil sie irgendwie empfanden, daß dies keine gewöhnliche Rede, sondern so etwas wie ein Vermächtnis und ein Auftrag für ihre Zukunft war. Der Mann Gottes holte nur kurz Atem und fuhr dann fort:

„*Wenn dich morgen dein Sohn fragt: Warum achtet ihr auf die Satzungen, die Gesetze und Rechtsvorschriften, auf die der Herr, unser Gott, euch verpflichtet hat?, dann sollst du deinem Sohn antworten: Wir waren Sklaven des Pharao in Ägypten, und der Herr hat uns mit starker Hand aus Ägypten geführt. Der Herr hat vor unseren Augen gewaltige, unheilvolle Zeichen und Wunder an Ägypten, am Pharao und an seinem ganzen Haus getan. Uns aber hat Er dort herausgeführt, um uns in das Land, das Er unseren Vätern mit einem Schwur versprochen hatte, hineinzuführen und es uns zu geben. Der Herr hat uns verpflichtet, alle diese Gesetze zu hal-*

ten und den Herrn, unseren Gott, zu fürchten, damit es uns das ganze Leben lang gut geht und Er uns Leben schenkt, wie wir es heute haben. Nur dann werden wir vor Gott zu Recht bestehen, wenn wir darauf achten, dieses ganze Gesetz vor dem Herrn, unserem Gott, so zu halten, wie Er es uns zur Pflicht gemacht hat."

Nun wiederholte er die zehn Gebote und eine ganze Reihe der anderen Verordnungen. Dann fuhr er fort: *„Du sollst an den ganzen Weg denken, den der Herr, dein Gott, dich während dieser vierzig Jahre in der Wüste geführt hat, um dich gefügig zu machen und dich zu prüfen. Er wollte erkennen, wie du dich entscheiden würdest: Ob du auf Seine Gebote achtest oder nicht. Durch Hunger hat Er dich gefügig gemacht und hat dich dann mit dem Manna gespeist, das du nicht kanntest und das auch deine Väter nicht kannten. Er wollte dich erkennen lassen, daß der Mensch nicht nur von Brot lebt, sondern daß der Mensch von allem lebt, was der Mund des Herrn spricht."*

Josua stand ein wenig seitlich hinter dem Propheten. Wie töricht war er doch gewesen, zu vermuten, es gehe heute um Jericho. Ihm wurde klar, daß hier der Mann, der diesem Volk sein Leben geopfert hatte, nun Abschied nahm und alles, was ihm stets auf dem Herzen gelegen hatte, nochmals in die Seelen der Israeliten hineinbrennen wollte. Als er das erkannte, wurde Josuas Herz immer schwerer, und er hatte Mühe, die Tränen zurückzuhalten.

Mose war aber noch nicht zu Ende mit dem, was ihm auf dem Herzen lag. Er fuhr fort:

„Höre, Israel! Du wirst nun diesen Jordan überschreiten, um in das Land von Völkern, die größer und mächtiger sind als du, hineinzuziehen und ihren Besitz zu übernehmen. Du wirst in große Städte mit himmelhohen Mauern kommen, zu einem großen, hochgewachsenen Volk ... Denn nicht, weil du im Recht bist und die richtige Gesinnung hast, kannst du in ihr Land hineinziehen und es in Besitz nehmen. Vielmehr vertreibt der Herr, dein Gott, die Völker vor dir, weil sie im

Unrecht sind und weil der Herr die Zusage einlösen will, die Er deinen Vätern Abraham, Isaak und Jakob mit einem Schwur bekräftigt hat. Du sollst erkennen, daß du ein halsstarriges Volk bist. Von dem Tag an, als du aus Ägypten auszogst, bis zur Ankunft an diesem Ort habt ihr euch dem Herrn ständig widersetzt."

Es waren nicht nur freundliche Worte, die das Volk hören mußte. Doch jeder spürte dahinter das besorgte und väterliche Herz ihres großen Führers, der sie in großer Liebe und Treue alle in sein Herz geschlossen hatte.

„Und nun, Israel", fuhr Mose fort, *„was fordert der Herr, dein Gott, von dir außer dem einen: Daß du den Herrn, deinen Gott, fürchtest, indem du auf allen Seinen Wegen gehst, Ihn liebst, und dem Herrn, deinem Gott, mit ganzem Herzen und mit ganzer Seele dienst; daß du Ihn fürchtest, indem du auf die Gebote des Herrn und Seine Gesetze achtest, auf die ich dich heute verpflichte.*

Er ist dein Lobgesang, Er ist dein Gott. Für dich hat Er all das Große und Furchterregende getan, das du mit eigenen Augen gesehen hast. Als deine Vorfahren nach Ägypten zogen, waren sie nur siebzig an der Zahl; jetzt aber hat der Herr, dein Gott, dich so zahlreich gemacht wie die Sterne am Himmel.

Hiermit lege ich dir heute das Leben und das Glück, den Tod und das Unglück vor. Wähle also das Leben, damit du lebst, du und deine Nachkommen. Liebe den Herrn, deinen Gott, höre auf Seine Stimme, und halte dich an Ihm fest; denn Er ist dein Leben! Er ist die Länge deines Lebens, das du in dem Land verbringen darfst, von dem du weißt. Der Herr hat deinen Vätern Abraham, Isaak und Jakob geschworen, es ihnen zu geben."

Plötzlich brach die Stimme des Propheten, und er griff sich an die Brust. Josua und Eleasar, die bemerkten, daß er schwankte, stützten ihn auf beiden Seiten. Unten ging ein Stöhnen durch das Volk.

Josua war es, als würde sich eine kalte Hand um sein Herz legen. Er schloß die Augen, obwohl er wußte, daß er damit nichts ändern konnte, wenn er es nicht sah. *Herr,* flehte er innerlich, *erhalte ihn noch! Erhalte meinen Meister! Du weißt, ich kann nicht leben ohne ihn!*

Als wäre es eine Antwort auf das stille Gebet, löste sich Mose jetzt von seinen beiden Helfern. Weit breitete er die Arme aus und rief: „*Ich bin jetzt hundertzwanzig Jahre alt. Ich kann nicht mehr in den Kampf ziehen. Auch hat der Herr zu mir gesagt: Du wirst den Jordan hier nicht überschreiten.*"

Da hörte es nun das ganze Volk — das lange bewahrte Geheimnis. Eine Welle des Schreckens und Stöhnens ging durch die versammelte Menge bei diesen Worten. Doch Mose beruhigte sie:

„*Der Herr, dein Gott, zieht selbst vor dir hinüber, Er selbst vernichtet diese Völker bei deinem Angriff, so daß du ihren Besitz übernehmen kannst. Und Josua zieht vor dir hinüber, so wie es der Herr zugesagt hat.*"

Völlig unvorbereitet auf diese Worte war es Josua, als müßten seine Knie unter ihm nachgeben.

Nun wandte sich der Mann Gottes ihm zu, legte ihm die Hände auf die Schultern und rief laut: „*Sei stark und mutig! Du sollst mit diesem Volk in das Land hineinziehen, von dem du weißt: Der Herr hat ihren Vätern geschworen, es ihnen zu geben. Du sollst es an sie als Erbbesitz verteilen. Der Herr selbst zieht vor dir her. Er ist mit dir! Er läßt dich nicht fallen und verläßt dich nicht. Du sollst dich nicht fürchten und keine Angst haben!*"

Nach diesen Worten ging Mose den Weg zurück den Berg hinunter. Seine beiden Begleiter folgten ihm. Als sie beim Volk ankamen, gingen die Menschen ehrfürchtig und schweigend beiseite und machten eine Gasse. Hinter ihnen schlossen sie sich an und folgten.

Josua folgte seinem Meister ebenfalls, und zwar wie in einem Traum. Er wollte immer noch nicht wahrhaben, was nun offensichtlich war. Wie konnte er allein, ohne seinen Meister, die Aufgabe weiter bewältigen, war alles, woran er denken konnte. Ihm wurde erst bewußt, wohin sie gegangen waren, als sie vor dem Zelt des Bundes standen. Er bemerkte auch jetzt erst, daß sich die Wolkensäule zu ihnen herabsenkte. Sie hatte die ganze Zeit über dem Berg gestanden, war ihnen aber gefolgt, als sie von dort zurückkamen.

Nun betete der Hohepriester Eleasar mit beiden. Zuerst legte er Mose die Hände auf den Kopf, und danach seinem Nachfolger. Josua fühlte dabei einen warmen, belebenden Strom durch seinen Körper fließen. Als Mose ihm nun ebenfalls noch seine Hände auf den Kopf legte und für ihn betete, war ihm, als würde sein ganzer Körper von einem Beben ergriffen wie damals, als der Herr ihnen im Feuer und Erdbeben am Gottesberg Horeb begegnete.

Die Wolkensäule begann plötzlich heller zu strahlen und zu vibrieren, und eine Stimme, wie eine Posaune, dröhnte aus der Wolke: *„Sei stark und mutig! Du sollst die Israeliten in das Land führen, das Ich ihnen mit Meinem Schwur versprochen habe. Ich werde mit dir sein!“*

46. KAPITEL

Wie ein toter Mann lag Josua mit dem Gesicht nach unten am Fuß des schweigenden Berges. Sein Gewand war naß vom Tau, und alle seine Glieder waren steif und kalt. Als er im Licht des neuen Tages erwachte, fühlte er sich wie zerschlagen, und auf seinem Gesicht brannten noch salzig die Tränen, mit denen er sich in den Schlaf geweint hatte.

Im gleichen Augenblick, als er erwachte, wünschte er sich, wieder einschlafen zu können, um die Gedanken an den endgültigen Abschied von seinem Meister zu verdrängen.

Er richtete sich auf und blickte den Weg hinauf, der auf den Berg führte. Wider alles bessere Wissen hoffte er, Mose würde dort vom Berg herabkommen.

Doch er wußte, daß der Mann Gottes diesmal für immer von ihm genommen worden war. Zwar hatte er vor langen Jahren im Sinai oft auf die gleiche Weise auf Mose gewartet, wenn dieser auf den Berg ging, um mit Gott zu reden, doch wenn er nur lange genug wartete, war sein Meister jedesmal zurückgekommen. Doch diesmal, das wußte er, würde es nicht so sein.

Nach der großartigen Rede, in der er dem Volk Israel nochmals sein Vermächtnis ans Herz gelegt hatte, und nachdem er und Eleasar dem Feldherrn die Hände aufgelegt hatten, um ihn als seinen Nachfolger einzusetzen, hatte Mose seinen heiligen Stab genommen, und sich schwer auf ihn stützend, war er langsam aber unaufhaltsam, und ohne sich noch einmal umzudrehen, den Berg hinaufgegangen.

Josua, der wußte, daß er ihm diesmal nicht folgen durfte, hatte in seinem Herzen mit dem Verlangen gekämpft, es doch zu tun. Hätte Eleasar nicht neben ihm gestanden und ihm die Hand auf die Schulter gelegt, wäre er vielleicht doch losgerannt, um seinen Meister einzuholen.

Langsam, aber ohne auch nur einmal zu zögern, ging Mose mit hocherhobenem Kopf Schritt für Schritt den Berg hinauf. Er ging, um seinem eigenen Meister, dem allmächtigen Herrn und Gott, zu begegnen. Und in seiner Haltung war keinerlei Trauer zu sehen.

Auch sein Bruder Aaron war auf einem Berg gestorben. Doch es war ein trauriger Augenblick gewesen, als er vor den Augen des ganzen Volkes tot in die Arme seines Sohnes und seines Bruders fiel.

In seinem ganzen Verhalten hatte Mose klargemacht, daß sein Tod allein seine Angelegenheit sein würde und kein anderer Mensch dabei sein konnte. Er würde in der Gegenwart seines Gottes und der himmlischen Heerscharen sterben, und die Arme, die ihn auffingen, würden ihn von den Blicken der Menschen hinwegtragen. Das alles wußte Josua, als er seinen Meister langsam entschwinden sah. Doch das minderte keinesfalls den Schmerz, den er im Herzen empfand, und füllte auch nicht die Leere in seiner Seele.

Als Mose den Blicken aller entschwand, war die Menge noch eine ganze Weile schweigend am Fuß des Berges geblieben, ehe sie zögernd auseinandergingen. Doch Josua wollte nicht in das Lager zurückgehen. Obwohl Eleasar freundlich auf ihn einredete und versuchte, ihn mitzunehmen, weigerte er sich, den Platz hier zu verlassen.

Der Nachmittag verging, und es wurde dunkel, ehe Josua sich überhaupt hinsetzte. Bis dahin hatte er wie erstarrt auf einem Platz gestanden und den Weg hinaufgeblickt. Nur als große Müdigkeit ihn überfiel, hatte er sich endlich gesetzt. Wann er eingeschlafen war, konnte er nicht sagen. Doch immer wieder hatten ihn im Laufe der Nacht Träume aus dem Schlaf gerissen. Er war schreiend aufgewacht wie ein verlassenes Kind, das sich verlaufen hatte und nach seinem Vater suchte.

Nun wanderte die Sonne schon langsam der Mittagshöhe zu, und Josua wußte: Er konnte hier nicht länger bleiben. Er erhob sich und blickte nach Westen zum Jordan hin. Wie, so fragte er sich, sollte es nun weitergehen? Wie sollte er ohne seinen Meister das Leben ertragen? Ganz zu schweigen davon, daß er einige Millionen Menschen führen sollte, damit sie die Erfüllung der ihnen verheißenen prophetischen Zusagen erlebten.

Immer noch zögernd vor dieser großen Aufgabe, brachte er es nicht fertig, ins Lager zurückzugehen. Er stand wie angewurzelt an dem Platz, an dem er die Nacht verbracht hatte. Doch als er den leichten Wind über sich hinziehen ließ, der von Norden her, vom Hermon herab, wehte, schien ein wenig Trost zu ihm zu kommen.

Und in diesem leichten Wind war eine Stimme. Zwar war sie fast nicht wahrnehmbar. Doch irgendwie erreichte sie in all dem Durcheinander seines Inneren doch sein Herz; und er spürte dabei, daß eine Hand seine Seele mit Liebe einhüllte.

Die Stimme sagte: „*Mein Knecht Mose ist gestorben. Mach dich also auf den Weg, und zieh über den Jordan hier mit diesem ganzen Volk in das Land, das Ich ihnen, den Israeliten, geben werde. Jeden Ort, den euer Fuß betreten wird, gebe Ich euch, wie Ich es Mose versprochen habe. Euer Gebiet soll von der Steppe und vom Libanon an bis zum großen Strom, zum Euphrat, reichen.*“

Josuas Brust hob sich unter seinen tiefen Atemzügen. Ihm war jetzt, als würde der allmächtige Gott selbst Odem in ihn blasen; und er staunte darüber, mit welchem Mut ihn diese Worte plötzlich erfüllten.

Die Stimme redete weiter: „*Niemand wird dir Widerstand leisten können, solange du lebst. Wie Ich mit Mose war, will Ich auch mit dir sein. Ich lasse dich nicht fallen und verlasse dich nicht. Sei mutig und sei stark, denn du sollst diesem Volk das Land zum Besitz geben.*“

Wie wunderbar waren doch diese Worte! Wenn ich den doch auch sehen dürfte, der hier zu mir spricht, überlegte Josua. Wie zum Trost, da dieses scheinbar nicht möglich war, vernahm er zu seiner Ermutigung die Worte nochmals, in die gleichzeitig eine leichte Ermahnung eingeschlossen war:

„Sei nur mutig und stark, und achte genau darauf, daß du ganz nach der Weisung handelst, die Mein Knecht Mose dir gegeben hat. Weiche nicht nach rechts oder links davon ab, damit du Erfolg hast in allem, was du unternimmst.

Habe Ich dir nicht befohlen: Sei mutig und stark? Fürchte dich also nicht, und habe keine Angst; denn der Herr, dein Gott, ist mit dir bei allem, was du unternimmst.“

So wie der leichte Wind sich jetzt wieder legte, verschwand auch die Stimme. Für eine Weile wartete der Nachfolger Moses noch, ob weitere Anweisungen kommen würden. Als dies nicht der Fall war, warf er noch einen langen Blick zurück auf den Berg. Diesmal aber nicht, weil er hoffte, Mose würde zurückkehren, sondern weil er das Angesicht Jahwes suchte.

Zwar blieb sein Suchen vergebens, aber irgendwie spürte er, daß er nicht allein war. Neu gestärkt wandte er sich um und ging mit festen Schritten zum Lager zurück.

Die Zeit war nun gekommen, in das verheißene Land einzuziehen; und es drängte ihn, diese Botschaft dem wartenden Volk zu verkündigen.

47. KAPITEL

Die Frau von Jericho saß an ihrem Fenster hoch über der Stadtmauer und kämmte ihr langes Haar; so wie sie es jeden Abend tat. Sie war zwar nicht länger jung, aber immer noch schön. Vielleicht heute noch mehr denn damals, als sie Josua begegnete; denn ihre Schönheit war gereift, und das brachte ihre weiblichen Qualitäten noch mehr zum Ausdruck.

Sie schaute heute nicht zum Mond hinauf, wie an jenem Abend vor langer Zeit, als der hebräische General sie aus der Dunkelheit heraus von unten bewundert hatte; was ihr bis heute noch nicht bekannt war. Statt dessen wanderten ihre Augen über die Hügel hinweg zum Jordan, auf dessen jenseitiger Seite sie das Lager der Israeliten wußte.

Josua wußte nicht, daß sie in all den Jahren ebenso oft an ihn gedacht hatte wie er an sie. Sie hatte die bewundernden Blicke nicht gesehen, die er in jener Nacht zu ihrem Fenster emporsandte. Doch sie hatte am nächsten Tag auf dem Marktplatz mit ihm und seinen Männern gesprochen. Doch obwohl sie weder seinen Namen noch seine hohe Stellung kannte, hatte sie den stattlichen Hebräer mit den durchdringenden Augen nie vergessen.

Und nach all diesen Jahren tat ihr auch immer noch der tadelnde Ausdruck weh, den sein Gesicht annahm, als er erkannte, welchem Gewerbe sie nachging. Sicher, er war gewiß ein heiliger Mann, so wie der mächtige Mose, von dessen Ruhm man von Ägypten bis Kanaan und in allen anderen Ländern erzählte. Und nach dem hohen moralischen Standard der Israeliten war ihr Gewerbe ganz gewiß sündhaft und unverzeihlich.

Trotzdem hatte sie oft an jenen Mann gedacht und sich gefragt, welche Stellung er wohl unter den Millionen des Volkes einnahm, das zum Schrecken aller anderen Völker geworden war. Er mußte irgendein Führer unter seinem Volk sein. Denn nach dem Eindruck, den sie damals gewonnen hatte, war er der Führer jener Gruppe von Männern gewesen, die nach Jericho gekommen waren.

Sie erinnerte sich daran, wie hart er sie und die anderen Frauen am Brunnen zurückgewiesen hatte, und sie fragte sich, ob er freundlicher gewesen wäre, hätte sie nicht die Kleidung einer Prostituierten getragen.

Je näher das wandernde israelitische Volk ihrer Stadt kam, um so häufiger mußte sie an diesen Mann denken. Nachdem sie nun auch noch die Amoriter und Og besiegt hatten, lagerten sie schon auf der anderen Seite des Jordans, gar nicht mehr weit entfernt. Ob er wohl noch lebte? Vielleicht diente er ja unter dem legendären General Josua, von dessen Kriegstaten man genauso redete wie von den großen Wundern, die Mose vollbrachte.

Wer immer er auch sein mochte, sie konnte ihre Gedanken nicht von ihm lösen. Und wie viele Männer Rahab auch kennengelernt hatte, er war der einzige, der in ihrem Herzen ein tieferes Gefühl entzünden konnte, owohl sie ihn nur einmal gesehen hatte.

Kein Volk von der Größe Israels konnte irgendwo lagern, ohne daß seine Nachbarn es ständig im Auge behielten. Gerade an diesem Tag wurde in den Straßen Jerichos berichtet, daß die Invasoren sich scheinbar wieder zum Aufbruch bereit machten. Und wilde Spekulationen waren überall zu hören, was wohl ihr nächstes Ziel sein würde.

Es wurde auch erzählt, Mose sei auf geheimnisvolle Weise verschwunden. Vielleicht war er ja gestorben, denn er mußte schon sehr alt sein. Die Führerschaft sei nun auf Josua übergegangen, sagte man. Wenn dies stimmte, dann würde Israels nächster Schritt sich unzweifelhaft gegen Kanaan richten.

Allen Kanaanitern war mittlerweile die Tatsache bekannt, daß die Vorväter des Volkes Israel vor einigen Jahrhunderten in Kanaan gelebt hatten und daß sie dieses Land deshalb noch immer als ihr Eigentum betrachteten. Außerdem bewunderte die ganze Welt dieses Volk, weil es nach Jahrhunderten der Unterdrückung in Ägypten die Sklavenfesseln dieses Weltreichs, das scheinbar unbesiegbar war, von sich abgeschüttelt und den Weg in die Freiheit gefunden hatte.

Die allgemeine Ansicht der damaligen Zeit war, daß jedes Volk seinen eigenen Gott hatte. Ganz offensichtlich hatte der Gott der Hebräer nun die Initiative ergriffen und dafür gesorgt, daß Israel aus Ägypten ausziehen konnte, um sein früheres Heimatland wieder einzunehmen. Nachdem der Gott Israels stärker gewesen war als die Götter der Ägypter, mußte es sich noch herausstellen, ob Er auch die Götter Kanaans überwinden konnte.

Rahab zitterte ein wenig im kühlen Abendwind, der von der Wüste her kam, und sie zog ihren Schal enger um die Schultern. Zu sehen war, daß die Taten Israels die Herzen aller Völker mit Angst erfüllt hatten. Und sie selbst glaubte mehr als die meisten anderen ihrer Landsleute daran, daß es den Göttern Kanaans nicht gelingen würde, gegen Jahwe zu bestehen.

Es war allerdings nicht nur das Schicksal Ägyptens und der anderen schon besiegten Völker, das ihr dies sagte. Alle Kanaaniter wußten über die Siege Israels Bescheid. Doch die meisten hofften darauf, daß Baal und Astarte sich als mächtiger erweisen würden als Jahwe. Rahab jedoch war von ihrer Kindheit an dahingehend beeinflußt worden, den Gott der Hebräer zu respektieren.

In ihrer Kindheit war ihr Leben von vielen verschiedenen Strömungen beeinflußt und geformt worden. Ihre frühesten Erinnerungen waren die einer wohlbehüteten Familie, in der Vater und Mutter Stoffe herstellten und verkauften. Sie selbst und ihre Geschwister hatten dieses Gewerbe ebenfalls zu lernen und halfen den Eltern bei der Arbeit und beim Verkauf in dem winzigen Laden an der Straße.

In jener Zeit hatte die Persönlichkeit einer fröhlichen Köchin die kleine Rahab besonders beeindruckt. Die Köchin war eine israelitische Sklavin, die ihr Vater bei einer Reise nach Ägypten gekauft und mitgebracht hatte.

Ada, so war ihr Name, und sie war fast so breit wie sie hoch war, erfüllte vom Augenblick ihrer Ankunft an das Haus mit Liedern und lustigen Geschichten. Die meisten Lieder und Geschichten hatten mit der Historie des Volkes Israel zu tun, die voller erstaunlicher Ereignisse und Wunder zu sein schien.

Da Rahab viel Zeit unter der Aufsicht Adas in der Küche verbrachte und ihr, als sie größer wurde, auch half, lernte sie die hebräische Sprache fast so gut wie ihre Muttersprache. Doch daneben erfuhr sie von Ada auch vieles von dem Gott Abrahams, Isaaks und Jakobs und den großen Wundern, die er für Sein Volk tat; und deshalb hatte sie sich in ihrem Herzen immer Respekt vor Jahwe, dem Gott Israels, bewahrt, obwohl ihr Leben sich seither stark verändert hatte.

Nach dem Tod ihres geliebten Vaters war ein Stiefvater ins Haus gekommen. Dadurch war das Leben der Familie völlig verändert worden, und Rahab hatte die Unschuld ihrer frühen Kindheit bald verloren.

Ihr Stiefvater führte die bisherige Arbeit der Familie fort. Doch er kam bald zu der Überzeugung, daß sie dadurch nicht schnell genug reich wurden. Und deshalb begann er, die Töchter seiner Frau nebenbei noch für andere Zwecke zu mißbrauchen. Er verkaufte sie für eine Stunde oder auch für eine ganze Nacht an seine männlichen Kunden oder auch an durchreisende Händler, und so machte er das Haus bald zu einer Höhle unzüchtiger Ausschweifungen. Als er genügend Geld zusammen hatte, verlegte er ihre Wohnung in das Haus auf der Stadtmauer und machte daraus eine Herberge für Reisende, aus der sich nach und nach ein regelrechtes Bordell entwickelte.

Natürlich durfte unter diesen Umständen die hebräische Köchin nicht im Hause bleiben. Sie wurde verkauft. Ihr

Stiefvater war der Meinung, sie übe einen falschen Einfluß auf die Mädchen aus durch ihre religiösen Ansichten. Er behauptete ja, was die Mädchen täten, seien auch religiöse Werke zu Ehren der Astarte, der Göttin der Erotik und freien Liebe. Und von allen Einnahmen durch die Prostitution wurde immer ein Teil in den Tempel der Astarte gebracht.

Die anderen Götter Kanaans vertrugen sich auch recht gut mit der Liebesgöttin Astarte. Nur Jahwe, der Gott Israels, schien da völlig andere Ansichten zu haben. Seine Forderungen standen völlig im Gegensatz zu denen der Baalsreligion und nannten das, was zu Ehren der Göttin Astarte geschah, einfach Unzucht und grobe Sünde.

Deshalb mußten die Mädchen dem Einfluß Adas entzogen werden. Und da Rahab außerdem die älteste der Töchter war, lag auf ihr die größte Last dieses unzüchtigen Verhaltens.

An jenem Tag, als Josua mit seinen Männern nach Jericho kam, war sie mit ihren Schwestern und einigen anderen Frauen aus dem Bordell auf die Straße gegangen, um die Aufmerksamkeit dieser Männergruppe zu erregen, was ihnen nicht gelungen war. Und in der Zwischenzeit war sie selbst die Leiterin des Bordells geworden.

Doch obwohl sie der Göttin Astarte diente, hatte sie Adas Geschichten und ihre Sprache sowie ihren Respekt vor Jahwe nie vergessen. Da sie aber zu ihrer Familie hielt, versuchte sie diese Dinge aus ihrem Gedächtnis zu verbannen. Aber in ihren einsamen Stunden brach immer wieder eine Sehnsucht nach einer anderen Art von Leben in ihrem Herzen auf, einem Leben, wie sie es bei Ada gesehen hatte.

Sie legte ihren Kamm beiseite und lehnte sich aus dem Fenster. Es war Frühling. Der Jordan führte Hochwasser, und das Jerichotal war erfüllt vom Blütenduft. Und drüben, auf der anderen Seite des Flusses, wußte sie das Lager Israels.

Was tat jener stattliche Hebräer wohl gerade an diesem Abend? fragte sie sich. Würde sie je die Gelegenheit haben, ihn wiederzusehen?

Da die Sonne untergegangen war und es schnell dunkel wurde, beeilten sich noch manche Reisende, in die Stadt zu kommen, ehe die Tore für die Nacht geschlossen wurden. Unter denen, die von der Königsstraße her über die große Zugbrücke kamen, fielen ihr zwei Männer besonders auf.

In ihrer Kleidung und allgemeinen Erscheinung war nichts Ungewöhnliches. Doch als sie von der Straße her kamen, schienen sie die Brücke und die Mauern ganz besonders aufmerksam zu betrachten. Ab und zu blieben sie einen Augenblick stehen und unterhielten sich eifrig. Sie nahmen auch den Wassergraben und das steinige Vorfeld genau in Augenschein.

Der Ältere von beiden erregte besonders Rahabs Aufmerksamkeit. Irgend etwas an ihm kam ihr bekannt vor. Und als ein stärkerer Luftzug seine Kapuze zurückschob und ein bärtiges Gesicht enthüllte, atmete sie vor Überraschung tief ein.

Das war ganz gewiß einer von den hebräischen Männern, die vor vielen Jahren schon einmal in Jericho gewesen waren. Natürlich, die Jahre hatten ihn verändert, so wie auch sie selbst, doch wenn er nicht der Mann ihrer Träume war, dann hätte er sein Bruder sein können, so sehr ähnlich war er ihm.

Vergebens suchte sie einen Blick seiner Augen zu erhaschen. Denn dann hätte sie es genau gewußt. Niemand hatte solche Augen wie der Mann ihrer Phantasie.

Doch es war schon zu spät. Die beiden Männer hatten die Zugbrücke überschritten und tauchten im Stadttor unter. Genau wie die vielen anderen, die für die Nacht in der Stadt noch eine Unterkunft suchten.

Schnell warf Rahab ihren Umhang um und lief die Treppe an der Innenseite der Mauer hinunter. Wenn es ihr gelang, die Straße zu erreichen, ehe die Männer zum Marktplatz kamen, konnte sie die beiden vielleicht noch aus nächster Nähe betrachten.

Doch ob es nun der Mann ihrer Träume war oder nicht, in jedem Fall waren die beiden Israeliten. Und wenn das so war, dann waren sie auch Spione und wollten die Stadt auskundschaften. Und wenn sie Spione waren, dann mußten sie die Vorboten der kommenden Invasion sein.

48. KAPITEL

Es war nicht ungewöhnlich für Rahab, an einer Straßenecke zu stehen. Das hatte sie in ihrem Leben sehr oft getan. Doch nach Einbruch der Dunkelheit waren die Straßen Jerichos nicht mehr sicher, und ganz besonders Frauen mußten sich vorsehen. Auch sie selbst ging, wenn es dunkel wurde, kaum mehr hinaus.

Trotzdem war es nicht die Furcht vor möglichen Gefahren, die Rahabs Herz schneller klopfen ließ, als sie im Schatten der Treppe stand und die Leute beobachtete, die vom Tor her kamen. Voller Aufmerksamkeit wartete sie auf die beiden Hebräer. Sie würde versuchen, sie anzusprechen, wenn sie die beiden entdeckte. Doch gerade das war es, was ihr auch bedenklich erschien. Denn wenn sie auf die Männer zuging, würden diese vielleicht denken, sie suche Kunden für ihr Bordell. Und diese Absicht lag ihr im Augenblick völlig fern.

Doch es war keine Zeit mehr, sich eine besondere Taktik auszudenken, denn da nahten die beiden schon. Die Art, wie die Männer alles beobachteten, zeigte ihr besonderes Interesse.

Rahab nahm allen Mut zusammen und trat einen Schritt vor. „Ihr Herren", sagte sie gerade laut genug, um von ihnen verstanden zu werden, „wenn ihr eine Unterkunft für die Nacht sucht, dann weiß ich einen solchen Platz."

Im Laufe der Jahre hatte sich Rahab Hunderten, ja wahrscheinlich Tausenden von Männern auf ähnliche Weise genähert, und im allgemeinen machte ihr das nichts mehr aus. Doch nun fühlte sie, wie ihr Gesicht sich mit einer brennenden Schamröte überzog und wie ihre Hände zitterten.

Eine Mischung vieler Gefühle zog durch ihre Brust, als ihr Blick dem des älteren Hebräers begegnete. Sie war verlegen, weil sie sich einem Abgesandten Jahwes auf solche Weise aufdrängte. Aber sie war auch enttäuscht, denn sie wußte sofort, daß dies nicht der langersehnte Mann war, der damals ihr Herz gefangengenommen hatte.

Als sie angesprochen wurden, reagierten die Männer überhaupt nicht, sondern machten einen Bogen um sie. „Dies ist eine verdorbene Stadt, Salmon", hörte sie den Älteren sagen. „Als wir mit Josua hier waren, versuchte es eine Gruppe von Frauen auf ähnliche Weise. Aber er hat sie hart zurückgewiesen."

Bei diesen Worten griff Rahab unwillkürlich nach ihrem Herzen. Sie erinnerte sich gut daran, wie der Führer der Männer sie alle damals hart angefahren hatte. Die Gedanken rasten in ihrem Kopf. *Bei allen Göttern,* dachte sie. Konnte es tatsächlich sein, daß der Mann, den sie nach so vielen Jahren immer noch liebte, der berühmte Feldherr Israels selbst war? War der Geliebte ihres Herzens etwa dieser *Josua?*

Sie lehnte sich an die Hauswand, weil ihr die Knie zu versagen drohten. Was sollte sie tun? Sollte sie den Männern nachgehen und versuchen, sie zu überreden. Sicherlich würden sie in der ihnen feindlichen Stadt irgendwelche Hilfe brauchen. Aber nein, das konnte sie nicht tun. Freunde Josuas würden ein Haus wie das ihre ganz gewiß nicht betreten.

Mit hängenden Schultern machte sie sich auf den Rückweg. Tränen standen ihr in den Augen, als ihr klar wurde, daß der Mann ihrer Träume niemand anders war als der General, der allseits geachtete Führer des auserwählten Volkes Gottes. Wie würde er lachen, wenn er wüßte, daß eine Frau wie sie nach seiner Anerkennung suchte.

In Gedanken versunken hatte sie erst einige Schritte die Treppe hinauf getan, als eine Männerstimme sie anrief. „Hallo, meine Dame!" hörte sie. „Pssst . . . hallo!"

Als sie sich umschaute, sah sie, daß die beiden Hebräer zurückgekehrt waren und ihr vom Fuße der Treppe aus zuwinkten.

Es war der Jüngere, der sie angerufen hatte. Sie wußte, wie gefährlich zur Zeit der Gebrauch der hebräischen Sprache war und wie schnell sie entdeckt werden konnten. Deshalb eilte sie schnell die Stufen wieder hinunter und machte eine mahnende Handbewegung.

Der Ältere betrachtete sie einen Augenblick aufmerksam und sagte dann: „Frau, es schien uns, als hättest du uns auf der Straße in unserer eigenen Sprache angeredet."

Unruhig blickte er sich einen Augenblick um, lehnte sich weiter vor und fragte flüsternd: „Bist du uns freundlich gesonnen oder feindlich?"

Wie eine eifrige Hausfrau schob Rahab die Flachsbündel, die im kleinen Garten auf dem flachen Hausdach lagen, hin und her. Da die Familie die alte Tradition aufrechterhielt und immer noch Leinenstoff herstellte, wurde das flache Dach zum Trocknen des dazu benötigten Flachses benutzt.

„Hier seid ihr sicher", sagte sie zu den beiden Männern, während sie Decken ausbreitete, um ihnen ein Nachtlager zu bereiten. „Das heißt, ihr werdet sicher sein, wenn auf der Straße niemand eure Sprache erkannt hat."

Sie erhob sich und schaute ihre Gäste stirnrunzelnd an. „Ihr dürft nur sehr leise miteinander sprechen, denn wir haben . . . hm . . . wir haben *Gäste,* die in den Räumen unter euch die ganze Nacht kommen und gehen."

Kaleb, der ältere Hebräer, räusperte sich. „Wir kommen gut zurecht, Madame. Deine Großzügigkeit ist mehr, als wir erwarten konnten."

Der jüngere Salmon lächelte breit. Es war ihm anzusehen, daß er durch ihre Schönheit verunsichert und gleichzeitig angezogen war. Und obwohl er sich an einem solchen Ort recht seltsam vorkam, wollte er doch auf die Gastgeberin Eindruck machen.

„Sorge dich nicht, wir werden gut beschützt", bemerkte er. „Mag unser Gott dich für deine Freundlichkeit segnen."

Rahab spürte, wie ihr bei dem Hinweis auf Jahwe wieder das Blut ins Gesicht stieg. Nervös rieb sie ihre Hände aneinander. „Ihr seid Diener Josuas", stellte sie fest. „Hat er euch in die Stadt gesandt?"

„So ist es", antwortete Kaleb. „Josua ist nun nicht mehr nur unser General, sondern auch der Führer unseres Volkes."

Rahab bemühte sich, ihre Tränen zurückzuhalten. „Ich habe davon gehört", nickte sie. „Und er ist ein sehr tüchtiger Mann."

Daß sie Achtung vor dem Heerführer hatte, war offensichtlich. Doch die beiden Männer konnten sich nicht erklären, warum ihre Stimme leicht zitterte, als sie von ihm sprach.

Sie betrachtete die beiden Israeliten einen Augenblick schweigend und sagte dann: *„Ich weiß, daß der Herr euch das Land gegeben hat und daß uns Furcht vor euch befallen hat und alle Bewohner des Landes aus Angst vor euch vergehen. Denn wir haben gehört, wie der Herr das Wasser des Schilfmeeres euretwegen austrocknen ließ, als ihr aus Ägypten ausgezogen seid. Wir haben auch gehört, was ihr mit Sihon und Og, den beiden Königen der Amoriter jenseits des Jordans, gemacht habt: Ihr habt sie dem Untergang geweiht. Als wir das hörten, zerschmolz unser Herz, und jedem stockte euretwegen der Atem."*

Kaleb und Salmon blickten sich erstaunt an und fragten sich, ob einige Worte des Trostes angebracht wären. Denn die Frau hatte so verzweifelt geklungen.

Doch da fuhr Rahab schon fort, als wäre keine Zeit mehr zum Zögern: *„Der Herr, euer Gott, ist Gott droben im Himmel und hier unten auf der Erde. Nun schwört mir beim Herrn, daß ihr der Familie meines Vaters euer Wohlwollen erweist, wie ich es euch erwiesen habe, und gebt mir ein sicheres Zeichen dafür, daß ihr meinen Vater und meine Mutter, meine Brüder und meine Schwestern und alles, was ihnen gehört, am Leben laßt und daß ihr uns vor dem Tod bewahrt."*

Sie verbarg ihr Gesicht in den Händen und weinte. Doch dabei spürte sie, daß sie mit dem Bekenntnis ihrer Worte auch ihr eigenes Herz erleichtert hatte.

Die verzweifelten Worte hatten die Herzen ihrer Gäste schmelzen lassen. Die beiden Männer traten auf sie zu, legten ihr die Hände auf die Schulter, und Kaleb nahm ihr Gesicht in seine Hände.

Kaleb antwortete freundlich und nachdrücklich: *„Liebe Frau, wir bürgen mit unserem eigenen Leben für euch, wenn ihr nur unsere Sache nicht verratet. Wenn uns der Herr das Land gibt, werden wir dir unser Wohlwollen und unsere Treue zeigen.“*

49. KAPITEL

Rahab lag auf ihrem Bett, konnte aber nicht schlafen. Sie hatte ihren Dienern mitgeteilt, daß sie selbst an diesem Abend keine Gäste empfangen würde. Doch aufmerksam lauschte sie auf jedes Geräusch, auf das Klopfen an der Haustür und auf jede Stimme.

Das Haus, in dem sie, ihre Schwestern und andere Frauen der Astarte dienten, war ein populärer Einkehrplatz für Männer aller Völker; und zwar nicht nur wegen der Frauen, die ihnen hier zu Diensten standen, sondern auch, weil es so bequem in der Nähe des Stadttores lag. Rahab war es gewöhnt, daß Tag und Nacht die Geräusche des Kommens und Gehens durchs Haus gingen. Doch heute lauschte sie auf eine andere Art von Klopfen, nämlich auf die harten und fordernden Fäuste von Militär oder Polizei.

Um Mitternacht herum mußte sie in leichten Schlaf gefallen sein, denn als laut an ihre Tür geklopft wurde, fuhr sie erschreckt auf.

„Was gibt es?“ rief sie. „Habe ich nicht gesagt, ich will heute keine Gäste empfangen?“

Das Klopfen wurde lauter, so daß sie befürchtete, die Tür würde aufgebrochen. Sie sprang vom Bett, warf ihre rote Robe um sich und öffnete laut gähnend, als sei sie aus tiefstem Schlaf gerissen worden, die Tür.

„Was ist los?“ murrte sie ärgerlich und gab vor, sehr beleidigt zu sein, als sie zwei Polizisten vor sich sah. „Kann eine Dame nicht wenigstens einmal eine Nacht ruhig schlafen?“

„Madame, Israeliten sind in der Stadt“, antwortete einer der Polizisten barsch. „Es sind Spione, die die Stadt und das Land auskundschaften sollen. Man hat gesehen, wie sie dein Bordell betraten. Wir müssen sie festnehmen. Führe uns zu ihnen.“

Um Zeit zu gewinnen, schlug Rahab die Tür wieder zu und rief von drinnen. „Ich weiß nicht, wovon ihr redet. Laßt mir einen Augenblick Zeit, um mich ordentlich anzukleiden. Ich bin sofort wieder bei euch.“

Mit bebenden Händen ordnete sie ihre Kleidung und überlegte, wie sie den Polizisten am besten Sand in die Augen streuen konnte. Sie hatte vorher schon die ganze Zeit darüber nachgedacht. Nun mußte sie ihre Rolle gut spielen.

Als die Polizisten wieder ungeduldig an die Tür klopften, trat sie in den von Fackeln erhellten Gang und betrachtete mit bewundernswerter Fassung die beiden Männer.

„Also, meine Herren“, sagte sie höflich, „ihr wißt ja selbst ganz genau, was das für ein Haus ist und daß hier Männer Tag und Nacht aus und ein gehen. Wie könnt ihr von mir erwarten, daß ich über jeden von ihnen Bescheid weiß? Und vor allem weiß ich nichts von Israeliten, die an diesem Abend als Gäste hier gewesen sein sollen. Meines Wissens waren überhaupt noch nie Israeliten in diesem Haus.“

Einer der Polizisten lehnte sich vor und blickte ihr scharf in die Augen: „Man hat uns berichtet, du selbst hättest auf der Straße mit ihnen gesprochen und sie dann die Treppe herauf in dein Haus geführt“, sagte er hart. „Willst du das bestreiten?“

Rahab schwieg einen Augenblick und strich sich über das Kinn, als müsse sie nachdenken. „O, diese beiden“, sagte sie dann und gab sich den Anschein, überrascht zu sein. „Warum glaubt ihr, sie wären Israeliten? Das kann nicht sein! Solche Männer, unsere Feinde, unter meinem Dach?“

Ganz entsetzt und gleichzeitig entrüstet blickte sie sich um. Innerlich betete sie dabei für die beiden Männer, die in diesem Augenblick zwar nicht unter ihrem Dach, aber auf demselben waren.

Dann wandte sie sich wieder an die Polizisten und sagte entschuldigend: „Aber ich hatte doch keine Ahnung. Gewiß, sie sprachen unsere Sprache mit einem seltsamen Akzent. Aber das tun viele der Männer, die zu uns kommen. Und wir fragen nie, woher sie sind. Und auch diese beiden machten keinen schlechten Eindruck. Sicher, sie haben mich auf der Straße angesprochen, aber ich wußte ja nicht, wer sie waren. Hätte ich es gewußt, dann . . .“

Die Männer schoben sie ungeduldig beiseite, weil sie das Haus durchsuchen wollten. Doch sie hielt einen am Ärmel fest und fuhr fort: „Gewiß, sie waren hier, aber sie sind nicht lange geblieben. Unmittelbar bevor die Stadttore geschlossen wurden, sind sie wieder gegangen, und ich weiß nicht, wohin. Aber wenn ihr sie verfolgt, werdet ihr sie vielleicht noch draußen in der Ebene einfangen können.“

Während sie weiter auf die beiden einredete, öffneten die Polizisten nacheinander sämtliche Räume, warfen Bettdecken zurück und störten dabei die Prostituierten und ihre Freier, die das mit lautem Schimpfen beantworteten.

Den beiden Männern schien das unangenehm zu sein. Als sie jetzt an der Treppe standen, die zum Dach führte, sagte der eine: „Vielleicht sagt sie tatsächlich die Wahrheit.“

Rahab stieß sofort nach. „So hört doch auf mich“, drängte sie. „Wenn ihr sie noch erwischen wollt, müßt ihr euch beeilen. Oder zögert ihr hier absichtlich so lange, damit sie entkommen können? Durchsucht die Ebene und verfolgt sie schnell, dann werdet ihr sie bestimmt noch einholen.“

Mittlerweile war das ganze Haus in Aufruhr. Überall schauten nur spärlich bekleidete Männer und Frauen aus Zimmern heraus und schimpften. Die Polizisten wollten auch nicht in den Verdacht geraten, durch ihr Zögern die Spione entkommen zu lassen. Also verließen sie so schnell wie möglich das Haus und nahmen ihre Gefährten noch mit, die im Erdgeschoß alles durchsuchten. „Kommt schnell!“ rief der eine. „Wir müssen Trupps zusammenstellen, die die Verfolgung aufnehmen!"

Rahab beruhigte die verärgerten Gäste. „Es ist alles vorüber", sagte sie mit durch viel Erfahrung gekonntem Lächeln. „Die Polizei sucht einige Gauner. Doch ich habe ihnen versichert, daß wir nur anständige und höhergestellte Gäste im Haus haben. Sie können sich alle beruhigt wieder hinlegen und weiterschlafen."

Rahab schlich auf Zehenspitzen die Stufen zum Dach hinauf. Oben angekommen, rief sie leise nach Kaleb und Salmon. „Liebe Männer", stammelte sie, als diese sich bemerkbar machten, „ich nehme an, ihr habt gehört, daß es im Haus Aufruhr gegeben hat."

„Allerdings", bestätigte Kaleb, während er sich noch Flachs aus seinem Gewand zupfte.

Salmon, der schon dabei war, ihre Sachen zusammenzupacken, nickte ebenfalls. „Es war ja laut genug", meinte er.

„Was macht ihr denn da?" fragte Rahab überrascht, als sie erkannte, daß Salmon zusammenpackte. „Ihr könnt jetzt nicht gehen, es ist nicht sicher genug. Sie werden überall nach euch suchen, nur nicht mehr in diesem Haus."

„Wir können dich nicht noch mehr in Gefahr bringen", widersprach Kaleb. „Du warst so freundlich zu uns; da wollen wir dir keine Schwierigkeiten mehr machen."

Die kanaanitische Frau sorgte sich um die Sicherheit der beiden Männer und bat sie, nicht zu gehen. Aber die Israeliten schienen in ihr Unglück rennen zu wollen, und selbst die Tränen der Frau konnten daran nichts ändern.

„Ach", sagte sie weinend, „ihr beleidigt mich, wenn ihr geht. Es ist eine Ehre für mein Haus, euch zu beherbergen. Und außerdem weiß ich, daß ich dadurch gesegnet werde." Schluchzend fragte sie: „Was soll Josua von mir denken, wenn euch vielleicht nun ein Unheil widerfährt?"

Die Männer hätten vielleicht nachgegeben, weil sie über ihre Hartnäckigkeit erstaunt waren. Aber da sie wußten, daß sie nicht nur sich selbst in Gefahr brachten, sondern auch die Bewohner des Hauses, gingen sie nun trotzdem zur Treppe hin.

Doch die Frau erhob weitere Einwände: „Also gut", sagte sie, „wenn ihr meint, unbedingt gehen zu müssen, kann ich euch nicht halten. Aber hört meinen Rat: Ihr könnt nicht auf die Straße gehen, denn draußen suchen euch überall die Soldaten und die Polizei. Und zum Tor kommt ihr gleich gar nicht hinaus. Doch auf der Mauer vermuten sie euch nicht. Ihr könnt euch an einem Seil direkt von hier aus an der Stadtmauer hinunterlassen und in der Dunkelheit versuchen, ein Stück davonzukommen."

Salmon fragte: „Aber wie sollen wir das bewerkstelligen? Die Mauer ist zu hoch und zu glatt für uns."

„Neben dem festen Leinenstoff, aus dem auch unsere Kleider bestehen, stellen wir aus dem Flachs auch Seile her", antwortete Rahab. „Sie sind ebenfalls rot gefärbt, damit man erkennt, daß sie aus unserer Werkstatt kommen. Einige dieser Seile haben wir auch auf dem Dach unter dem Flachs liegen. Sie sind lang und stark genug. Wenn wir sie hier befestigen, könnt ihr euch daran hinunterlassen."

Die beiden Israeliten eilten in die Ecke, in die Rahab zeigte, und fanden einige lange rötlich gefärbte Seile. Sie prüften ihre Festigkeit und nickten sich zu. „Das Seil scheint lang und auch fest genug zu sein", bestätigte Kaleb, während er schon nach einer Möglichkeit suchte, es zu befestigen.

Einige Minuten später hing das Seil, gut festgezurrt, vom Dach an der Stadtmauer hinunter. Unten war alles dunkel, und es schien ruhig zu sein. An dem Lärm hörte man, daß in der Stadt und auch draußen in der Ebene nach ihnen gesucht wurde, denn man konnte hier und da Fackelschein erkennen. Aber an der Stadtmauer wurden sie offensichtlich nicht vermutet.

Die beiden Männer wandten sich Rahab zu, um sich zu verabschieden. Sie sagte zu ihnen: „Ihr müßt den Wassergraben überwinden. Es gibt zwei Stellen, die nur sehr flach sind. Da kann man leicht hinüberlaufen. Sie sind aber nur wenigen Stadtbewohnern bekannt." Sie zeigte ihnen vom Dach aus, wo sie die nächstgelegene seichte Stelle finden würden.

Dann zeigte sie nach Nordwesten und fuhr fort: „Versucht noch in der Nacht das Hügelland zu erreichen, denn zum Jordan hin werden sie am meisten nach euch suchen. In den Hügeln gibt es viele Verstecke. Wenn ihr dort drei Tage bleibt, werden sie die Suche nach euch inzwischen aufgeben. Dann könnt ihr sicher zu eurem Volk zurückkehren."

Die Männer nickten und wunderten sich, wie gefaßt und klug diese Frau doch war. Doch nun war es wieder Kaleb, der das Wort ergriff:

„Wir können uns nur unter folgender Bedingung an den Eid halten, den du uns hast schwören lassen:" sagte er. *„Wenn wir in das Land eindringen, mußt du dieses rote Seil an das Fenster binden, mit dem du uns jetzt an der Mauer herabläßt; und du mußt deinen Vater, deine Mutter, deine Brüder und die ganze Familie deines Vaters bei dir in deinem Haus versammeln. Jeder aber, der aus der Tür deines Hauses heraustritt, ist selbst schuld, wenn sein Blut vergossen wird. Wir sind dann ohne Schuld. Doch bei jedem, der bei dir im Haus bleibt, tragen wir die Schuld, wenn Hand an ihn gelegt wird."*

„So soll es sein", bestätigte Rahab. „Ich werde genau darauf achten."

Die Männer verabschiedeten sich von der Kanaaniterin, dankten ihr nochmals, und Salmon wollte sich gerade als erster am Seil hinunterlassen. Da wandte sich Kaleb nochmals nach Rahab um und sagte: *„Denke daran: Wenn du unsere Sache verrätst, brauchen wir uns nicht an den Eid zu halten, den du uns hast schwören lassen."*

„Ich werde mich daran halten", nickte Rahab mit tränenerstickter Stimme.

Einige Augenblicke hing das Seil wieder lose an der Mauer, und von unten wurde daran gezerrt. Das bestätigte Kaleb, daß Salmon sicher angekommen war. Nun schwang auch er sich hinaus.

„Segnet Josua für mich“, rief Rahab ihm leise nach, „und sagt ihm, daß die Frau von Jericho für ihn betet!“

50. KAPITEL

Josua ritt unruhig am östlichen Ufer des Jordans hin und her und hielt immer wieder aufmerksam nach Westen Ausschau, wo die Sonne sich anschickte unterzugehen. Seine Kundschafter, einer davon war sein bester Freund, hatten vor vier Tagen ihren gefährlichen Weg angetreten und sollten eigentlich heute zurückkehren, wenn alles nach Plan ging. Doch der Tag würde schon bald zu Ende gehen.

Der General wußte nicht, daß sie in Jericho entdeckt worden waren und nur knapp der Gefangenschaft entgingen, so daß sie sich drei Tage versteckt halten mußten, weil überall nach ihnen gesucht wurde. Er hatte sich zwar gewundert, weil in den letzten Tagen viel häufiger als vorher feindliche Soldaten am jenseitigen Ufer zu sehen waren, erst heute war es wieder ruhiger geworden; und er hatte sich auch gefragt, ob diese Aktivitäten etwas mit seinen Kundschaftern zu tun haben konnten. Doch eine Antwort wußte er nicht. Und deshalb war er nicht wenig besorgt.

Als sie dann doch im letzten Abendlicht auftauchten, zwar aus einer etwas anderen Richtung als er angenommen hatte, lenkte er sein Pferd zur Furt. Freudig winkte er den beiden zu, als sie den Jordan durchquerten.

„Kaleb! Salmon!“ rief er erleichtert. „Wie geht es euch?“

Die beiden winkten zurück. Und als sie völlig durchnäßt ans Ufer traten und ihren Führer begrüßten, sagte Kaleb: *„Der Herr hat uns das ganze Land ausgeliefert; alle Bewohner des Landes vergehen aus Angst vor uns.“*

Es wurde eine ermutigende und frohe Versammlung, die an diesem Abend im Zelt des Generals stattfand. Seit Moses Tod war Josua in den abgetrennten Teil des Versammlungszeltes gezogen, in dem der Prophet vorher gewohnt hatte. Alle führenden Männer Israels fanden sich nun im Zelt ein, um zu beraten.

Aufmerksam lauschten sie dem Bericht der beiden Kundschafter, weil sie hofften, mehr über die militärische Lage auf dem gegenüberliegenden Jordanufer zu erfahren. Statt dessen berichteten Salmon und Kaleb von ihrer Entdeckung in Jericho, von ihrer Flucht und von der Frau in dem Haus auf der Stadtmauer, die ihnen das Leben gerettet hatte. Verwundert, aber doch gefesselt von dem Abenteuer, hörten die Männer zu.

In dem Augenblick, in dem sie *die Frau im roten Gewand* erwähnten, deren Haus auf der Mauer stand, begann Josuas Herz heftiger zu klopfen. Niemand im Zelt konnte etwas von seinen Gefühlen wissen oder auch nur ahnen, daß diese Frau in den vergangenen Jahrzehnten immer wieder das Objekt seiner Träume und Gedanken gewesen war.

„Sie spricht Hebräisch!" betonte Kaleb. Nun wandte er sich Josua zu. „Erinnerst du dich an die Begegnung mit einer solchen Frau auf dem Marktplatz, als wir vor vielen Jahren in Jericho waren? Ich bin ziemlich sicher, daß es dieselbe Frau war, die uns jetzt das Leben gerettet hat."

Er hätte nicht erst darauf hinweisen müssen, denn der General war in dem Augenblick davon überzeugt gewesen, als Kaleb davon erzählte.

Er nickte zurückhaltend und forderte Kaleb mit einer Handbewegung auf, weiter zu berichten. Doch dann fragte er noch: „Sie ist doch eine Prostituierte, wenn ich mich recht erinnere? Oder irre ich mich?"

Kaleb und Salmon warfen sich einen kurzen Blick zu, weil sie befürchteten, jetzt getadelt zu werden.

„Wie? . . . Ja, das stimmt schon", bestätigte Kaleb ein wenig verlegen. „Aber sie scheint uns wohlgesonnen zu sein und hat uns verborgen. Nichts weiter. Herr, sie ist eine gute Frau — wenn man bedenkt, daß sie eine Kanaaniterin ist. Ich hoffe, wir haben unsere Kompetenz nicht überschritten, als wir ihr mit einem Eid zusicherten, wir würden sie und ihre Familie verschonen, wenn wir die Stadt einnehmen."

Die Männer rundum flüsterten miteinander und machten leise Scherze über die Kundschafter. Die beiden blickten mit roten Köpfen ein wenig beschämt zu Boden.

Josua schwieg einige Augenblicke und gab sich den Anschein, als bedürfe diese Sache sorgfältiger Überlegung. Dabei gab er sich alle Mühe, das Gefühl der Dankbarkeit zu verbergen, das in seinem Herzen aufkeimte. Endlich sagte er zweideutig: „Na gut!" und änderte geschickt das Thema. Er fragte: „Und wie sieht das Land aus? Werden wir erfolgreich sein?"

Er wußte die Antwort schon, weil Kaleb ihm auf dem Weg vom Jordan ins Lager ausführlich berichtet hatte.

„Ganz gewiß, Herr", bestätigte Kaleb. „Das Land ist noch besser als das, was wir auf dieser Seite des Jordans schon in Besitz genommen haben. Die Bewohner zittern bei jeder Nachricht, die sie über uns erhalten. Und zwar nicht nur die Einwohner Jerichos, sondern auch jene in den Hügeln und in der Ebene: die Jebusiter, die Hittiter, die Hiviter und alle anderen."

„Aber wie sieht es mit den Befestigungen aus?" wollte einer der Männer wissen. „Das Land liegt ja offen vor uns; und auch die kleineren Städte können wir wahrscheinlich ohne große Schwierigkeiten einnehmen. Aber Jericho ist doch die am stärksten befestigte Stadt in ganz Kanaan. Welche Möglichkeiten seht ihr, daß wir hineinkommen?"

„Richtig", bohrte ein anderer nach. „Da ihr ja auf der Stadtmauer gewesen seid, hattet ihr eine gute Möglichkeit, sie genau zu betrachten."

Die neue, wenn auch indirekte Erwähnung des Hauses der Prostituierten war zwar gut gemeint, doch Josua gefiel es trotzdem nicht.

„Es ist genug jetzt“, wandte er ein. „Unsere Kundschafter haben nichts Falsches getan, indem sie in das Haus gingen. Und jene Frau scheint ein freundliches Herz zu haben. Ich meine, danach sollten wir sie beurteilen und Jahwe dafür danken, daß sie im rechten Augenblick da war.“

TEIL VIII

DER NACHFOLGER

51. KAPITEL

Es war ein dunstiger Morgen im Jordantal, als die Israeliten ihren Einzug in das verheißene Land begannen. Im ersten Grau der Dämmerung saß Josua auf seinem Pferd und beobachtete, wie der Traum von fast fünf Jahrhunderten in Erfüllung ging, als das Volk, bis zu diesem Punkt durch viele Wunder Gottes gebracht, sich nun wohlgeordnet aufmachte, die ersten Schritte in ihr Heimatland zu tun.

Nach den Anweisungen, die Josua von Gott erhalten hatte, sollte die Lade des Bundes, von den Priestern getragen, als erste in das Jordanwasser gehen. In dem Augenblick, als die Priester ihre Füße ins Wasser setzten, teilte sich vor den Augen des Volkes der Hochwasser führende Fluß, genauso wie das Schilfmeer sich damals geteilt hatte, als die Ägypter sie verfolgten, und das Volk trockenen Fußes zum jenseitigen Ufer zog.

Josua schaute staunend zu, wie das Wasser südlich zum Toten Meer hin abfloß und wie es sich von Norden her immer höher anstaute und wie eine Wand stand.

Die Priester mit der Bundeslade blieben in der Mitte des Flußbetts stehen und warteten dort, bis das ganze Volk an ihnen vorübergezogen war.

Nun rückten sie im geordneten Zug heran, die unübersehbaren Heerscharen Israels. An der Spitze zogen als erste große Schar 40 000 gut ausgerüstete und bewaffnete Krieger von den zweieinhalb Stämmen, die ihren Wohnsitz schon auf der östlichen Seite des Jordans bezogen hatten, in dem Land, das von dem Volk schon eingenommen war. Sie wollten auch dort bleiben, nur ihre Streiter zogen mit, um den anderen Stämmen bei der Einnahme Kanaans zu helfen.

Direkt hinter ihnen kam der Sarg Josephs, bewacht von besonders ausgewählten Kriegern aus dem Stamm Ephraim. Auch er zog nun seinem letzten Ruheplatz im Lande Jakobs entgegen, wie es sich Joseph einst gewünscht hatte.

Und nun kamen Stamm um Stamm, und dazwischen die Leviten und Priester mit dem Bundeszelt und allen dazugehörenden Geräten. Singend und tanzend durchzogen die Israeliten den Fluß, und viele von ihnen fielen auf ihre Knie und küßten die Erde, als sie das westliche Ufer erreicht hatten und auf dem Boden Kanaans standen.

Als ganz Israel durch den Jordan gezogen war, befahl Josua zwölf ausgesuchten jungen Männern, aus jedem Stamm einen, aus dem noch trockenen Flußbett zwölf große Steine herauszuholen und damit auf dem westlichen Ufer ein Denkmal zu errichten.

Als Vorletzter verließ dann auch Josua selbst das Flußbett und befahl den Priestern, die mit der Bundeslade die vielen Stunden ausgeharrt hatten, nunmehr auch ihren Platz zu verlassen und zum westlichen Ufer zu kommen.

Als die Bundeslade das westliche Jordanufer erreicht hatte, brachen die aufgestauten Wassermassen mit lautem Getöse zusammen, und wie eine Sturmflut schäumten sie, sich dabei weit über die Ufer ergießend, hinunter zum Toten Meer. Die Israeliten standen staunend da und beobachteten ehrfürchtig das gewaltige Schauspiel.

Josua ritt auf einen kleinen Hügel, von dem aus man einen weiten Überblick über die Ebene von Jericho hatte, und wandte sich mit bewegtem Herzen an das Volk und befahl: „In jeden der zwölf Steine, die unsere jungen Männer mit aus dem Jordan gebracht haben, soll der Name eines der Stämme Israels eingemeißelt werden. Und dann richtet die Steine zum Denkmal auf. *Wenn eure Söhne später eure Väter fragen: Was bedeuten diese Steine?, dann sollt ihr sie belehren: Hier hat Israel trockenen Fußes den Jordan durch-*

schritten; denn der Herr, euer Gott, hat das Wasser des Jordans vor euren Augen austrocknen lassen, bis ihr hindurchgezogen wart, genauso wie es Jahwe, euer Gott, mit dem Schilfmeer machte, das Er vor unseren Augen austrocknen ließ, bis wir hinübergezogen waren. Daran sollen alle Völker der Erde erkennen, daß die Hand des Herrn stark ist, und ihr sollt allezeit Jahwe, euren Gott, fürchten.“

Die folgenden Wochen waren eine aktive Zeit der Planungen und Vorbereitungen. Zwar war nun der Traum der Jahrhunderte wahr geworden: Israel war im Land der Verheißung. Aber es mußten noch viele Bewährungsproben bestanden und viele Siege errungen werden, ehe sie wirklich sagen konnten, daß sie das Land ihrer Väter ganz *besaßen.* Wie Josua sich doch manchmal dringend wünschte, Mose wäre bei ihm, um ihn zu beraten!

Vieles geschah während der nächsten Wochen. Der General befahl, daß alle männlichen Personen, die seit dem Auszug aus Ägypten geboren waren, beschnitten werden mußten und daß dies von nun an regelmäßig zu geschehen hatte. Das erste Passahfest wurde in dem verheißenen Land mit großem Jubel gefeiert. Und zum ersten Mal aßen die Israeliten Früchte und Gemüse usw. von den reichen Ernten der Produkte Kanaans. Das Manna, das bis dahin noch jeden Tag gefallen war, hörte auf; und auch die Wolkensäule verschwand.

Als alles getan war, was zu geschehen hatte, blieb nur noch der lange erwartete Angriff auf Jericho. Doch wie, so fragte sich Josua, sollte er sich in ein solch gefährliches Abenteuer stürzen, wenn Mose nicht mehr hinter ihm stand und betende Hände erhob. Manchmal erschien es dem Feldherrn doch sehr unfair, daß dem großen Propheten nicht gestattet worden war, das Ziel all seiner Arbeit und Mühe, das verheißene Land Kanaan, zu erreichen, sondern daß er auf der östlichen Seite des Jordans sterben mußte, ehe sein Traum wahr wurde.

Doch wenn Josua sich andererseits daran erinnerte, mit welcher Sicherheit und welchem getrosten und frohen Gesicht Mose seinen letzten Weg auf den Berg Nebo hinaufging, ehe er dann aller Blicke entschwunden war, fragte er sich, ob sein Meister nicht doch das eigentliche Ziel seines Lebens erreicht hatte und nichts mehr vermißte.

Heute ritt Josua wieder, wie er das in der letzten Zeit regelmäßig tat, allein ein Stück aus dem Lager hinaus, um über die Aufgaben der nächsten Tage nachzudenken und im Gebet die Leitung und Hilfe Gottes zu suchen. Er band sein Pferd an den Stamm einer Akazie und setzte sich auf die Spitze eines Felsens. Von hier aus hatte er einen weiten Blick über die fruchtbare Ebene von Jericho.

Auf vielen Feldern wuchsen schon Getreide und verschiedene Gemüsearten; und wenn er zu der in der Ferne liegenden Stadt Jericho hinüberblickte, konnte er vor ihr viele Obstgärten und Weinberge erkennen, die sich die sanften grünen Hügel hinaufzogen. Das war wirklich das verheißene Land, nach dem sie sich seit Jahrhunderten gesehnt hatten. Ein Land, in dem Milch und Honig flossen.

Beherrscht wurde die Ebene von den hoch aufragenden Mauern und Türmen der Stadt. Wenn auch keine Einzelheiten zu unterscheiden waren, konnte man auf den Mauern doch beständig Bewegung erkennen. Sicherlich hielten laufend viele Wachen Ausschau nach dem östlich von Jericho gelegenen Lager der Israeliten. Zwar wurde das Tor mit der großen Zugbrücke offengehalten, doch Soldaten standen ständig in Bereitschaft, um es jeden Augenblick schließen zu können, sollte im Lager Israels eine größere Bewegung entstehen. Die Einwohner Jerichos nahmen die Bedrohung durch Israel wohl sehr ernst, wollten deshalb aber trotzdem nicht auf ihren gewinnbringenden Handel verzichten.

Während Josua nachdenklich die hohen Türme und gewaltigen Mauern der Stadt betrachtete, machte Jericho auf ihn den Eindruck eines schlafenden Löwen, der jederzeit in der Lage war aufzuwachen und gewaltige Schläge mit seinen mächtigen Pranken auszuteilen.

Und die Frage, die ihm auch die Kundschafter nicht hatten beantworten können, plagte ihn immer noch. Wie sollte seine Armee diese mächtigen Mauern bezwingen? An diesen gewaltigen Bauwerken mußten alles Geschick der Bogenschützen und alle Tapferkeit und Tüchtigkeit der Schwertkämpfer zerschellen. Israel hatte auf seiner Wanderung bisher mit der Hilfe Gottes viele Schwierigkeiten bezwungen, aber das hier war die bisher größte Herausforderung, die überwunden werden mußte.

Der General dachte darüber nach, was ihm wohl in dieser Situation sein Meister geraten hätte. Doch das nützte ihm nichts. Und ihm fiel dabei nur das rätselhafte Lächeln ein, das über Moses Antlitz zog, als er ihn damals auf dem Nebo auf die fernen Mauern Jerichos aufmerksam machte. Jenes Lächeln damals schien anzudeuten, daß Mose mehr wußte, als er sagen konnte.

Jetzt, da Josua mit seinen Problemen allein fertig werden mußte und nicht mehr Mose fragen konnte, kamen ihm oft erstaunliche Gedanken. So auch heute wieder. Er fragte sich, ob die letzten errungenen Siege auf dem Ostufer des Jordans und auch die Eroberung Jerichos, an der er keinen Zweifel hatte, wenn er auch noch keine Möglichkeit dazu sah, nicht nur Sprossen in einer riesenhaften Leiter waren, die von der Erde bis zum Himmel ragte über viele Jahrhunderte hinweg, und ob ihre Kämpfe, Niederlagen und Siege nicht noch einem viel größeren Zweck dienten, der verborgen hinter dem augenblicklich sichtbaren lag und vielleicht in eine ganz andere Dimension hineinreichte. Doch er hatte keinerlei Erkenntis oder auch nur Ahnung darüber, was diese tiefere Bedeutung sein könnte.

Oft hatte er es in den letzten Wochen schon bereut, während seiner Zeit mit Mose ihm nicht noch mehr Fragen gestellt zu haben. Vor allem mußte er oft an das Ereignis mit den giftigen Schlangen und der an der Fahne Judas befestigten bronzenen Schlange denken. Seit jenem Tag war Mose wieder nach allen vorangegangenen Enttäuschungen ein ganz anderer Mann voller Mut und Eifer geworden. Alle Resignation war verflogen.

Was hatte der Prophet gemeint, als er auf die bronzene Schlange gezeigt und gerufen hatte: „Der Herr ist unsere Rettung! An diesem Tag hat der Herr selbst die Sünden Seines Volkes auf sich genommen — ja sogar die Form der Sünden nahm Er auf sich. Seht hin, meine Kinder, und lebt!"

Die Israeliten hatten die Aufforderung befolgt und waren geheilt worden. Doch keiner von ihnen hatte den Sinn dieses Symbols oder den Sinn der Worte des Propheten verstanden, nicht einmal sein eigener Diener und engster Vertrauter, der nun sein Nachfolger war.

Josua fühlte sich wie ein geistliches Baby, als er über die Ebene hinweg auf die Stadt seiner Feinde blickte. Kopfschüttelnd versuchte er, seine Gedanken mit der augenblicklichen Aufgabe in Einklang zu bringen. Jericho mit seinem Götzendienst und seinen scheinbar unbezwingbaren Mauern war vielleicht auch irgendein Symbol, wie es die bronzene Schlange war. Doch andererseits war die Stadt auch ein sehr reales Hindernis, und sie würden nicht weiterkommen, wenn sie das Hindernis nicht bezwangen.

Und er selbst, Josua, war zwar kein Prophet, aber er war ein Soldat. Er war also verantwortlich dafür, daß die Aufgaben bewältigt wurden, die ihm übertragen waren. Und als Mose von ihnen gegangen war, hatte der Herr ihm versprochen, Er würde ihm für seine Aufgaben Hilfe und Weisheit zuteil werden lassen.

Nun, hier lag seine nächste Aufgabe, sagte sich Josua, als er wieder zu den Mauern Jerichos blickte. Und der Herr wußte sicher eine Möglichkeit, diese Festung zu bezwingen, und Er würde ihn alles, was nötig war, auch rechtzeitig wissen lassen. Wenn dies alles war, was er selbst von Prophetie verstand, dann würde es aber in jedem Falle ausreichend sein, dachte Josua.

Er erhob sich, band sein Pferd los und ritt zurück zum Lager. Doch schon nach wenigen Schritten weigerte sich das Tier weiterzugehen und schüttelte unwillig schnaubend den Kopf.

Josua fuhr aus seinen Gedanken auf und erkannte nun vor sich auf dem Weg einen Krieger, der ein bloßes Schwert in der Hand trug. Das Herz des Feldherrn schlug schneller, als er sich jetzt im Sattel umdrehte und sich nach allen Seiten umschaute, ob nicht weitere Kämpfer rundum verborgen lagen. Doch er konnte sonst niemand entdecken.

Josua zog nun auch sein Schwert, spornte sein Pferd an und ritt auf den Fremden zu. Doch dieser machte keinerlei Anstalt, beiseite zu gehen oder sich zu wehren.

Erstaunt zügelte der General sein Pferd, stieg ab, ging mit kampfbereitem Schwert auf den Fremden zu und fragte: „Wer bist du? Bist du für uns oder bist du einer unserer Feinde?“

Der Fremde antwortete: *„Nein, sondern ich bin der Anführer über das Heer des Herrn!“*

Josua blieb vor Überraschung fast die Luft weg. Er steckte das Schwert in die Scheide, kniete nieder und verbeugte sich so tief, daß sein Gesicht die Erde berührte. *„Was befiehlt mein Herr seinem Knecht?“* fragte er.

„Ziehe deine Schuhe aus, denn der Ort, auf dem du stehst, ist heilig“, antwortete der geheimnisvolle Fremde.

Schnell gehorchte Josua, stellte seine Sandalen neben sich und wartete auf weitere Anweisungen des Engels.

Dieser erhob sein Schwert, zeigte damit auf die in der Ferne liegende Stadt und begann:

„Sieh her, Ich gebe Jericho und seinen König samt seinen Kriegern in deine Gewalt. Ihr sollt mit allen Kriegern um die Stadt herumziehen und sie einmal umkreisen. Das sollst du sechs Tage lang tun. Sieben Priester sollen sieben Widderhörner vor der Bundeslade hertragen. Am siebten Tag sollt ihr siebenmal um die Stadt herumziehen, und die Priester sollen die Hörner blasen. Wenn das Widderhorn geblasen

wird und ihr den Hörnerschall hört, soll das ganze Volk in lautes Kriegsgeschrei ausbrechen. Darauf wird die Mauer der Stadt in sich zusammenstürzen; dann soll das Volk hinübersteigen, jeder an der nächstbesten Stelle.“

52. KAPITEL

Rahab eilte schnell die Treppe hinauf, um auf das Dach ihres Hauses zu gelangen, von wo aus sie den besten Überblick hatte. Die Wachen auf dem höchsten Turm der Stadt bliesen mit ihren Hörnern Alarm, und das hatte sie veranlaßt, auf das Dach zu laufen.

Seit Wochen schon, seit die Israeliten den Jordan durchquert und ihr Lager auf dieser Seite des Flusses aufgeschlagen hatten, herrschte in der Stadt höchste Alarmbereitschaft. Alle Türme und sonstigen Posten waren doppelt und dreifach besetzt, und viele Augen beobachteten beständig das in der Ferne liegende Lager Israels.

In der Stadt wurden seither fieberhafte Vorbereitungen für die erwartete Belagerung getroffen und so viele Lebensmittel wie möglich innerhalb der Mauern gelagert. Auch für einen Sturm auf die Mauern hatte man sich gerüstet. Auf den Mauern und in den Türmen lagen große Stapel von Speeren und Pfeilen. Steinschleudern und Katapulte waren überall aufgestellt, und daneben große Haufen von Steinen, die man auf die Feinde schleudern würde, wenn sie angreifen sollten.

Die Soldaten und alle wehrfähigen Bürger übten jeden Tag fleißig mit ihren Waffen. Jeder Bürger wußte, zu welchem Sammelplatz er zu eilen hatte, wenn das Alarmsignal ertönte. Und jede Einheit wußte, welchen Teil der Mauer sie zu verteidigen hatte.

Die Nerven aller Einwohner und Soldaten der Stadt waren in den letzten Wochen im höchsten Maß angespannt gewesen, da sie in jedem Augenblick den Angriff des Feindes erwarteten. Nun schien es soweit zu sein, denn die Hörner schrien ihren Alarmruf hinaus, und dieser wurde von den anderen Türmen und anderen Teilen der Mauer beantwortet.

Soweit es Rahab anging, so hatte sie noch am gleichen Tag, als Israel den Jordan durchzog, das rote Seil an ihrem Fenster befestigt; und seitdem hing es von ihrem Fenster aus an der Mauer herunter. So war die Abmachung zwischen ihr und den beiden israelitischen Kundschaftern gewesen. Und nur, wenn das rote Seil aus dem Fenster hing, wollten die beiden Männer bei dem Angriff auf die Stadt für die Sicherheit aller garantieren, die sich im Haus aufhielten.

Rahab hatte allen Familienangehörigen dringend ans Herz gelegt, schleunigst in das Haus zu kommen, sobald die Israeliten die Stadt angriffen.

Nun hatte auch sie das Alarmsignal gehört und war aufs Dach geeilt, um zu sehen, was der Anlaß dafür war. Hinter ihr hörte sie Schritte, die ihr anzeigten, daß andere Bewohner des Hauses ebenfalls gekommen waren, um Ausschau zu halten.

„Seht ihr, da!“ rief Rahab und deutete ostwärts, zum Fluß hin. „Dort sind sie!“

Von der Morgensonne beschienen, die hinter der israelitischen Armee stand, kroch eine dunkle Schlange heran, die immer länger wurde, während sie sich vom Westufer her über die Ebene auf die Stadt zu bewegte. Die Spitzen ihrer Speere und ihrer Helme blitzten im Sonnenlicht, und das dumpfe Geräusch von Hunderttausenden marschierender Füße dröhnte immer lauter, als würde sich ein riesiger Schwarm von Hornissen nähern.

In den Straßen und auf den Mauern und Türmen der Stadt herrschte fieberhafte Tätigkeit. Die Soldaten des Königs und die Bürger machten sich zum Kampf bereit. Überall hörte man Rufe und Befehle, das Klirren von Waffen, das Klappern von Pferdehufen und das Rollen von Streitwagenrädern. Denn die Streitwagenabteilung und die Kavallerie stellte sich auf dem großen Marktplatz bereit, um, wenn sich die Gelegenheit ergab, einen Ausfall zu wagen und dem Feind dadurch empfindliche Verluste beizubringen.

Überall wurden die Schleudern und Katapulte zum Schießen bereitgemacht, und Feuer wurden geheizt, um Pech und Wasser heiß zu machen, das man auf die Angreifer schütten wollte.

Der Stiefvater Rahabs und ihre Brüder brauchten sich in keine Abteilung einzureihen. Da ihr Haus auf der Mauer lag, war es ihre Aufgabe, von ihrem Haus aus die Verteidiger dieses Abschnitts der Mauer zu unterstützen.

Als die Armee Israels jetzt näher kam, bemerkten die Verteidiger voller Erstaunen, daß die Krieger zwar voll gerüstet waren mit Helm, Schild und Waffen, daß sie aber keinerlei Kriegsmaschinen mit sich führten. Da waren keine Leitern zu sehen, zum Erklettern der Mauer, kein Material zum Ausfüllen das Wassergrabens, um diesen überwinden zu können, keine Rammböcke zum Aufbrechen der Tore, keine Schleudern und nichts von all dem, was nötig war, um eine so stark befestigte Stadt zu bezwingen.

Vor den Soldaten, die alle in guter Ordnung marschierten, ritt ein einsamer Reiter, der sein Schwert in der Scheide trug. Bei seinem Anblick flüsterte Rahab leise: „Josua!" Sie fühlte, wie ihr Herz heftiger zu schlagen begann.

Ihr Stiefvater, der dem Aufmarsch schon eine ganze Weile kopfschüttelnd zusah, rief: „Wie wollen sie denn einen Angriff wagen, wenn sie überhaupt nichts dabei haben, womit sie die Mauern bezwingen könnten?"

Doch Rahab antwortete: „Man sagt ja, daß bei den Israeliten ihr Gott das Kämpfen selbst übernimmt. Wollen wir Ihn etwa verhöhnen?"

Kopfschüttelnd blickte der Stiefvater auf die am äußeren Rand des mit Steinen bedeckten Vorfeldes vorüberziehenden Israeliten, wobei er eine spöttische Bemerkung unterdrückte.

Josua war jetzt dem Hause Rahabs direkt gegenüber und konnte klar erkannt werden. „Er ist aber ein sehr stattlicher Mann", bemerkte eine ihrer Schwestern anerkennend. Doch

Rahab sagte nichts dazu. Sie war von dem Anblick des Mannes gefangengenommen, dessen Bild sie seit vierzig Jahren in ihrem Herzen trug.

„Wie viele Soldaten hat er denn?“ staunten ihre Brüder. „Nimmt das denn gar kein Ende?“

Und so schien es tatsächlich zu sein. Für die zuschauenden Soldaten und Bürger Jerichos schien der Zug vom Jordan her endlos zu sein. Zwischen zwei stark gerüsteten großen Abteilungen von Kriegern kam jetzt eine kleine Gruppe von waffenlosen Männer in langen Gewändern gezogen, die an langen Stangen einen goldenen Kasten auf ihren Schultern trugen. Andere, gleichgekleidete Männer begleiteten sie und trugen unter ihren Armen große Widderhörner.

Nun erkannten die Kanaaniter auch, daß hier nicht nur eine Armee gezogen kam, sondern ein ganzes Volk. Hinter der riesigen Armee zog der ganze Haufen unbewaffneter Frauen, Kinder und alter Männer her.

Zuerst wollten die Kanaaniter ihren Augen nicht trauen und glaubten an eine Kriegslist. Doch dann begann man in der ganzen Stadt zu lachen. Glaubte dieser Josua etwa, Jericho mit großen Massen beeindrucken und ängstigen zu können, wenn die meisten seiner Leute überhaupt keine Krieger und noch nicht einmal bewaffnet waren? Und wo war das Belagerungsgerät? Wo die Rammböcke, die Schleudern und die Leitern? Bildete er sich ein, er könne die Wälle durch einen goldenen Kasten und eine Anzahl seltsamer Priester erschüttern?

Josua hielt jetzt an der Straße, die zur hochgezogenen Brücke führte, kurz sein Pferd an und schaute zur Stadt hinüber. Sein Blick suchte ein bestimmtes Haus. Als er dort das rote Seil und die Frau auf dem Dach erkannte, hob er grüßend die Hand und winkte der Frau seiner Träume zu.

Diesmal blickte sie nicht zum Mond empor, sondern schaute direkt auf ihn. Als ihre Blicke sich trafen, runzelte er nicht die Stirn, wie vor vierzig Jahren, sondern ein Lächeln zog über sein Gesicht. Er machte eine kurze Verbeugung zu ihr hin und setzte sich dann wieder an die Spitze seiner Soldaten, die inzwischen weitergezogen waren.

Weiter zog das riesige Heer. Und was dabei noch erstaunlich war: Es zog schweigend. Kein Laut war zu hören aus den Reihen der Soldaten, und auch nicht von den unbewaffneten Frauen, Kindern und alten Männern. Nur die Priester setzten jetzt ihre Widderhörner an und ließen sie dröhnen. Immer und immer wieder.

„Was beabsichtigen sie nur?" fragte sich Rahabs Familie erstaunt.

Und die ganze Stadt fragte sich ebenso und staunte, während die Israeliten einen vollen Kreis um die Stadt zogen und die Spitze an der Stelle, an der sie auf die Mauer eingebogen waren, wieder abbog und zurück zu ihrem Lager marschierte.

Mittlerweile hatten die Soldaten auf Jerichos Mauern und Türmen die gespannten Bogen und wurfbereiten Speere beiseite gelegt und betrachteten bequem die vor ihren Augen abrollende Vorführung; denn als solche sahen sie das an, was hier geschah. Und schon bald lief ein Wort rund um die Mauern und durch die Straßen. Niemand wußte, wer es als erster gesagt hatte. Aber bald war es in aller Munde: „Dieser Josua ist ein Clown!"

Im Laufe des Vormittags verschwanden die letzten Israeliten in ihrem fernen Lager, nachdem sie einmal die Stadt umzogen hatten. Heiterkeit erfüllte nun die Straßen der Stadt. Die Menschen gratulierten sich gegenseitig über den ohne Kampf errungenen Sieg. „Als Josua unsere Mauern aus der Nähe betrachten konnte, hat ihn aller Mut verlassen", spotteten sie.

Doch unter ihrem Spott konnte man die Unsicherheit der Bürger Jerichos spüren. Das war auch Rahab bewußt. Deshalb ermahnte sie ihre Familie, immer darauf zu achten, daß sie im Haus waren, wenn die Israeliten nahten.

53. KAPITEL

Sechs Millionen Füße, die für vierzig Jahre durch die Wildnis gezogen waren, marschierten nun sieben Tage lang um die uneinnehmbare Festung ihrer Feinde. Die Stimmen, die sich in den vergangenen Jahrzehnten so oft erhoben und geklagt und verurteilt hatten, schwiegen nun auf Befehl ihres Anführers, während sie marschierten. Und Herzen, die für Generationen an Gottes Zusagen gezweifelt hatten, waren nun erfüllt mit Dankbarkeit und Erwartung.

Konnte es in Israel überhaupt Zweifel geben, daß die Mauern Jerichos zusammenfallen würden, wie Josua es gesagt hatte? Sie hatten doch vor kurzer Zeit erst erlebt, wie sich der Jordan vor ihnen geteilt hatte. Und dem vorausgegangen war ein Sieg nach dem anderen über die Könige und Völker auf der östlichen Seite des Jordans.

Ganz gewiß war Jahwe nun dabei, sich in einem weiteren großen Wunder zu offenbaren. Für sie, Sein Volk, blieb nur übrig, Seinen Worten zu gehorchen, die Er ihnen durch ihren Führer übermitteln ließ.

In den letzten sechs Tagen war von ihnen gefordert worden, einmal pro Tag um die Stadt zu ziehen. Doch heute, am siebten Tag, sollten sie die Stadt siebenmal umkreisen.

In den ersten Tagen hatten die Bürger und Soldaten Jerichos gespottet. Doch am fünften und sechsten Tag wurden sie immer stiller. Das Geräusch der vielen Millionen Füße, die unerschütterliche Schweigsamkeit der Marschierenden, das Dröhnen der Widderhörner und die Ungewißheit, was das alles zu bedeuten hatte, zehrten so an den Nerven der Einwohner, daß sie immer besorgter und unruhiger wurden.

Heute nun ließen es die Israeliten nicht mit der üblichen einmaligen Umrundung genug sein, sondern marschierten weiter. Das erhöhte natürlich die Unruhe der Kanaaniter beträchtlich.

Schon der Beginn war heute ganz anders. Die Israeliten kamen viel früher gezogen als sonst. Es war noch dunkel, als die Wachen das Geräusch der heranmarschierenden Millionen hörten und Alarm gaben. Und als die Israeliten nun weiter um ihre Mauern zogen, ahnten die Leute in Jericho, daß irgend etwas geschehen würde — etwas Schreckliches.

Doch andererseits versuchten sie sich trotz des Dröhnens der Widderhörner und des Stampfens der Füße immer wieder Mut zu machen. Was konnte Josua denn ohne Kriegsgerät gegen ihre unbezwingbaren Mauern schon ausrichten?

So standen sie überall in der Stadt beieinander und fragten sich, wie oft dieser clownhafte General mit seiner Herde von Narren denn noch um die Stadt ziehen wollte? Drei-, vier- oder gar fünfmal?

Immer weiter ging der seltsame Zug — bis erstmals ein ganz leises Beben in der Stadt zu verspüren war. Hatte man sich nur getäuscht, weil die Nerven überreizt waren, oder hing das Regal dort an der Wand schon immer ein wenig schief. Was war mit der Tür? Hatte sie sich in letzter Zeit schon immer etwas schwerer schließen lassen? War dieser feine Haarriß schon immer in der Wand gewesen, oder war er neueren Datums?

Als dann hier und da Stücke vom Putz von der Wand fielen und sich einzelne Steine von den Dächern lösten, verließen die Leute ihre Häuser und standen auf den Straßen und dem Marktplatz beieinander.

Nach der fünften Umrundung der Stadt begannen die Einwohner nach ihrem König zu rufen. „Komm heraus, König, aus deiner festen Burg! Kommt heraus, ihr Adligen und Reichen, aus euren massiv gebauten Palästen! Die Erde bewegt sich, und unsere Häuser sind in Gefahr."

Und dann begann das, was sie am meisten fürchteten: Als draußen die Israeliten ihre sechste Runde beendeten, begann ganz leise das Zerstörungswerk an ihrer unbezwingbaren Sicherheit, an dem Bauwerk ihrer Hände, auf das sie so stolz waren, an den gewaltigen Mauern der Stadt selbst. Gewiß, sie fielen nicht, aber hier und da war ein leises Zittern in ihnen zu spüren. Sie brachen nicht zusammen, aber feine Haarrisse erschienen hier und da. Und während die draußen unerschütterlich weiterzogen und ihre siebte Runde unaufhaltsam beendeten, begannen hier und dort kleinere Steine von den Mauern und Türmen zu fallen.

Nun kam auch der König mit seinen Ministern, die Reichen und Adligen, nach draußen, und alle beobachteten sie, wie das leichte Beben sich verstärkte und immer mehr Schäden entstanden.

Auch Josua und sein Volk draußen vor der Stadt bemerkten die wachsende Zerstörung an den Mauern. Auch sie sahen, wie immer mehr Steine herunterfielen, wie plötzlich der Helm eines Turmes schief stand und wie die Unruhe unter den Soldaten auf den Mauern zunahm.

Doch unerschütterlich ritt Josua weiter vor den Israeliten her auf dem immer breiter und fester werdenden Weg, den die sechs Millionen Füße seines Volkes in den letzten Tagen getreten hatten. Nun waren sie in der siebenten Runde, der letzten, wie Josua wußte; es war die dreizehnte dieses seltsamen „Krieges“, seit sie vor sieben Tagen begonnen hatten.

Vor sich sah er den letzten Teil der Israeliten zur Mauer hin einschwenken, während er mit der Spitze die Umrundung nun fast beendet hatte und sie wieder am Ausgangspunkt anlangten, so daß sich ein kompletter Kreis bildete.

Josua erinnerte sich an das Versprechen des Führers über das Heer des Herrn, daß er bei diesem Unternehmen mit ihm sein würde. Er hob seine Augen zum Himmel empor und begann zu beten.

Als er den Punkt an der Straße, gegenüber der großen Zugbrücke, wieder erreicht hatte, zügelte er sein Pferd, drehte sich im Sattel um und ließ seinen Blick lange über seine Soldaten und sein Volk hinweggleiten. Dann hob er seine Hand. Die Israeliten blieben stehen, und die Priester setzten ihre Widderhörner an und ließen sie so lange und laut dröhnen wie noch nie in diesen Tagen.

Nun senkte Josua seine Hand, riß das Schwert aus der Scheide und schrie: *„Erhebt das Kriegsgeschrei! Denn der Herr hat die Stadt in eure Gewalt gegeben! Die Stadt mit allem, was in ihr ist, soll dem Untergang geweiht sein! Nur die Dirne Rahab und alle, die bei ihr im Haus sind, sollen am Leben bleiben!"*

Und nun, als drei Millionen ihre Stimmen erhoben so laut sie konnten, stieg ein Schrei zum Himmel empor, wie er zuvor noch nie gehört worden war.

Im gleichen Augenblick begannen die Mauern und die Häuser der Stadt in sich zusammenzufallen. Viele der Soldaten und der Einwohner wurden dabei unter den zusammenstürzenden Trümmern mit erschlagen. Ein großer Teil der riesigen Mauer und der gewaltigen Türme stürzte nach außen in den Wassergraben und füllte ihn, so daß die Israeliten ihn nun ganz leicht bezwingen konnten. Eine gewaltige Staubwolke breitete sich wie ein Pilz über der unheilvollen Stätte aus.

Doch die Angstschreie der verwundeten und sterbenden Einwohner wurden übertönt von den Siegesrufen und dem Freudengesang der Israeliten, die nun von allen Seiten in die zusammengefallene Stadt stürmten und über sie herfielen wie eine riesige Schar von Ameisen über den gefallenen Leib eines Riesen.

Nur dort, wo Rahabs Haus auf der Mauer stand, nicht weit von dem großen Tor mit der Zugbrücke, war ein schmales Stück der Mauer stehengeblieben, und alle, die sich in dem Haus befanden, waren in Sicherheit. Aus dem Fenster hing immer noch das rote Seil.

54. KAPITEL

Josua blieb auf dem Pferd sitzen, als seine Soldaten nun von allen Seiten über die Trümmer kletterten und in die Stadt eindrangen. Alles Lebendige in der Stadt, Menschen und Tiere, wurde getötet, wie es Gott befohlen hatte.

Anschließend begann das Volk die Stadt zu plündern. Alles Wertvolle und noch irgendwie Brauchbare wurde aus den Trümmern herausgeschleppt. Damit waren sie noch mehrere Stunden beschäftigt. Immer wieder liefen sie hinein in die Trümmer und schleppten noch heraus, was sie finden konnten. Vieles davon würde als Opfergaben in das Haus des Herrn kommen.

Zu Josua, der vom Pferderücken aus alles betrachtete, gesellten sich nun Kaleb und Salmon. „Habe ich nicht gesagt, der Herr hat uns dieses Land gegeben?" rief Kaleb. Er drehte sich lachend einmal um seine Achse und wies mit ausgestreckten Armen nach allen Himmelsrichtungen. „Die Einwohner Kanaans werden vor Furcht vor uns dahinschmelzen, wenn sie hören, wie es Jericho ergangen ist."

„So ist es", antwortete Josua lächelnd. Er schaute seinen Freund an und dachte dabei, Kaleb sehe noch fast so jung aus wie damals, als sie Ägypten verließen. „Es stimmt, das hast du gesagt", bestätigt er nochmals. „Doch wir sollten das Versprechen nicht vergessen, das ihr der Frau gegeben habt, die euch rettete."

„Ganz gewiß nicht", stimmte Kaleb zu.

Voller Eifer bot Salmon seine Hilfe an. „Soll ich sie holen?" fragte er.

Josua blickte zu dem kleinen Stück Mauer hinüber, das inmitten der Trümmer immer noch stand. Er spürte, wie sich in seinem Hals ein Knoten bildete, als er das rote Seil aus dem Fenster hängen sah.

„Ja", nickte er zögernd. „Holt sie!"

Die Sonne war am Untergehen, und die Dämmerung breitete sich über der gefallenen Stadt Jericho aus. Die legendäre Festung gab es nicht mehr. Nur ein riesiger Trümmerhaufen war übriggeblieben, in dem hier und da immer noch Flammen loderten, weil die Israeliten das angezündet hatten, was sie nicht mitnehmen konnten. Am nächsten Morgen würden die Trümmer einer riesigen Totenpyramide ähneln.

Doch eine Handvoll der Einwohner Jerichos hatte überlebt. Und Josua beobachtete, wie sie nun aus den Trümmern hervorkamen, sorgfältig geleitet von Kaleb und Salmon.

Sie näherten sich ihm auf der Ebene, zuerst kaum unterscheidbar, weil es nun schnell dunkler wurde. Doch als sie näher kamen, erkannte der Feldherr, daß eine Frau, neben der rechts und links Kaleb und Salmon gingen, die Gruppe anführte.

Da saß nun Josua, der große Armeen geführt und mächtige Königreiche besiegt hatte, auf seinem Pferd. Er, der gezögert hatte, Krieger zu sein, war mittlerweile gut geübt im Gebrauch der Waffen. Er war ein gewaltiger General, auf dessen Befehl hin Zehntausende marschierten, und er fürchtete sich vor nichts und niemand.

Doch als die Frau jetzt erkennbar wurde und immer näher kam, begannen seine Hände zu beben, und sein Puls flatterte.

Er war das Drama des Krieges gewöhnt, hatte aber keinerlei Erfahrung mit dem Drama der Herzen. Wie oft hatte er an diese Frau gedacht und sich ihr Gesicht in Erinnerung gerufen; aber über seine eigenen Gefühle hatte er dabei nie nachgedacht.

Er war ein Mann in einer Welt von Männern. Sooft er in der Vergangenheit es wünschte, hatte er diese Frau in Gedanken zu sich geholt, aber sie war nie Fleisch und Blut gewesen. Deshalb hatte er sie auch stets, wenn es die Notwendigkeit erforderte, wieder davonschicken können. Doch in diesem Augenblick war das anders. Nun stand sie als lebendige Person vor ihm, und der Furchtlose begann zu zittern. Als er sich aus dem Sattel schwang, spürte er, wie seine Knie unter ihm nachgeben wollten.

Als Kaleb und Salmon jetzt mit einer leichten respektvollen Verbeugung die Frau vor ihn führten, ahnten sie nicht, welch ein Krieg in seiner Brust tobte.

„Herr, diese Frau hat unser Leben gerettet", sagten sie. „Du kannst mit ihr reden, sie versteht dich, denn sie spricht unsere Sprache."

Doch Josua hörte ihnen gar nicht zu. Er nahm weder seine beiden Freunde noch die Familie der Frau wahr, die hinter ihr stand. Alles, was er sah, war Rahab, die nun kein rotes Gewand mehr trug, sondern eines aus weißem Leinen. Alles, was er an ihr sah, schien ihm perfekt und bewundernswert zu sein.

Er konnte nicht wissen, daß sie ihn noch mehr bewunderte und daß er schon lange der General ihres Herzens war. Doch als er sie jetzt anblickte, konnte er alles in ihren bewundernden Augen lesen.

Ehe er ein Wort sagen konnte, fiel sie vor ihm auf die Knie und küßte seine Füße. Dann faßte sie seine Hand und betrachtete voller Hingebung sein männliches Gesicht. „Herr", sagte sie schluchzend, „du hast das Versprechen deiner Knechte gehalten."

Völlig überwältigt, mußte Josua kämpfen, um die Tränen zurückzuhalten. Was wäre er für ein General gewesen, der auf dem Feld seines Sieges nun weinte? „Liebe Frau", sagte er freundlich und hob sie auf, „du hast mir vor langen Jahren einmal gesagt, dein Haus sei auch mein Haus. Nun ist deine Stadt in Trümmer gefallen, und deinem Haus wird es in

Kürze ebenso gehen. Doch du und die Deinen, ihr seid willkommen, bei uns zu wohnen. Unser Haus ist nun auch euer Haus, solange ihr bei uns wohnen wollt."

EPILOG

Der Herr, euer Gott,
hat selbst für euch gekämpft!
Josua 23,3

Josua saß im Lager von Gilgal vor seinem Zelt. Hier wohnten die Israeliten immer noch, seit sie vor fast sieben Jahren das Land betreten hatten. Es war ein neues Zelt, das extra für ihn hergestellt worden war, und es stand neben dem großen Versammlungszelt. Aus dem Inneren des Zeltes war leises Singen zu vernehmen, vermischt mit kindlichen Stimmen. Und außerdem kam der anregende Duft eines guten Essens aus ihm.

Obwohl die Frau, die am Feuer kochte, keine Israelitin war, sang sie doch in hebräischer Sprache Lieder zu Ehren des Gottes Israels. Es waren Lieder, die sie als Kind auf den Knien der israelitischen Sklavin ihrer Familie gelernt hatte.

Nun hatte sie selbst Kinder. Die Ergebnisse ihrer Liebe zu einem israelitischen Mann. Obwohl das Ehepaar erst im schon vorgerückten Alter die Erfüllung ihres Lebens genoß, war ihre Ehe doch voller Liebe und Romantik. Und die Verbindung wurde noch durch das Wunder vertieft, das sie darstellte. Denn die Ehe von Josua und Rahab zeigte deutlicher als vieles andere die Gnade Gottes.

Männer meiden meist das Haus, wenn ihre Frauen kochen. Doch Josua, der so lange ohne Familie gewesen war und entweder mit den Soldaten gegessen hatte oder allein, genoß jede Minute seines Familienlebens. Deshalb bereitete es ihm auch meist großes Vergnügen, um Rahab herumzustreichen und ihr über die Schulter zu schauen, wenn sie das Essen zubereitete.

Vor wenigen Minuten erst hatte sie ihn weggeschickt, weil er sie zu sehr störte. Nun schlich er sich leise wieder in das Zelt und beobachtete das Bild, das sich ihm bot.

Rahab hatte ihren jüngsten Sohn, noch ein Baby, auf dem Arm, während sie eifrig in einem Gefäß rührte. Wenige Schritte von ihr entfernt saß ein etwa dreijähriger Junge auf dem Boden und spielte. Lange genoß er dieses Bild. Dabei fiel ihm wieder einmal ein, daß Mose ihm ein erfülltes Leben und Liebe gewünscht hatte, wenn sie einmal in Kanaan sein würden. Wie sehr hatte sich mittlerweile auch dieser Wunsch seines verehrten Meisters erfüllt.

Im Zelteingang erschien jetzt der dritte und älteste Sohn. „Vater", verkündete er, „Kaleb und Salmon sind hier. Sie möchten mit dir reden."

Nur zögernd riß sich der General von dem Bild los. Doch dann trat er hinaus, strich seinem Erstgeborenen liebevoll über das Haar und begrüßte seine beiden Gäste aus dem Stamme Juda. „Setzt euch", forderte er sie auf. „Bleibt ihr zum Essen?"

Die beiden Gefährten nahmen die Einladung gern an, und Josua ging für einige Augenblicke zu seiner Frau, um sie zu bitten, eine größere Portion Essen zuzubereiten.

Als er wieder zu seinen Besuchern zurückkehrte und sich gesetzt hatte, sprang sein ältester Sohn auf seinen Schoß.

Kaleb lachte leise, tätschelte das Knie des Jungen und fragte: „Hat dein Vater dir schon die Geschichte von dem Tag erzählt, an dem die Sonne stillstand?"

„O ja, schon oft", fiel Josua ihm ins Wort.

„Aber erzähle sie noch einmal, Vater, bitte", bettelte der Junge. „Es ist so eine schöne Geschichte."

Josua schüttelte den Kopf. „Nein, mein Sohn, nicht jetzt. Du siehst, wir haben Gäste."

Doch Kaleb hatte schon begonnen zu erzählen. „Es war nach der Eroberung Jerichos", erinnerte er sich. „Da haben sich alle Könige der Amoriter und auch alle Stämme aus dem Hügelland versammelt, um gegen deinen Vater und die Armee Israels zu kämpfen. Dein Vater hielt unserem Heer eine Rede. Er sagte: ‚Der Herr sagt: Fürchtet euch nicht vor ihnen, denn Ich habe sie in eure Hand gegeben. Nicht einer von ihnen soll euch widerstehen können!'" Dabei reckte Kaleb seine Brust heraus, verstellte seine Stimme und versuchte, Josuas Redeweise nachzuahmen.

Die Augen des Jungen wurden immer größer, obwohl er die Geschichte schon oft gehört hatte. Er schaute seinen Vater voller Stolz an.

„Dein Vater befahl dem Heer dann, von Gilgal aus die ganze Nacht zu marschieren. Das hatten unsere Feinde nicht erwartet, und dadurch konnten wir sie überraschen und besiegen. Sie flohen völlig kopflos, und wir verfolgten sie bis nach Asekah und Makkedah. Und bei Makkedah ließ Gott einen ganz schweren Hagel vom Himmel auf unsere Feinde fallen, so daß mehr von den Hagelsteinen erschlagen wurden, als wir mit unseren Waffen getötet hatten."

Der Junge hüpfte vor Begeisterung auf Josuas Schoß hin und her. Josua lächelte, weil er sich noch recht gut an jenen Tag erinnerte.

Kaleb fuhr fort: „Und dann redete dein Vater mit dem Herrn und sagte anschließend vor der ganzen Armee: *Sonne, bleib stehen über Gibeon, und du, Mond, über dem Tal von Aijalon. Und die Sonne blieb stehen, und der Mond stand still, bis das Volk an seinen Feinden Rache genommen hatte. Die Sonne blieb also mitten am Himmel stehen, und ihr Untergang verzögerte sich ungefähr einen ganzen Tag lang. Weder vorher noch nachher hat es je einen solchen Tag gegeben, an dem der Herr auf die Stimme eines Menschen gehört hätte; denn der Herr kämpfte für Israel!"*

Obwohl sie alle diese Geschichte gut kannten, waren sie doch wieder von dem, was damals geschehen war und was der Herr für Israel getan hatte, gepackt worden. Einige Augenblicke saßen sie schweigend und hingen ihren Gedanken nach.

Mittlerweile war aber das Essen fertig geworden, und Rahab rief aus dem Zelt, sie würde Hilfe brauchen. Josua, der bemerkt hatte, wie Salmons Augen beim Klang ihrer Stimme blitzten, nickte ihm zu und sagte freundlich: „Würde es dir etwas ausmachen?"

Voller Eifer sprang der jüngere Mann auf, um Rahab behilflich zu sein. Josua sandte auch seinen Sohn in das Zelt, so daß die beiden alten Freunde allein vor dem Zelt saßen.

„Der Herr hat mich überreich gesegnet", bemerkte Josua nachdenklich.

„Das stimmt", nickte Kaleb. „Und viele Segnungen werden noch folgen."

„Rahab ist noch eine junge Frau. Sie verdient das Beste", stellte Josua fest.

„Und sie hat es auch", fügte Kaleb hinzu.

Josua wußte, daß er keinen treueren Freund als Kaleb haben konnte. Er wußte auch, daß Kaleb ihn sehr gut kannte und um seine Gedanken wußte. Er lehnte sich vor und sagte nüchtern: „Du weißt selbst, daß ich nicht mehr jung bin."

„Ich auch nicht", erinnerte Kaleb ihn.

Doch Josua wollte sich nicht ablenken lassen, sondern fuhr fort: „Wenn die Zeit kommt . . . ich meine . . . wenn sie einmal allein ist", seine Augen umflorten sich ein wenig und er räusperte sich, um seine innere Bewegung nicht zu sehr spüren zu lassen. Etwas verlegen fuhr er dann fort: „Du weißt, Salmon ist ein guter Mann . . ."

Kaleb blickte zum Zelt hin und lauschte auf die Stimmen, die von dort an ihr Ohr drangen. Dann nickte er. Für eine ganze Weile hing Schweigen zwischen den beiden Freunden. Doch dann klopfte Kaleb Josua auf die Schulter.

„Mein General", sagte er, „es gibt noch viel zu tun. Noch ist Land einzunehmen. Das eroberte Land muß verteilt und kolonisiert werden, und eine funktionierende Verwaltung muß eingerichtet werden. Wir waren in unseren Vierzigern, als Mose uns als Kundschafter nach Kanaan sandte. Jetzt sind wir mehr als doppelt so alt, doch schau mich einmal an! Ich bin auch heute noch so stark wie damals, als Mose uns aussandte. Ich kann heute noch genauso kämpfen wie damals."

Er schwieg einen Augenblick und nickte seinem Freund dann zu. „Und mit dir, Josua, ist es genauso. Du bist noch so stark und rüstig wie immer!"

Der General lehnte sich zurück und mußte lachen. „Du bist wirklich gute Medizin", kicherte er. „Mein lieber Freund Kaleb, wie oft hast du doch schon meine Seele erfreut."

„Und du die meine", bestätigte Kaleb. „Zwar ist keiner von uns beiden ein Prophet, doch die Aufgaben, die der Herr uns übertragen hat, haben wir gut ausgeführt."

Schweigend saßen die beiden Männer, die ein Leben lang Gottes Befehle ausgeführt und für ihr Volk gelebt hatten, nebeneinander, bis sie von Rahab zum Abendessen gerufen wurden.

Es waren so viele Schlachten, die Josua gewann, und so viele Gebiete, die er eroberte, daß in einem einzigen Buch all seinen Taten gar nicht Gerechtigkeit getan werden kann. Doch in den Chroniken des jüdischen Volkes kann man sie nachlesen. Und Gott schenkte ihm noch eine ganze Reihe Jahre voller Kraft, Vitalität und Gesundheit.

Die Überlieferungen des jüdischen Volkes sagen, daß Josua und die Prostituierte Rahab von Jericho geheiratet haben und daß unter ihren Nachkommen acht Propheten waren. Als er starb, wurde Rahab Salmons Ehefrau. Salmon war ein Angehöriger des Stammes Juda. In der Linie der Nachkommen, die Salmon und Rahab geschenkt wurden, wurde auch Jesus Christus geboren.

Obwohl Josua zuerst nur zögernd Soldat sein wollte, wurde er doch der Krieger Gottes und große Heerführer Israels. Und wenn er zu dem Volk sprach, dann erinnerte er sie stets daran, daß ein einzelner Mann tausend in die Flucht schlagen kann, denn der Herr, unser Gott, ist es, der für uns kämpft, so wie Er es verheißen hat!